INFORMATION SYSTEMS & COMPETITIVE ADVANTAGE
Through Real-life Cases

사례로 본

정보시스템과 경쟁 우위

| 박용태 지음 |

한 경 사

저자 **박용태**

영남대학교 경영학사
미국 Ball State University, 경영학 석사
미국 Claremont Graduate University, 경영학 박사, 경영정보시스템 전공

전) 현대전자산업(주), 반도체 해외영업본부
전) 미국 University of Illinois, Springfield, 조교수
전) 미국 California State University, Fullerton, 부교수
전) 미국 Claremont Graduate University, 겸임교수
전) 울산대학교 경영대학장
전) 한국정보시스템학회, 부회장
현재, 울산대학교 경영대학 경영정보학과, 교수

사례로 본 정보시스템과 경쟁 우위

저 자 박용태
발 행 일 2024년 7월 30일
발 행 처 **한경사**
발 행 인 이계남
등록사항 제10-1951호 2000년 4월 14일
주 소 서울시 마포구 신수로 59-1 (3층)
전화번호 02_717_7264~5
팩스번호 02_717_7226
홈페이지 hankyungsa.co.kr
이 메 일 hankyungsa@hanmail.net
I S B N 978-89-6844-503-3 93320
가 격 25,000원

사례로 본

정보시스템과 경쟁 우위

| 차례 |

| 머리말 |

오늘날 지식경제시대에 있어 기업과 조직은 다양한 목적을 위하여 많은 자원을 갖가지 형태의 정보시스템에 투자하고 있다. 하지만 1980년대에 정보기술에 많은 투자를 하였던 기업들이 IT Productivity Paradox를 경험하였던 것처럼 오늘날도 여전히 많은 기업과 조직이 정보기술과 정보시스템에 대한 투자로부터 기대했던 만큼의 효과를 얻지 못하고 있다. 나아가 일부 기업은 정보기술과 정보시스템이 기업 운영에 도움을 준다는 것은 알고 있지만, 어떻게 활용할지에 대한 방법에 대하여 고민을 하고 있기도 하다.

본 서는 기업이 정보시스템에 투자하는 전략적 이유라는 틀을 바탕으로 실제 기업에서 운영의 효율성 향상, 제품·서비스·비즈니스모델 개발, 고객 또는 공급업자와의 친밀감 향상, 향상된 의사결정을 위해 어떻게 정보시스템을 사용하는지 실제 사례들을 상세히 소개하고 있다. 이를 통하여 대학에서 경영정보시스템 또는 경영학을 전공하는 학생과 기업에서 정보시스템의 활용 방법을 모색하고 있는 현업 종사자들이 다양한 형태의 정보기술과 정보시스템을 어떻게 활용하면 갖가지 목적 달성을 위해 효과적으로 사용할 수 있는지에 대한 이해의 폭을 넓히는 데 도움을 주고자 한다.

또한 본 서는 경영학 분야에서 널리 활용되고 있는 모델들을 기반으로 기업이 정보시스템을 활용하여 경쟁우위를 확보한 사례들을 소개함으로써 독자들이 기업의 정보시스템 활용을 통한 경쟁우위 확보에 대한 이해를 돕고자 한다. 그리고 기업이 정보시스템에 대한 투자로부터 기대하는 효과를 얻기 위해서는 비즈니스 및 IT 전략과 경쟁우위의 개념에 대한 이해가 필수적이라 하겠다. 따라서 책 후반부에는 비즈니스 및 IT 전략과 정보시스템계획 수립에 대한 내용이 상세히 서술되어 있다.

저자는 이 책을 통하여 독자들이 정보기술과 정보시스템이 기업의 갖가지 목표 달성을 위해 어떻게 활용되고 있으며, 정보시스템이 어떻게 기업의 경쟁우위 확보를 위해 활용될 수 있는가, 정보시스템에 대한 투자로부터 기대하는 효과를 얻기 위한 정보시스템계획 수립에 있어 고려할 요소들이 무엇인지에 대한 이해의 폭을 넓힐 수 있기를 기대한다.

끝으로 이 책이 출판되기까지 도와주신 한경사의 이계남 사장님과 갖가지 형태로 도움을 주신 편집부 모든 분께 감사의 마음을 전합니다.

2024년 7월
박용태

1장

기업과 정보기술 및 정보시스템 투자

오늘날 대부분의 기업은 정보시스템이 기업 및 비즈니스 전략 수립과 실행 과정에서 중요한 역할을 한다는 것을 인식하고 있다. 나아가 대부분의 산업에서 기업(또는 조직)은 정보기술과 정보시스템에 대한 투자는 기업의 목표 달성을 위한 필수적인 요소라고 이해되고 있다. 이러한 주장이 기업의 전략을 성공적으로 실행하고 경쟁 우위를 확보하는 데 정보기술과 정보시스템이 유일한 수단이라는 것을 의미하지는 않지만, 이들의 효과적이고 효율적인 활용이 없이는 기업의 전략적 목표 달성과 경쟁 우위 확보가 쉽지 않다는 것을 의미한다.

과거에 수많은 기업들이 정보기술과 정보시스템에 많은 자원을 투자하였지만, 이들 투자로부터 기대했던 효과(효익)를 관찰할 수 없었던 IT Productivity Paradox라는 현상을 경험하기도 하였다. 이러한 현상에 대한 원인이 지연 효과, 소비자의 이익 증대, 효율성과 효과성의 혼동 등 여러 가지 이유로 설명되기도 하였다. 하지만 이런 설명 이외에도, 기업의 경영목표 또는 경영전략을 정보시스템과 효과적으로 정렬(strategic alignment)하지 않은 채 정보기술과 정보시스템에 대한 많은 투자가 이루어졌다는 사실이 이들 투자로부터 야기될 수 있는 많은 잠재적 효과(효익)를 기업이 종종 실현하지 못했던 사실을 설명해줄 수 있는 이유 가운데 하나라고 할 수 있다.

본 서는 기업(조직)이 정보기술과 정보시스템에 대한 투자로부터 기대했던 효과(효익)를 보다 실제적이고 가시적으로 체감할 수 있도록 하는 데 도움을 주기 위하여 다음과 같은 내용으로 구성되어 있다. 첫째, 기업이 정보기술과 정보시스템에 투자하는 전략적 이유(business drivers of information systems)라는 커다란 틀 안에서 기업(조직)이 다양한 목적으로 정보시스템을 활용한 사례를 소개한다. 둘째, 경영학 분야에서 널리 활용되고 있는 다양한 모델들을 기반으로 정보기술과 정보시스템을 활용하여 경쟁 우위를 확보한 여러 기업들의 사례들을 설명하고 있다. 셋째, 기업이 정보기술과 정보시스템에 대한 투자로부터 기대했던 효과를 얻기 위해서는 비즈니스 및 IT 전략에 대한 이해가 필요하며, 기업의 전략적 목표 달성을 지원할 수 있는 정보시스템 계획을 수립하는 것이 필수적이라 하겠다. 따라서 비즈니스 및 IT 전략에 대한 개념과 정보시스템 계획에 대하여 설명하고 있다. 넷째, 기업의 경쟁 우위에 대한 개념과 기업의 경쟁 우위 전략과 정보시스템의 관계에 대하여 설명하고 있다.

2장

정보기술과 정보시스템에 투자하는 전략적 이유

정보기술과 정보시스템은 오늘날 기업(조직)을 운영하고 관리하는 데 있어 필수적인 요소로 인식되고 있다. 이러한 이유로 인하여 영리기업, 비영리기업, 정부기관 등 거의 모든 유형의 기업(조직)에서 각기 다양한 목적으로 많은 자원을 정보기술과 정보시스템에 투자하고 있다. Laudon & Laudon은 기업이 정보기술과 정보시스템에 투자하는 전략적 이유로 운영의 효율성 향상(operational excellence), 신제품과 새로운 서비스 그리고 새로운 유형의 비즈니스 모델 개발, 고객 또는 공급업자와의 전략적 동반자 관계 형성, 의사결정의 질적 향상과 경쟁우위 확보 등을 들고 있다. 아래에 다양한 전략적 이유로 정보기술과 정보시스템에 투자한 사례들을 소개하고자 한다.

1. 운영의 효율성 향상을 위한 투자 사례

효율성이란 투입한 시간, 에너지, 재료, 비용, 노력 등에 비해 산출된 결과물이 얼마나 되는지 측정한 값을 말한다. 일반적으로 효율성의 향상이라는 것은 주어진 산출물에 대하여 투입물을 줄여 줄 수 있거나, 주어진 투입물에 대하여 산출물을 증대시킬 수 있을 때 기대할 수 있는 결과이다.

오늘날 기업들은 국경을 초월한 무한 경쟁적인 환경 속에서 생존하고, 성장 및 발전하기 위하여 다양한 수단과 방법을 사용하여 생산(제조)원가, 판매관리 비용, 재고관리 비용, 서비스 비용 등을 낮추고자 지속적인 노력을 기울이고 있다. 특히 최근에 기업들은 여러 유형의 정보기술과 정보시스템을 활용하여 비용 절감과 생산성 향상을 꾀하고 있다. 아래에 일부 구체적인 사례를 통하여 기업이 정보기술과 정보시스템을 활용하여 비용 절감과 생산성 향상 및 운영의 효율성을 향상한 내용을 살펴보고자 한다.

월마트(Walmart)의 재고관리시스템

〈그림 2-1〉은 미국의 대표적인 소매 체인점(retail chain stores)인 월마트가 운영의 효율성을 향상시키기 위하여 정보기술과 정보시스템을 어떻게 사용하는가를 시각적으로 보여주고 있다.

<그림 2-1> 월마트의 공급사슬 Flow Chart와 재고관리

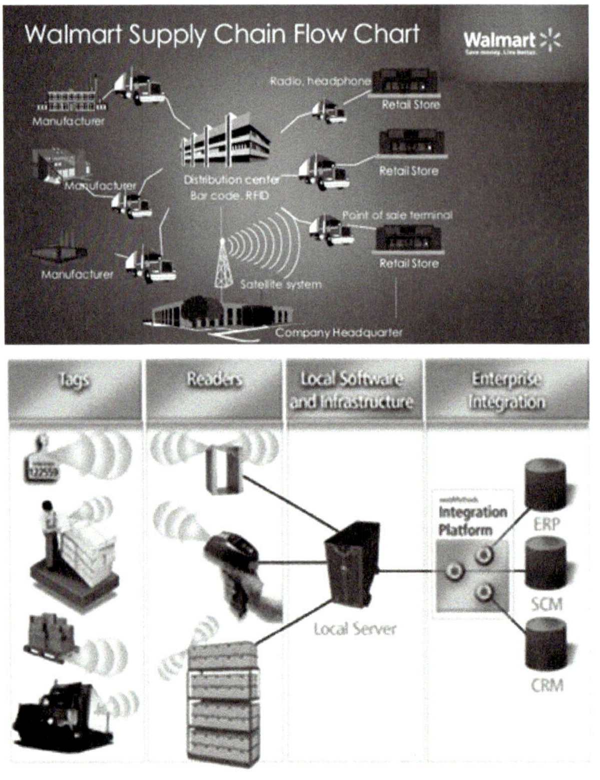

출처: google.com

월마트는 여러 국가에 펼쳐 있는 공급사슬을 효율적으로 관리하기 위하여 RFID(radio frequency identification) 기술, 인공위성, 바코드 스캐닝(barcode scanning) 기술 등을 활용하고 있다. 월마트의 물류센터(distribution centers)를 출발한 운송트럭이 개별 매장(store)의 창고에 일정거리 안으로 접근하게 되면 운송트럭에 적재되어 있는 제품에 부착된 태그(tag)에 저장되어 있는 제품 관련 정보(제품의 종류, 수량 등)가 RFID reader에 의해 자동적으로 수집되며, 이 데이터가 서버(server)에 전달되어 종업원의 간섭을 최소화하면서도 제품에 대한 재고관리가 실시간으로 이루어진다.

그리고 월마트 매장의 계산대에 설치된 POS(point of sale)시스템은 바코드 스캐닝 기술을 기반으로 판매되는 제품에 대한 정보를 수집하여 개별 고객에 대한 판매 총액을 계산한다. 나아가 POS시스템은 재고관리 서버에 연결되어 자동적으로 판매된 제품에 대한 재고량을 업데이트(update)한다. 또한 월마트의 재고관리시스템은 판매된 제품의 재고 수량이 사전에 설정된 재주문(reorder) 수준에 다다르면, 과거의 재고관리 데이터를 분석하여 정해진 경제적 주문량(EOQ: economic order quantity)를 기록한 주문서를 공급업자에게 자동적으로 발송함으로써 재고관리와 관련하여 종업원의 간섭을 최소화하면서 재고관리를 효율적으로 할 수 있다.

위에 설명된 것처럼 월마트는 정보기술과 정보시스템을 다양한 방식으로 활용함으로써 미국 소매 체인점 가운데 가장 효율적으로 재고관리를 하며 사업을 한다고 알려져 있다. 여러 운영 부문에 다양한 형태와 특성을 가진 정보기술과 정보시스템을 효과적으로 활용한 덕분에 월마트는 평균 간접비(overhead costs)를 매출액 대비 약 20% 정도로 유지하고 있다. 이러한 수치는 업계 평균 간접비 비율인 약 22%인 비하여 상당히 낮은 편이라고 할 수 있다. 더 나아가 여러 형태의 정보기술과 정보시스템의 도움 덕분에 효과적으로 제품에 대한 재고관리를 할 수 있어, 월마트는 square foot당 $600의 매출액을 기록하고 있는데, 이 수치는 월마트의 가장 강력한 경쟁자 중 하나인 Target의 square foot당 매출액이 $300에 그치고 있는 점에 비추어 볼 때 괄목할 만하다고 하겠다. 또한 정보기술과 정보시스템을 활용하여 재고관리 관련 비용을 줄임으로써 월마트는 “Everyday Low Price”라는 모토(motto) 효과적으로 실현할 수 있었다.

한국도로공사의 하이패스시스템

한국도로공사는 2007년 12월 20일 전국의 260개 톨게이트(tollgate)에 하이패스

(HiPass)시스템을 구축·개통하였다. 하이패스시스템은 운전자들이 고속도로를 이용할 때 톨부스(toll booth)에 정차하여 티켓을 발급받은 후, 고속도로를 빠져 나갈 때 요금을 지불하기 위하여 다시 톨부스에 정차해야 하는 불편함 없이 자동차에 부착된 하이패스 단말기를 통한 요금 정산을 가능하게끔 하였다. 한국도로공사는 이와 같이 RFID 기술을 기반으로 하는 정보기술과 정보시스템의 도입을 통하여 운전자들이 보다 편리하게 고속도로를 이용할 수 있도록 하였다. 한국도로공사는 하이패스시스템 사용의 활성화를 위하여 행복단말기 보급, 다차로 하이패스 도입 등의 프로그램을 통해 2023년에는 전체 자동차 등록 대수의 96% 이상인 총 2,482만여 대가 하이패스 단말기를 부착·사용하도록 하였다. 한국도로공사가 하이패스시스템을 구축한 결과, 운전자들이 요금소에서 대기하는 불편이 사라지고 특히 출·퇴근 시간대에 톨게이트 지·정체가 획기적으로 개선되었다. 이를 달리 표현하면, 하이패스시스템 구축으로 인해 단위 시간당 예전보다 많은 숫자의 차량이 고속도로 톨게이트를 통과할 수 있게 되었고, 이는 고속도로 증체 현상을 완화시키는 데도 도움을 주었다.

위에 설명된 것처럼 앞으로 하이패스 단말기의 보급률이 증대됨에 따라 보다 많은 숫자의 하이패스 리더기(reader)가 톨게이트에 설치될 것이다. 이로 인해 하이패스시스템은 요금소 통과 차량의 처리 능력을 높이고 운행 시간 단축 등 고속도로 효율성 향상뿐만 아니

<그림 2-2> 경부고속도로 서울요금소 다차로 하이패스

출처: 블로그뉴스

라 고속도로 운행 차량의 연료비 절감에 따른 물류비 절감, 매연 감소 등에 의한 환경 피해 감소 등 사회·경제적인 효과가 상당할 것으로 추정된다. 그리고 하이패스 리더기의 설치가 증대됨에 따라 한국도로공사는 점진적으로 고속도로 톨부스(tool booth)에서 근무하는 직원의 숫자를 줄이는 것이 가능하며, 이는 결과적으로 한국도로공사가 상당한 금액의 직원 인건비를 줄일 수 있음을 의미한다고 하겠다. 이렇게 절약된 인건비는 고속도로 안전시설의 개선 및 서비스 향상을 위한 시설투자 등에 활용될 수 있을 것이다.

이마트24의 무인 셀프 스토어

이마트24는 2019년 9월에 경기도 김포에 인공지능(AI: artificial intelligence), 컴퓨터 비전(computer vision), 클라우드 기반의 POS(cloud-based point of sales), 딥 러닝(deep learning), 센서 융합(sensor fusion) 등 다양한 첨단 기술을 바탕으로 한 국내 최초의 "아마존고"형 완전 무인 편의점인 "이마트24 셀프 스토어 김포DC점"의 영업을 시작하였다. 이마트24 셀프 스토어는 고객이 자유롭게 쇼핑을 한 후 별도의 결제 과정 없이 매장을 나오면 자동 결제가 되는 'Just Walk Out' 기술이 도입된 무인 편의점이다.

<그림 2-3> 한국형 아마존고 "이마트24 셀프 스토어 김포DC점"

출처: google.com

고객이 이마트24 셀프 스토어를 이용하기 위해서는 먼저 입장용 QR코드가 필요하며, QR코드는 SSG페이 앱 내에서 생성하거나 또는 매장 내 설치된 키오스크(kiosk)에서 휴대폰 번호와 체크·신용카드 인증을 통해 발급받을 수 있다. 고객이 발급받은 QR코드가 매장 입구에 설치된 개찰구에서 인식된 후, 고객은 매장에 입장할 수 있으며 입장 후 고객은 일반 편의점에서와 같이 상품을 고르면 된다.

고객이 상품을 고르는 동안 천장에 설치되 카메라와 센서(sensor)가 개별 고객을 QR코드로 인식하여 동선을 추적하고 상품 정보를 인식한다. 그리고 이마트24 셀프 스토어는 종업원과 고객의 상호작용 없이, 기술 기반 셀프서비스(technology-based self service)를 통해 고객이 서비스를 직접 생산, 이용할 수 있도록 한다. 고객이 원하는 상품을 모두 선택하였으면, 상품의 바코드를 따로 스캔 및 결제할 필요 없이 상품을 매장 밖으로 들고 나가면 된다. 그러면 클라우드 포스(POS)로 고객이 구입한 상품의 정보가 전송되고 고객이 소지하고 있는 SSG페이나 체크·신용카드를 통해 상품 구매 금액이 자동으로 결제된다.

이마트24 셀프 스토어는 인공지능, 컴퓨터 비전, 클라우드 기반의 POS, 딥 러닝, 센서 융합 등 다양한 첨단 기술을 기반으로 하는 무인 편의점의 확대를 통해 최근 편의점 운영에 커다란 부담으로 지적되고 있는 최저 시급 인상에 따른 인건비 증가를 줄일 수 있는 효과를 기대할 수 있을 것이다. 나아가 정보기술과 정보시스템을 활용한 기술 기반 셀프서비스 제공을 통해 고객의 필요에 보다 신속하게 대응할 수 있을 것으로 기대된다.

Norauto 타이어의 재고관리시스템

Norauto는 프랑스 북부에 본사를 두고 있는 차량 유지·관리와 장비 시장에서 세계적인 선도 기업 가운데 하나이며, 2000년부터 서유럽과 남아메리카로 사업을 크게 확장하기 시작하였다. Norauto는 빠른 성장에 대처할 수 있는 효율적인 재고관리시스템을 갖고 있지 못하였으며, 이는 Norauto은 성장 전략을 저해할 수 있는 장애 요인으로 인식되었다. 이런 문제를 해결하기 위하여 Norauto는 재고관리시스템과 관련된 업무 프로세스 재설계 프로젝트를 수행하게 되었다.

Norauto는 재고관리시스템 재설계 프로젝트를 위하여 Vocollect사의 음성인식 솔루션을 채택하였다. Noratuto는 이를 이용하여 작업 할당이 합성된 음성으로 전환된 후, 웨어러블(wearable) 컴퓨터를 사용하는 30명의 주문 처리 작업자 가운데 한 명의 헤드셋(headset)으로 전달되게 된다. 작업자는 전달된 작업 지시에 따라 지정된 통로로 이동한 후, 헤드셋

<그림 2-4> Norauto의 재고관리시스템

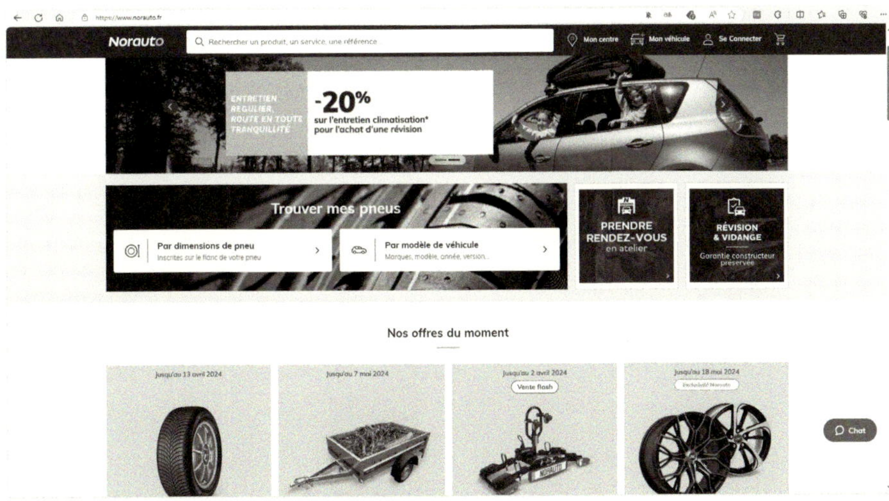

출처: norauto.fr

에 사전에 할당된 확인 코드를 말하게 된다. 작업자의 주머니에 있는 컴퓨터에 설치된 음성 인식 소프트웨어는 구술된 단어를 문자로 전환한 후, 그 데이터를 창고관리시스템으로 전송하게 된다. 작업자는 창고관리시스템 서버가 주문 받은 타이어의 모델명과 수량에 대한 추가적인 정보를 제공할 수 있게끔 정확하게 코드를 읽어야 된다.

기존의 서류와 스캐너(scanner) 기반의 시스템과 비교하였을 때, Norauto의 음성 기반 주문처리시스템은 인체공학적으로 설계되어 작업자가 주어진 일에 전적으로 집중할 수 있게 손을 자유롭게 사용할 수 있도록 하였다. 이에 따른 결과로 작업자는 주변 환경에 더욱 주의를 기울일 수 있게 되어, 실수와 비생산적인 시간을 줄일 수 있게 되었으며 안전 수준을 높일 수 있었다. Norauto가 도입한 음성인식 기반의 솔루션은 사용하기가 쉬워 어떠한 창고 작업자라도 약간의 훈련과 연습만으로 빠르게 시스템 사용 방법을 익힐 수 있다. 새로운 시스템의 유연성으로 인해 Norauto는 성수기에 상대적으로 낮은 임금으로 임시직 창고 작업자를 고용할 수 있었다. 나아가 새로운 주문처리시스템은 오류율을 75% 줄였으며, 주문처리 정확도는 99.9%에 이르게 하였다. Norauto는 새로운 주문처리시스템에 대한 투자비를 1년도 채 되지 않아 회수할 수 있었으며, 새로운 시스템으로 인해 Norauto는 고객들에게 더 나은 서비스를 제공할 수 있었다.

Toyota Motor Europe(TME)의 클라우드 기반의 PC 관리시스템

1963년에 설립된 Toyota Motor Europe(TME)는 벨기에 브뤼셀에 위치하고 있으며, 유럽에서 도요타(Toyota)와 렉서스(Lexus) 차량의 판매, 마케팅, 엔지니어링, 판매 네트워크를 관리하는 회사이다. TME는 약 95,000명의 직원을 고용하고 있다. 31개의 전국적인 마케팅 및 판매 회사는(NMSCs: National Marketing and Sales Companies) 3,100개의 판매점 또는 특약점(dealership), 그리고 아홉 곳의 생산 공장과 협력하고 있다.

지난 50년간 도요타 자동차를 구입한 수백만 명의 유럽 고객에게 일관성 있는 수리와 유지·보수 서비스를 제공하는 것은 언제나 어려운 과제였다. 자동차 수리와 유지·보수 매뉴얼(manual)은 199년대와 2000년대 들어 개인용 컴퓨터(PC: personal computer)로 대체되었다. 이러한 초기의 전산화 노력은 단지 전통적으로 종이에 인쇄된 매뉴얼을 자동화하는 것으로써, 판매점에 디스크(disk)를 배포함으로써 이들 매뉴얼을 업데이트 할 수 있는 장점이 있었다. 그러나 여기에 한 가지 문제점이 있었다. 일부 판매점은 PC를 제때에 업데이트 하지 않았으며, TME 경영진이 판매점의 업그레이드 과정을 관리할 수 있는 방법이 없었다.

도요타 자동차에 차량 내장 컴퓨터와 센서가 도입됨에 따라 TME는 차량 유지·보수 서

<그림 2-5> Toyota Motor Europe

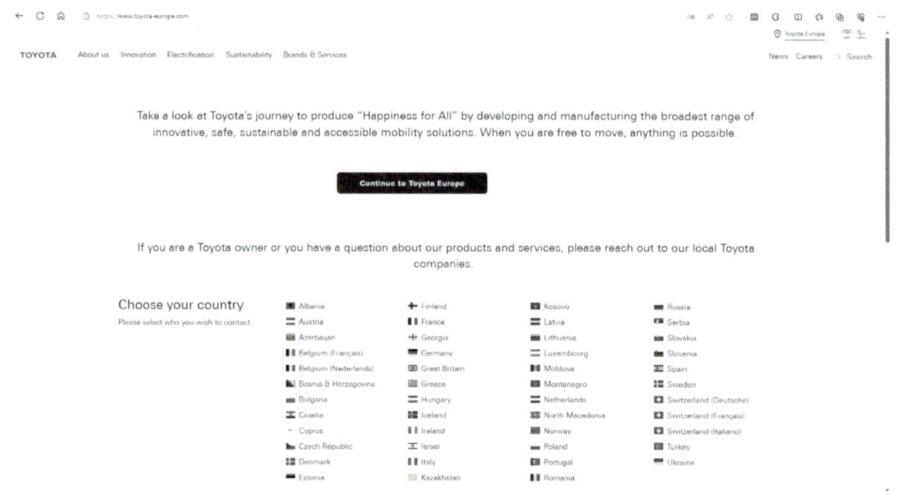

출처: toyota-europe.com

비스 제공에 대한 접근 방식을 바꾸게 되었다. 차량 내장 컴퓨터는 자동차 센서로부터 정보를 수집하고 저장할 수 있다. 이들 차량 관련 데이터는 특약점에 설치된 PC로 분석될 수 있었다. TME는 특약점에 즉각적으로 고객의 차량 엔진 성능을 분석하고 중요한 유지·보수 및 수리에 관한 정보뿐만 아니라 현지 정비사에게 권고 사항을 제공해 줄 수 있는 최신의 소프트웨어가 설치된 3,500개가 넘는 PC를 제공하였다.

이런 접근 방식의 변화는 커다란 개선이었지만, TME 경영진은 이들 3,500대의 컴퓨터를 어떻게 관리할지 또는 각 지역의 판매점들이 최신의 소프트웨어를 사용하는지를 알 수 있는 방법이 없었다. 사실 이들 PC들은 TME의 방화벽(firewall) 외부에 있었으며, 과거와 마찬가지로 근본적으로 독립적인 컴퓨터들이었다. 따라서 TME 본사에서 딜러(dealer)들이 고객들에게 동일한 품질의 서비스를 제공하고 있는지 또는 딜러들의 PC에 바이러스가 없고 적절하게 작동하고 있는지 알 수가 없었다. 이 문제에 대한 한 가지 부분적인 해결책은 TME IT기술자를 특약점에 파견하여 소프트웨어 업데이트를 설치하고, 바이러스 존재 여부를 확인하고, 새로운 기술에 대하여 정비사에게 조언을 해 주는 것이었다. 하지만 이런 방식은 매우 낭비적이고 시간 소모가 많은 일이었다.

이 문제를 해결하기 위하여 TME 경영진은 Microsoft의 Windows Intune이라 불리는 클라우드 기반의 솔루션을 사용하기로 결정하였다. Intune은 TME 본사의 IT직원이 원격으로 PC 관리 업무를 수행할 수 있게 한다. 새로운 소프트웨어가 설치될 수 있고, 바이러스 방어 프로그램을 실행할 수 있으며, 컴퓨터가 최신 상태로 업데이트 될 수 있다. 이를 위해 각 지역에 있는 PC는 인터넷 연결과 표준 브라우저(browser)를 필요로 한다. 각 지역에 있는 PC는 클라이언트용 프로그램을 다운로드하고, 클라이언트는 PC에 대한 정보를 본사에 있는 IT직원에게 전송한다. Windows Intune의 인터페이스(interface)는 사용이 용이해서 단지 몇 시간의 교육으로 사용법을 익힐 수 있다.

판매점의 PC를 관리하기 위하여 자체적으로 IT 인프라를 구축하고 소프트웨어를 개발하는 데 자원을 투자하는 대신, 클라우드 기반의 Wondows Intune 모델은 사용량에 따른 요금 부과 방식으로서 훨씬 더 저렴하고, 추가적인 하드웨어 또는 소프트웨어 비용이나 유지·보수 비용이 발생하지 않는다. 이런 클라우드 기반의 PC관리 방식을 도입함으로써 TME는 3년 동안 약 백만 파운드(£) 정도의 인프라 및 관리 비용을 절약한 것으로 추정한다.

USA컵 요트 경주에서의 정보시스템 활용

BMW Oracle Racing 조직이 2010년 2월 18일에 스페인의 발렌시아(Valencia)에서 개최된 제33회 America's Cup 요트 경주에서 우승하였다. BMW Oracle 조직의 소프트웨어 억만장자 Larry Ellison의 지원을 받는 USA라는 이름의 요트가 스위스의 억만장자 Ernesto Bertarelli의 후원을 받는 Alinghi라고 불리는 스위스 요트를 물리쳤다. 두 명의 억만장자가 상금을 위해 정면으로 맞서는 것은 언제나 큰 구경거리이다. 많고 많은 돈, 세계적 수준의 재능, 그리고 이번 경주에서는 세계 최고의 기술과 정보시스템이 모두 동원되었다. 결국 이번 경주에서는 시속 35마일의 속도에 도달해 풍속보다 3배나 빨랐던 114-foot 길이의 USA가 쉽게 삼판 양승제의 첫 두 경주에서 이겼으며, 전문가들이 생각하기로 USA가 역사상 가장 빠른 경주용 범선이었다.

USA는 선체가 3개인 삼동선으로서 길이가 114피트이고 탄소섬유를 소재로 천 년 이상된 폴리네시안 현외 장치를 가진 보트의 모습을 띄고 있다. 장난스럽게 생긴 유선형의 보트를 조정하려면 많은 양의 데이터를 번갯불 속도로 수집하고, 신속한 실시간 데이터 분석, 재빠른 의사결정, 즉각적인 결과 측정이 필요했다. 당신이 이와 같은 일들을 한 시간에 수천 번 할 수 있을 때, 당신은 점진적으로 당신의 성과를 향상시킬 수 있으며, 경주 날에 정보기술에 상대적으로 정통하지 못한 경쟁자를 상대로 압도적인 우위를 점할 수 있을 것이다.

<그림 2-6> America's Cup 2010

출처: google.com

USA 요트의 경우, 250개의 센서를 날개, 선체, 방향타에 부착하여 실시간으로 압력, 각도, 부하, 변형(압력, 긴장)에 대한 데이터를 수집하고 개별 조정(adjustment)에 대한 효과를 모니터링 한다. 이들 센서들은 초당 열 번씩 4천 개의 변수들을 추적해서 시간당 9,000만 개의 데이터 포인터를 생성한다. 그리고 Oracle Database 11g 데이터관리 소프트웨어가 이들 데이터를 관리한다.

이들 데이터는 어떻게 해야 요트가 더 빨리 항해할 수 있는지 이해하도록 설계된 속도 예측 수식(velocity prediction formulas)들을 사용하여 거의 실시간 분석을 위해 무선으로 보급(지원) 선박에 전송된다. Oracle의 Express 발표용 그래픽은 수백만 개의 데이터 포인터를 요약하여, 요트의 매니저가 정보를 이해할 수 있도록 차트(charts)를 제시한다. 강력한 데이터 분석 도구를 사용함으로써 USA 매니저들은 그들이 예전에 미처 생각하지 못했던 관계들을 찾을 수 있었다. 첫 날부터 요트 경주 전날까지, 수년간의 연습을 통해 USA 선원들은 꾸준한 성과 향상을 기록할 수 있었다.

이 모든 것이 "항해"가 바뀌었다는 것을 의미하며, 아마도 "항해"는 정보기술에 의해 의미 있는 변화를 하였다 할 수 있다. 개별 선원은 날개 항해의 현재 공기역학적 성능과 같은 자신의 임무에 맞춤화된 주요 성과 변수에 대한 데이터를 볼 수 있도록 각자의 손목에 조그마한 휴대용 컴퓨터를 착용하였다. 선원들은 돛이나 바다를 바라보기보다는 조종사가 계기를 바라보는 것처럼 항해하도록 훈련받아야 했다. 조타수는 때때로 갑판 승무원, 해상 상태 및 경쟁자를 살펴보면서 선글라스에 표시된 데이터를 보는 조종사로 변신하였다.

전 세계의 전문 및 아마추어 선원들은 기술이 항해를 다른 것으로 변화시켰는지 궁금해 했다. 억만장자 우승자인 Ellison이 다음 경주를 위한 규칙을 설정했으며, 블로그에서는 그가 비행기처럼 비행하지 않고 항해해야 하는 보다 단순하고 전통적인 요트로의 복귀를 모색할 것이라고 추측하고 있다. 그러나 Ellison이 데이터 수집, 분석, 프리젠테이션, 그리고 성과 기반 의사결정에서 주요 정보기술(IT)의 이점을 포기할 것이라고 믿는 사람은 거의 없다.

Sanofi Pasteur의 소셜 네트워킹을 활용한 협업과 정보 공유의 효율성 증대

사노피 파스퇴르(Sanofi Pasteur)는 다국적 제약회사인 사노피(Sanofi)의 백신 사업부이자, 전적으로 백신에 전념하는 세계 최대 규모의 회사이다. 사노피 파스퇴르는 프랑스 리옹(Lyon)에 본사를 두고 있으며, 전 세계적으로 약 15,000명의 직원을 고용하고 있고, 매년

10억 회 분 이상의 백신을 생산하여 전 세계 5억 명 이상의 사람들에게 접종한다. 사노피 파스퇴르사의 비전은 백신으로 예방할 수 있는 질병으로 고통받거나 사망하는 사람이 없는 세상을 위해 노력하는 것이다. 사노피 파스퇴르는 매일 연구 개발에 100만 유로 이상을 투자하고 있다. 협업, 정보 공유, 지속적인 혁신, 엄격한 품질 추구는 사노피 파스퇴르의 비즈니스 성공과 세계 인구의 건강 증진에 있어 필수적이다.

최근까지 사노피 파스퇴르에는 직원들이 모르는 사람들을 포함하여 회사의 다른 구성원들과 대화하고, 아이디어를 공유하고, 협력하도록 장려하는 적절한 도구가 부족하였다. 사노피 파스퇴르는 전통적인 계층적 문화를 지닌 대규모 중앙집중식 회사로서 새로운 계획(initiatives)은 주로 위에서 아래로 추진되었다. 사노피 파스퇴르는 직원들에게 스스로 실험하고 혁신할 수 있는 더 많은 기회를 제공하기를 원했으며, 이러한 변화를 위한 플랫폼으로 Microsoft의 Yammer를 채택하였다. 개선을 위한 아이디어는 조직 내 어디에서나 나올 수 있으며, Yammer를 통해 어디에서나 공유할 수 있게 되었다.

Microsoft의 Yammer는 내부 비즈니스용 엔터프라이즈 소셜 네트워킹 플랫폼이지만, 공급자, 고객 및 조직 외부 사람들과 연결되는 외부 네트워크 구축도 가능하게 한다. Yammer를 사용하면 직원들이 그룹을 만들어 프로젝트에 대해 공동으로 작업하고, 문서

<그림 2-7> Sanofi's Collaboration & Information Sharing

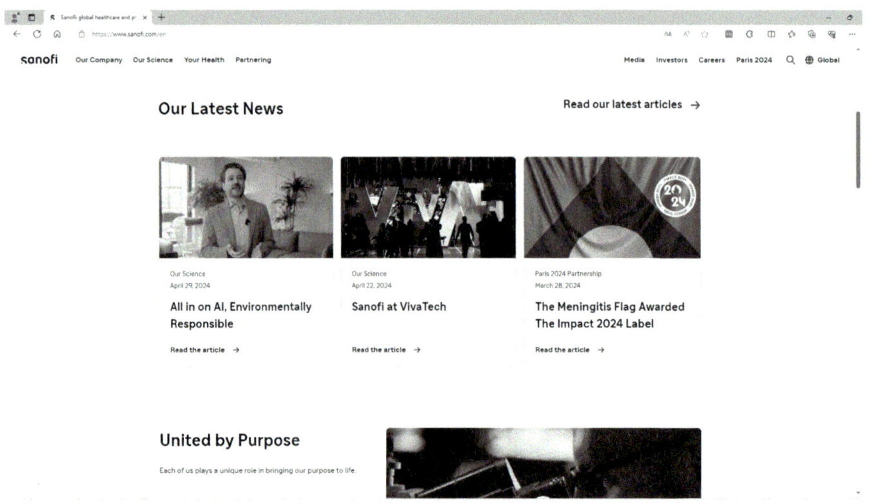

출처: sanofi.com

를 공유 및 편집할 수 있으며, 회사 내에서 일어나는 일을 확인할 수 있는 뉴스 피드가 포함되어 있다. People Directory는 연락처 정보, 기술 및 전문 지식에 대한 검색이 가능한 데이터베이스를 제공한다. Yammer는 웹, 데스크톱 및 모바일 장치를 통해 접속할 수 있으며, SharePoint와 Office 365 같은 다른 Microsoft 도구와 통합되어 다른 응용 프로그램을 보다 "사회적"으로 만들 수도 있다.

사노피 파스퇴르는 더욱 "사회적"이 되어 어떤 효과를 얻게 되었나? 직원들은 Yammer를 사용하여 업데이트를 공유하고, 피드백을 요청하고, 개선 계획에 관해 자원봉사자를 연결하고 있다. Yammer를 활용한 최근의 한 프로젝트에서 제조 현장의 핵심 품질 프로세스가 60% 단순화되어 회사는 수천 유로를 절약하고, 전반적으로 전체 프로세스 시간을 단축할 수 있었다. 직원들은 Yammer를 통해 이러한 개선 사항에 대한 내용을 전 세계 다른 지역에 알리기도 하였다.

사노피 파스퇴르 직원은 Yammer를 사용하여 대규모 제조 현장의 변화를 위한 활동가 네트워크를 구축하였으며, 그룹당 1,000명이 넘는 사람들이 모였다. 이러한 네트워크는 사람들이 개선을 위한 제안을 하고 전 세계의 다른 그룹과 협력하는 데 있어 더욱 편안함을 느낄 수 있는 보다 협력적이고 개인적인 문화를 조성하는 데 도움이 되었다. 또한 그룹은 품질과 비용 효율성을 높이기 위해 회사의 제조 및 비즈니스 프로세스를 재설계하는 데 사용할 수 있는 부서 및 계층 전반의 정책 및 절차에 대한 의견을 경영진에게 제공하기도 한다. 예를 들어, 한 건물 운영자는 자신의 생산 시설에서 특정 자재를 관리할 때 폐기물을 줄이는 방법에 대한 아이디어를 공유하였다. 물질을 처리하기 위한 새로운 절차로 인해 그의 시설은 연간 100,000유로 이상을 절약했으며, 모든 사노피 파스퇴르 생산 현장에서 세계적인 모범 사례가 되었다. Yammer 기반 커뮤니티는 건강, 안전에 대한 인식과 세부적인 문제에 대한 관심을 높이고 인적 오류를 91% 줄이는 데 도움이 되었다.

Digital Transformation of Healthcare at JurongHealth

JurongHealth는 싱가포르의 6개 공공의료 클러스터 중 하나이다. 의료 클러스터는 환자가 진료소와 같은 한 진료 환경에서 병원과 같은 다른 진료 환경으로 이동할 때 총체적이고 통합적인 진료를 제공한다. 전반적으로 싱가포르의 의료시스템은 8개의 공립병원, 10개의 사립병원, 8개의 국립전문센터, 섬 전역의 일반 개업의사 네트워크로 구성되어 있다. JurongHealth는 주로 싱가포르 서부에 위치한 700개의 병상을 갖춘 Ng Teng Fong 종합병원, 400개의 병상을 갖춘 Jurong Community Hospital 및 Jurong Medical Center를 관리한다.

JurongHealth의 목표는 혁신적인 정보기술을 사용하여 환자에게 개혁적인 의료서비스를 제공하는 것이다. 이러한 노력을 강조하면서 2016년 9월 JurongHealth의 Ng Teng Fong 종합병원은 HIMSS(Healthcare Information and Management Systems Society)의 EMRAM(Electronic Medical Record Adoption Model) 7단계 상을 수상하였다. EMRAM은 병원의 IT시스템 구축 단계로서 0부터 7까지 8단계가 있으며, 7단계가 가장 높은 수준이다. 이로써 Ng Teng Fong 종합병원은 싱가포르와 ASEAN 지역에서는 첫 번째이며, 아시아 태평양 지역에서는 다섯 번째로 이 상을 수상한 병원이 되었다.

JurongHealth는 Project OneCare 계획의 일환으로 50개 이상의 의료 IT시스템을 통합하였다. JurongHealth는 시스템을 구현하고 통합하는 데 4년이 걸렸으며, 이를 통해 종이도 없고, 스크립트도 없고, 차트도 없고, 필름도 없는 병원이 되었다. JurongHealth에서 구현한 많은 시스템 중에는 환자가 국가 신분증을 스캔하고 엔터프라이즈 대기열 관리시스템(Enterprise Queue Management System)에서 생성된 대기열 번호를 받아 등록할 수 있는 셀프서비스 키오스크(kiosks)가 있다. 이 고유 번호는 그날 환자가 병원을 방문하는 동안

<그림 2-8> 의료서비스의 디지털 변신

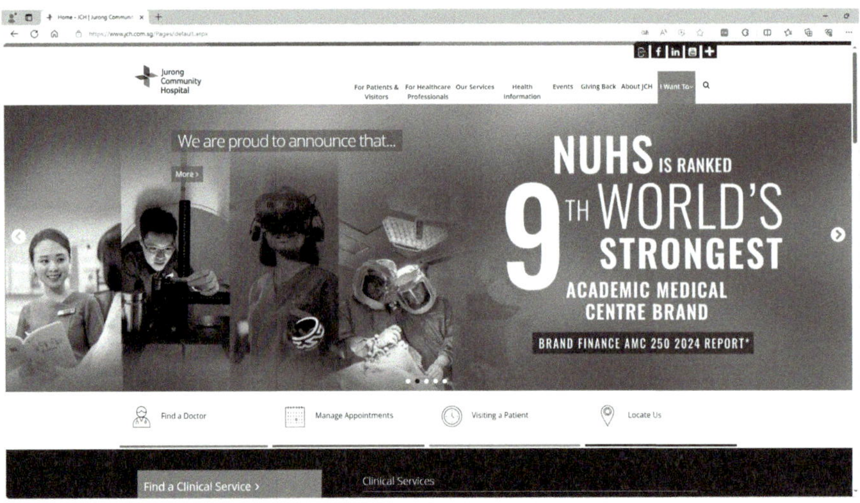

출처: jch.com.sg

병원의 모든 서비스 일정에 사용된다. 환자는 대기실에 위치한 라이브 화면을 통해 대기열 상태를 확인함으로써, 자신의 차례를 확인할 수 있다. 이 시스템을 통해 JurongHealth는 환자가 서비스마다 다른 번호가 필요하지 않기 때문에 비용을 절감할 수 있을 뿐만 아니라 효율성도 높일 수 있었다. 또한 이 시스템은 대기 시간을 줄여 환자 만족도를 높일 수 있었다.

마찬가지로 방문객 관리시스템(Visitor Management System) 셀프서비스 키오스크를 통해 방문객은 자신의 신분증을 스캔하고 등록하여 병원 병동에 접근할 수 있다. 또한 방문자는 직접 등록하고, 방문하고 싶은 병동에 대한 출입 권한을 부여하는 전자 패스를 방문자 등록 카운터에서 발급 받을 수도 있다. 그런 다음 방문자는 병동에 출입할 때 2-in-1 갠트리(Gantry)에서 신분증이나 전자 패스를 스캔해야 한다. 특정 병동을 방문하려면 동일한 갠트리를 사용해야 하기 때문에 2-in-1 갠트리는 방문자 정보를 기록하며 직원도 추적한다. 방문객 관리시스템의 구현을 통해 JurongHealth는 쉽게 병동 접근을 통제할 수 있으며, 전염병 발생 시 방문객이나 직원을 쉽게 추적하고 연락할 수 있다.

JurongHealth에 구현된 또 다른 IT시스템은 수동으로 재고를 계산하는 지루한 프로세스를 제거하는 창고 관리시스템이다. 이 시스템은 수동형 무선 주파수 식별(RFID) 기술과 2단 선반 시스템을 사용하여 재고 보충 요청을 자동화하고 재고관리를 개선하였다. 보관함의 기본 칸이 비게 되면 임상 직원이 관련 RFID 태그를 드롭박스로 옮기면, 판독기가 자동으로 약물 보충 요청을 보내 품절을 방지할 수 있게 된다.

또한 JurongHealth는 Wi-Fi 삼각 측량, 저주파 자극기 및 환자나 의료 장비에 부착된 약 6,000개의 능동형 FRID 태그를 사용하여 환자와 의료 장비를 자동으로 추적하는 실시간 위치 추적시스템을 구현하였다. 이러한 태그는 저주파 자극기와 지속적으로 통신하여 처리를 위해 데이터를 백엔드시스템(backend system)으로 전송하므로 병원 직원이 환자와 장비를 정확하게 찾을 수 있게 되어, 지루한 수동 검색이 필요하지 않게 된다.

또 다른 주요 조치로 JuringHealth는 다양한 IT시스템이 독립형(stand-alone)이 되지 않도록 의식적으로 노력을 기울였다. 따라서 JurongHealth는 140여개의 의료기기 및 장비의 원활히 상호작용을 가능하게 하였으며, 병원의 모든 기능 모듈을 결합한 통합 전자의무기록(EMR: electronic medical record)시스템을 구현하였다. 공급업체 중립적인 의료기기 미들웨어 통합시스템(middleware integration system)을 사용하면 이러한 의료 기기의 데이터가 EMR 시스템에 직접 업로드 된다. 따라서 임상 직원이 이러한 판독 값을 수동으로 입력해야 하는 시간이나 노력이 필요하지 않으며, 병원은 더 이상 차트 오류에 대해 걱정할 필요가 없게 되었다. 공급업체 중립적이라는 것은 단일 공급업체에 대한 의존도가 낮을 뿐만 아니라 동급 최고의 개별(best-of-breed) 모듈을 자유롭게 채택할 수 있음을 의미한다.

정보기술은 JurongHealth가 저렴한 비용으로 세계적 수준의 의료 서비스를 제공한다는 사명을 달성하는 데 핵심적인 역할을 하였다. 그 결과, JurongHealth는 선도적인 기술 중심 의료서비스 제공자이자 싱가포르뿐만 아니라 전체 지역에서 역할 모델로 명성을 쌓을 수 있었다.

DP(Dubai Ports) World's Port Management System

DP(Dubai Ports) World는 전 세계적으로 (항구)터미널을 운영하는 선도 회사로서 입지를 다진 것에 자부심을 가지고 있다. DP World는 31개국에서 50개의 터미널을 운영하고 있으며, 추가적으로 11개의 터미널이 건설 중에 있다. DP World는 다수의 전 세계적으로 가장 역동적인 경제 선진국에서 고객에게 서비스를 제공하기 위하여 3만 명 이상의 다국적 전문가들을 고용하고 있다.

DP World는 컨테이너, 산적 화물(bulk), 기타 터미널 화물을 효과적으로 관리하기 위한 고품질의 혁신적인 서비스를 제공함으로써 고객의 공급사슬 개선을 위해 고객 중심적 방식을 채택하였다. DP World는 자사의 고객에게 최상의 서비스를 제공하기 위하여 터미널 기반시설(infrastructure), 기술, 그리고 사람에 많은 투자를 하였다.

다른 세계적 항구 및 터미널 운영사와 마찬가지로, DP World는 종종 복잡하고 비용이 많이 발생하는 공급사슬관리 문제를 각국의 해운회사들이 잘 해결할 수 있도록 돕고 있다. 컨테이너 터미널 운영사들이 직면하고 있는 전형적인 문제들 가운데 하나는 항구 진입점에서의 정체 현상이다. 이 정체 현상은 종종 긴 입항 절차와 종이 기반의 물류 처리로 인해 야기되는 지연 때문이다. 이 문제를 해결하기 위하여 DP World는 터미널의 화물처리 용량(capacity) 이용도를 향상시키기 위해 많은 IT 기반의 해결책을 도입하였다.

DP World의 경영층은 한 걸음 더 나아가 컨테이너 처리 시간을 향상시키기 위하여 컨테이너의 적재와 하역에 있어 "just in time" 원칙을 적용하기로 하였다. DP World는 항구 출입문을 통과하는 트럭의 효율성을 증대시키기 위한 효과적인 방법은 RFID(radio frequency identification)기술을 이용하는 것이라는 것을 알게 되었다. 오늘날 DP World는 자사가 운영하는 두바이(Dubai)와 호주(Australia)에 있는 항구 터미널에 RFID 기반의 자동 출입문 시스템을 사용하고 있다. DP World UAE(United Arab Emirates)의 Muallem 전무에 따르면, RFID 기반의 자동 출입문 시스템을 도입함으로써 DP World는 정체 현상을 해소하였을 뿐 아니라 다수의 긴 시간을 요하는 절차를 없앨 수 있어서, 항구에서의 생산성 증대와 더불어 고객의 만족도를 향상시켰다고 말하고 있다. 그는 이런 결과로 인해 DP World의 고객들은 훨씬 빠른 속도로 자신들의 물품이 세관을 통과하고 선적될 수 있게 되었다고 주장한다.

RFID를 도입하기 전에 DP World는 여러 경쟁 관계에 있는 RFID 공급업자들을 포함하여 개념 증명 시험을 실행하는 데 몇 달을 사용하였다. 항구의 열악한 환경적인 조건 때문에 DP World는 95.5%의 모든 태그(tags)가 성공적으로 인식될 것을 요구하였다. 이는 많은 RFID 공급업자들에게 주요 난제였다. 엄격한 시험과 평가를 거친 후, DP World는 자사의 RFID 공급업자로 능동형 무선 추적 솔루션에 있어 세계적 선도 기업인 Identec Solutions을 선정하였다.

DP World의 RFID 추적시스템은 어떻게 작동하는가? 항구를 방문하는 트럭은 Identec Solutions사가 공급하는 후방 차대(rear chassis)에 고정된 능동형 RFID가 장착되어 있다. 트럭이 출입문에 접근하게 되면, 트럭의 고유 태그 ID 번호가 자동 출입문 시스템에 연동되어 있는 RFID 인식기(reader)에 의해 인식된다. 출입문에서 광학 문자 판독(OCR: optical character recognition)시스템이 트럭이 컨테이너를 적재하고 있는지 결정하고, 트럭에 적재

<그림 2-9> Port Management at DP World

출처: dpworld.com

되어 있는 컨테이너의 번호를 확인하고, 백업 식별자(a backup identification)로서 트럭의 차량번호판을 읽는다. 이 시스템은 트럭이 컨테이너를 싣거나 내리기 위해 가야할 차선을 표시하는 티켓(ticket)을 자동적으로 발급하기 위하여 트럭에 의해 제공된 정보를 사용한다. 또한 이 시스템은 효율적인 컨테이너 픽업과 하차를 위해 필수 정보인 트럭이 정시에 도착했는지를 자동적으로 결정한다. 트럭이 출입문을 떠날 때, RFID 태그는 다시 한 번 더 인식되게 되며, 트럭기사는 수행된 업무(transaction)에 대한 영수증을 받게 된다.

RFID는 DP World의 컨테이너 이관 효율성을 증대시켰으며, 터미널 게이트에서 트럭이 신속하게 출입할 수 있게 하였고, 연료 효율을 향상시킬 수 있게 하였다. DP World의 Sydney 지역 책임자인 로스(Rose)는 RFID는 개선된 트럭 관리를 통해 게이터에서의 효율을 증대시켰고, 트럭 처리 절차를 개선함으로써 공공 도로에서 트럭들이 대기하는 문제를 해결할 수 있었다고 말한다.

Identec이 제공한 RFID 기반의 솔루션은 DP World가 터미널 게이트에서 더욱 원활하고, 빠르고, 효과적인 컨테이너 운송을 통하여 고객의 공급사슬 효율성을 향상시킴으로써 고객 만족을 증대시킬 수 있도록 하였다. 게이트에서 시간이 많이 소요되는 문서기반의 업무처리 및 수동 검사의 폐지와 수동 데이터 입력 오류의 감소는 높은 수준의 고객서비스를 제공해 주고자 하는 DP World의 고객 중심적 접근 방식을 잘 보여 주고 있다. 또한 RFID 시스템은 운송회사들이 시간을 절약하고, 매출을 증대시키고, 비용을 절감할 수 있게 하였다.

DP World의 RFID 사용은 전역에서 터미널에 들어오고 나가는 트럭들의 움직임에 대하여 보다 정확한 정보를 제공할 수 있어 보안을 강화할 수 있게 되었다. 예를 들면, FFID 시스템은 트럭이 예약이 되어있는지 또는 항구에 출입이 인가되었는지를 자동적으로 확인할 수 있게 한다. 다음 단계로서 DP World는 공급사슬 흐름을 더욱 최적화하기 위하여 RFID 기반의 스캐닝 및 추적 기술의 사용 확대를 고려하고 있다.

2. 새로운 제품, 서비스, 비즈니스 모델 개발을 위한 투자 사례

오늘날 통신네트워크가 발달하고 지식이 여러 산업에서 경쟁 우위의 원천으로 인식되는 지식경제사회에서 정보기술과 정보시스템은 기업이 새로운 제품, 서비스뿐만 아니라 새로운 비즈니스모델의 개발을 가능하게 해주는 주요 수단이 되고 있다. 이러한 현상은 오락,

음반, 금융, 출판 등 다양한 산업에서 관찰되고 있다. 이들 산업은 인터넷으로 대표되는 통신네트워크와 정보기술을 바탕으로 그들의 제품이나 서비스를 보다 편리하고 신속하게 이용할 수 있게 하고, 제품 및 서비스의 사용 경험을 향상시키고, 제품이나 서비스의 맞춤화가 가능하도록 하며, 때로는 보다 저렴한 비용으로 이들 제품이나 서비스를 이용할 수 있게 한다. 아래에 구체적인 사례들을 통하여 정보기술과 정보시스템으로 인해 가능해진 새로운 제품, 서비스, 그리고 비즈니스모델을 소개한다.

iTunes의 음원 서비스 및 유통 채널

오늘날 음반 산업은 과거와 비교하면 커다란 차이점을 보이고 있다. 과거에는 음반 산업에 있어 카세트테이프, CD 등이 음반가게를 통하여 유통되고 판매되었다. 하지만 Apple.com이 2001년에 iTunes 미디어 플랫폼을 소개한 이래, 음반 산업은 커다란 변화를 겪게 되었다. 초기의 iTunes 서비스는 매킨토시(Macintosh) 컴퓨터에서만 작동이 가능한 음악 플레이어였으나, 이후 보다 정교한 다매체(multimedia) 콘텐츠를 다룰 수 있는 서비스로 발전하였다. 이로 인하여 인터넷 접속이 가능하다면 소비자는 언제 어디서든지 자신이 원하는 음

<그림 2-10> iTunes의 새로운 음원 유통 채널

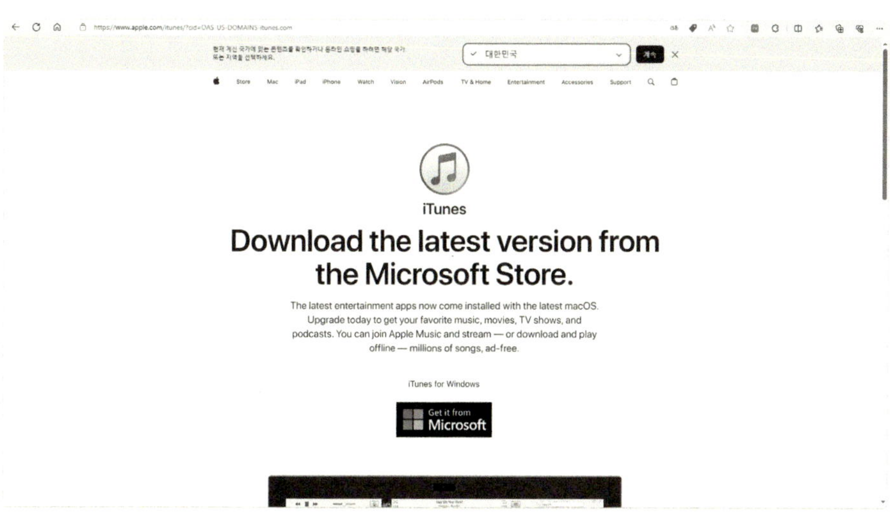

출처: apple.com

원을 다운로드 받을 수 있게 되었다. iTunes 서비스(또는 비즈니스모델)는 인터넷과 정보기술을 기반으로 하여 음반 산업에 있어 혁신적이고 비용 효율적인 유통채널이 가능하게 하였다. 나아가 iTunes 서비스는 iPod, iPhone, iPad와 연동이 가능하게 함으로써 애플의 정보기기를 사용하는 소비자에게 다양한 형태의 서비스를 제공하고 애플 기기를 사용하는 소비자의 제품 및 서비스 사용 경험을 향상시켰다.

과거에 카세트테이프나 CD에 여러 곡이 묶음으로 수록되어 판매됨으로써 소비자는 별다른 선택의 여지없이 본인이 원하지 않는 음악도 살 수밖에 없었다. 하지만 iTunes 서비스와 같은 새로운 형태의 음원 서비스는 소비자가 자신이 원하는 음원만을 취사선택해서 구입하는 것을 가능하게 하였다. 나아가 과거의 음반 유통 방식과는 달리 iTunes는 자사의 웹페이지를 통하여 새로운 음악에 대한 음원서비스 정보를 소비자에게 보다 신속하게 알릴 수 있고, 소비자는 자신이 원하는 음악을 즉각적으로 즐길 수 있게 되었다.

Dell 컴퓨터의 고객 맞춤 주문 서비스

PC업계에서 델컴퓨터는 IBM과 같은 거대 기업에 비하면 상대적으로 후발 주자였지만, 1996년부터 온라인 PC 판매를 시작함으로써 전화 및 인터넷을 통한 PC 판매의 개척자가 되었다. 이때까지 기존의 주요 PC 제조회사들은 맞춤화가 아닌 기성품 PC를 전자제품 판매점을 통하여 유통하고 판매하는 build-to-stock방식을 채택하고 있었다. 이런 생산방식은 표준화된 PC의 대량생산에는 적합한 방식이지만, 전문화되고 차별화된 수요 특성을 가진 power user의 수요 특성을 충족시켜 주는 데는 효과적이지 못한 부분이 있었다.

하지만 온라인 PC 판매에 주력하고 있던 델컴퓨터는 전통적인 PC 판매 모델이 아닌 인터넷과 정보시스템을 기반으로 하는 맞춤화된 PC 주문 서비스를 통한 build-to-order 주문 및 판매 방식을 개발하고 채택하였다. 이러한 주문 및 판매 방식은 특히 PC에 관심이 많고 이를 전문적으로 활용하는 power user 고객들에게 매력적인 PC 주문 방식으로 인식되었고, 경쟁사에서는 볼 수 없는 차별화된 맞춤 주문 서비스를 제공할 수 있게 되어 델컴퓨터의 새로운 경쟁 우위의 원천 역할을 하였다. PC 맞춤 주문에 관심이 있는 고객은 델컴퓨터 웹사이트를 방문하여, 원하는 PC, laptop컴퓨터 등을 선택한 후, 자신이 원하는 그래픽카드, 메인 메모리(main memory), 스토리지(storage), 모니터, 색상 등을 선택하여 맞춤화된 주문을 할 수 있다. 결과적으로 델컴퓨터의 맞춤 주문 서비스는 power user 고객들이 자신들의 수요 특성을 효과적으로 충족시켜 줄 수 있는 PC 제품 구매를 가능하게 하여, 이들의

<그림 2-11> 델컴퓨터의 맞춤 주문 서비스

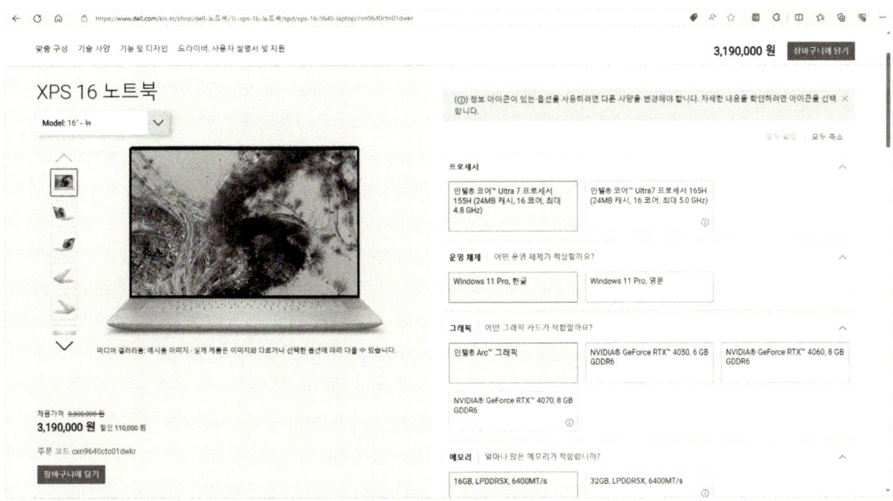

출처: dell.com

만족도를 향상시킬 수 있으며, 이들을 충성 고객 및 반복 구매 고객으로 확보할 수 있는 가능성을 높여 주었다.

또한 델컴퓨터의 정보시스템 기반의 맞춤 주문 서비스는 고객의 주문이 PC 조립 관련 업무 프로세스를 촉발시키는 PC 생산 방식으로서, 이론상으로는 델컴퓨터가 PC 완제품 재고를 가지고 있지 않는 것을 가능하게 하였다. 델컴퓨터의 맞춤 주문 서비스는 델컴퓨터가 PC 완제품 재고와 관련된 운영 비용을 획기적으로 줄여 줄 수 있게 하였다.

Chemical Bank의 ATM서비스

전통적으로 금융기관, 특히 상업은행의 업무 시간은 주 5일 월요일부터 금요일까지, 오전 9시부터 오후 5시까지였다. 따라서 은행을 이용하는 고객은 금요일 오후 5시 이후에는 금융거래를 할 수 없게 되어, 다음 주 월요일 은행 개장 시간까지 기다려야 하는 불편을 감수할 수밖에 없었다. 이러한 고객 불편함을 해소하기 위하여, Chemical Bank는 통신네트워크와 정보시스템을 기반으로 하는 ATM(automated teller machine)을 1962년 9월 2일에 미국 뉴욕 주의 Rockville Centre 지점에 설치하여 기본적인 금융거래가 주 7일 하루 24시간

<그림 2-12> Chemical Bank ATM

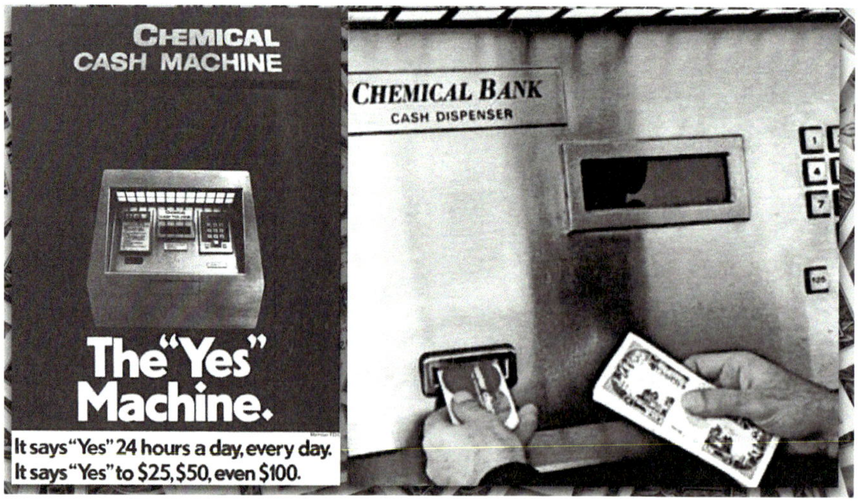

출처: google.com

가능하도록 하였다. ATM서비스의 출현은 금융소비자들이 주 7일 시간 제약을 받지 않고 금융거래를 할 수 있도록 하였다는 점에서 혁신적이고 편리한 새로운 형태의 금융서비스였다고 할 수 있다.

Chemical Bank가 처음 설치한 프로토타입(prototype) ATM은 정해진 일정 금액만을 인출할 수 있도록 만들어진 제한된 기능의 서비스였지만, 그 때까지 금융 산업에서 볼 수 없었던 새로운 형태의 금융서비스였다. Chemical Bank가 첫 ATM을 소개한 그 날, Chemical Bank는 "On September 2, 1969, our bank will open at 9:00 A.M., and never close again."이라는 기념비적인 신문광고를 게재함으로써, 금융 산업에 있어 새로운 변화가 도래했음을 알리는 신호탄을 쏘아 올렸다고 할 수 있다.

Chemical Bank의 초기 ATM은 비록 제한된 유형의 금융거래만 가능하게 하였지만, 통신네트워크와 정보시스템을 기반으로 하는 새로운 유형의 금융서비스였다는 점에서 금융업계의 주목을 끌기에 충분하였다. 그리고 이는 오늘날 일반적으로 금융소비자들이 편리하게 언제 어디서나 사용하고 있는 온라인 뱅킹서비스나 모바일 뱅킹서비스의 기초를 놓았다고 할 수 있다.

Merrill Lynch의 CMA(종합자산관리)서비스

금융자산가는 일반적으로 자신이 가지고 있는 금융자산의 수익성 향상을 위하여 상대적으로 높은 평균 연간 수익률(APY: annual percentage yield)을 낼 수 있는 금융상품에 투자하고자 한다. 미국을 예로 들면, 대부분의 금융자산가들은 전국 평균 연간 수익률이 약 0.47%인 전통적인 예금계좌의 연간 수익률에 만족할 수 없을 것이다. 따라서 이들 금융자산가들은 보다 높은 연간 수익률을 실현할 수 있는 금융상품을 찾게 되었고, Merrill Lynch는 이들의 욕구를 효과적으로 충족시켜 주고자 종합자산관리(CMA: cash management account)서비스를 개발하고 이를 금융상품화하여 출시하였다. Merrill Lynch의 CMA서비스는 예금계좌에 비하여 최대 10배에서 15배까지의 평균 연간 수익률(APY)를 낼 수 있는 것으로 알려져 있다.

Merrill Lynch의 CMA서비스는 정보시스템을 기반으로 컴퓨터 프로그램화 된 종합자산관리서비스로서 1997년에 소개되었다. CMA서비스가 금융 산업에 있어 새로운 경쟁 우위의 원천으로서의 잠재적 가능성을 확인한 Merrill Lynch는 자사의 CMA서비스 응용소프트웨어(application software)에 대한 특허를 출원하여 7년 간 독점적 사용권한을 부여받았다. Merrill Lynch는 이렇게 정보시스템을 기반으로 하는 새로운 금융서비스 상품을 개발하여 수익률이 높고 차별화 서비스를 제공함으로써 경쟁 우위를 확보할 수 있었다.

<그림 2-13> Merrill Lynch CMA서비스

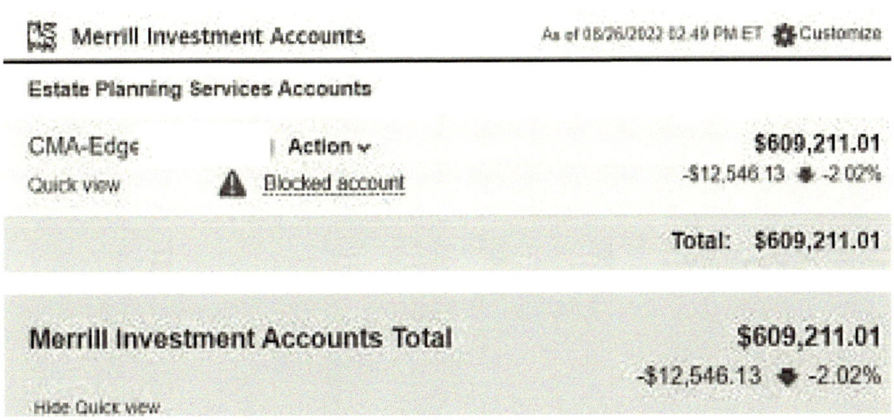

출처: google.com

CMA서비스는 오늘날 지식경제사회에 있어 금융 산업의 지식을 활용하여 금융상품을 개발하는 데 있어 정보 정보기술과 정보시스템이 도움을 준 좋은 사례이다. 따라서 앞으로 다양한 산업에서 전문지식을 활용한 상품 및 서비스 개발에 있어 정보기술과 정보시스템이 훌륭한 조력자 역할을 할 수 있을 것으로 기대된다.

Progressive Corporation의 온라인 자동차보험 판매

최초로 자동차보험을 온라인에서 판매한 것으로 알려진 Progressive Corporation은 인터넷 초기 단계인 1995년에 자사의 웹페이지를 통하여 고객들이 인터넷 상에서 보험설계사를 통하지 않고 직접 자동차보험을 구입할 수 있게 하였다. Progressive Corporation의 이러한 새로운 보험 상품 판매 방식은 보험업계에 일대 혁명을 일으키기에 충분하였으며, 다른 보험회사들이 온라인을 통해 보험 상품을 판매하는 길을 개척한 선구자 역할을 한 것이라 하겠다.

전통적으로 자동차보험 상품을 구입하기 위하여 차량 소유자는 보험회사의 보험설계사에게 연락하거나 대면 상담을 통하여 보험료와 보상범위 및 보상금액 등에 대한 정보(견적)을 수집한다. 차량 소유자는 이러한 노력을 수차례 반복하여 복수의 자동차보험 상품에 대하여 필요한 견적 관련 정보를 입수한 뒤, 이들 정보를 비교하여 최종적으로 자동차보험 상품을 선택하고 구입하게 된다. 이런 전통적인 보험 상품 판매 방식은 고객의 입장에서 보면 상당한 시간과 노력을 기울인 뒤에 구매 결정을 할 수 있는 다소 비효율적인 것이었다. 하지만 Progressive Corporation이 새롭게 선보인 온라인 자동차보험 상품 판매 방식은 고객이 보다 손쉽게 자동차보험의 보험료와 보상범위와 보상금액에 대한 정보를 얻는 것이 가능하게 하였으며, 보다 신속하고 편리하게 구매 결정을 할 수 있게 하였다.

이러한 자동차보험 상품 판매 방식은 경쟁사의 오프라인 판매 방식에 비하여 보다 편리하고 차별화된 자동차보험 구매 서비스를 차량 소유자들에게 제공해 줌으로써 Progressive Corporation에 커다란 경쟁 우위를 가져다주었다. 나아가 Progressive Corporation은 오프라인 지점이 필요 없는 새로운 자동차보험 판매 방식으로 인하여 운영 비용을 줄일 수 있었고, 기존의 지점 숫자를 줄임으로써 각 지점에 소속된 보험설계사의 숫자를 줄일 수 있었으며, 이로부터 야기되는 비용 절감액의 상당 부분을 보험료에 반영할 수 있게 되었다. 결과적으로 인터넷을 기반으로 한 온라인 자동차보험 판매 방식은 Progressive Corporation이 동일한 보상 조건의 자동차보험 상품에 대하여 경쟁사보다 낮은

<그림 2-14> Progressive Corporation

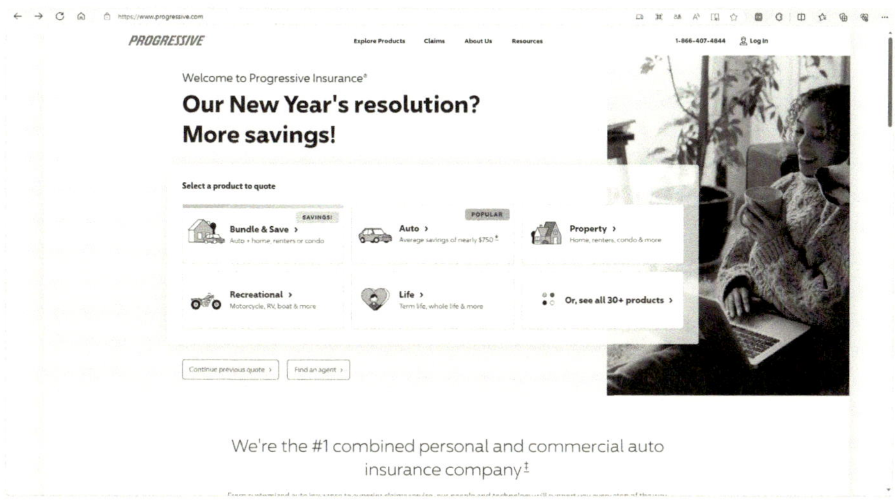

출처: google.com

보험료 책정을 가능하게 하여 가격 경쟁력을 강화시키는 효과를 가져다주었다.

Progressive Corporation의 인터넷을 통한 온라인 자동차보험 상품 판매 방식은 자동차보험 업계에 있어 보험 상품 판매 채널에 커다란 변화를 일으키는 촉매제로 작용하였다. Progressive Corporation에 뒤이어 GEICO와 Ensurance 같은 경쟁사들도 자사의 웹페이지를 구축하고, 이들 플랫폼을 통하여 자동차보험 상품을 판매하기 시작하는 초기 보험회사군에 합류하게 되었다.

UPS의 Package Tracking Service

UPS(United Parcel Service)는 미국의 시애틀에서 "best service and lowest rates"를 실현하고자 하는 창업정신을 바탕으로 한 소포 배달회사로서 1907년에 설립된 이래 꾸준한 성장을 통하여 오늘날 세계 최대의 육상 및 항공 소포 배달회사로 성장하였다. UPS는 고객서비스를 최우선시 하는 조직문화를 바탕으로 고객에게 보다 나은 서비스를 제공하고자 꾸준히 최신 정보기술에 대한 투자를 통한 업무 프로세스 개선을 추구하였다. 이러한 노력으로 인하여 UPS는 FedEx와 USPS(United States Postal Service), DHL 등과 같은 경쟁사의

<그림 2-15> UPS Package Tracking Service

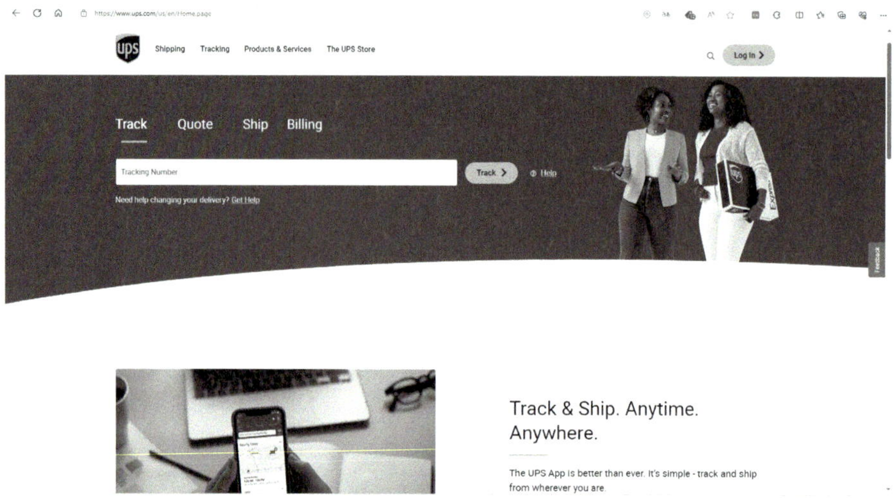

출처: ups.com

강력한 도전에도 불구하고 소형 소포 배달서비스 업계에서 선두 기업으로서의 위상을 유지하고 있다.

UPS는 1990년에 DIAD(Delivery Information Acquisition Device) 도입을 시작으로 자사가 배달하는 소포를 전자적으로 추적·관리하기 시작하여, 소형 소포 배달서비스 업계 최초로 package tracking service를 제공하기 시작하였다. UPS는 자동화된 package tracking system을 통하여 소포를 배달하는 전 과정에 있어 소포들을 추적하고, 필요시 소포들을 다른 경로를 통하여 운송이 되도록 하였다. 구체적으로 UPS는 소포 배송 의뢰자로부터 수신자에 이르는 과정에 있어 여러 지점에서 바코드(bar code)기기를 사용하여 소포에 부착된 표식(label)에 있는 배송 정보를 추적하여 소포의 현 상태에 대한 정보를 중앙컴퓨터에 전송한다.

UPS에 소포 배달을 의뢰한 고객은 모바일 앱이나 UPS의 웹페이지를 방문하여 추적번호(tracking code)를 입력하면 자신이 운송을 부탁한 소포의 상태에 대하여 실시간으로 검색이 가능하게 됨으로써, 소포 배송과 관련된 궁금증을 해소할 수 있다. UPS는 자사의 전 세계적 배송망을 효율적으로 관리할 수 있는 오랜 경험과 정보기술을 바탕으로 개발된 package tracking system을 접목시켜 다른 회사의 물류와 공급사슬관리 활동을 위한 서비스를 개발하고, 이를 새로운 수익 창출의 기회로 활용하고 있다.

NIKEiD(Nike By You)의 운동화 맞춤 주문 서비스

운동화 산업(sport shoes industry)은 건강에 대한 인식 증대, 건강 활동(fitness activities) 참여 증가, 패션 트렌드를 반영한 운동과 여가(athleisure)활동을 위한 의류 등의 요소로 인해 꾸준히 성장하고 있다. 운동화 산업의 규모가 꾸준히 증가함에 따라 업체들 간 경쟁 또한 매우 심화되고 있는 것으로 알려져 있다. 이를 잘 반영하듯, 운동화 산업에 있어 Nike, Adidas, NB(New Balance) 등 주요 회사들이 시장점유율을 높이기 위해 다양한 방법을 사용하여 지속적으로 치열한 경쟁을 벌이고 있다. 운동화 산업의 주요 경쟁 회사로는 Nike, Adidas, Under Armour, Puma, NB, ASICS, Reebok 등이 있다.

상기와 같이 꾸준히 성장하고 역동적이며 경쟁이 심한 산업에서 기업들은 경쟁 우위를 유지하기 위하여 지속적으로 혁신적인 제품을 개발하고, 변화하는 고객의 추세(preferences)에 대응하고자 노력을 기울이고 있다. 운동화 산업에 있어 경쟁 우위를 결정짓는 요소로서 브랜드 인지도(brand recognition), 혁신(innovation), 디자인과 스타일(design and style), 가격(pricing), 유통경로(distribution channels), 고객 선호도(customer preferences), 서비스품질 등이 알려져 있다.

운동화 산업에 있어 선두 주자의 하나인 Nike는 상기에 언급된 주요 성공요인에 노력을 기울이는 것은 물론 정보시스템을 기반으로 개발된 차별화된 주문 서비스 제공을 통하여 경쟁 우위를 확보하고자 노력하고 있다. Nike는 1999년에 업계 최초로 정보시스템 기반의 NIKEiD 프로그램을 소개하였다. NIKEiD 프로그램은 최초에는 고객들이 자사의 운동화를 맞춤 주문할 수 있는 온라인 플랫폼(platform)으로 개발되었다. 이 프로그램은 업계 최초로 고객들이 맞춤화된 운동화 주문이 가능하도록 하였으며, 이후 운동용 의류와 액세서리(accessories)를 맞춤 주문할 수 있도록 발전되었다. NIKEiD 프로그램은 2019년에 Nike By You라는 브랜드로 명명되었으며, 원래의 NIKEiD가 제공했던 것처럼 맞춤화와 개인화 주문 기능을 제공하고 있다.

NIKEiD(Nike By You) 프로그램은 정보기술과 정보시스템을 활용하여 고객들이 하나밖에 없는(one-of-a-kind) 디자인을 만들 수 있게 함으로써 자신의 개성과 스타일을 표현할 수 있게 해준 고유하고 혁신적인 맞춤화 및 개인화 주문 서비스이다. NIKEiD 프로그램은 개인화되고 맞춤화된 나이키 제품으로 남들과 구별되는 것을 원하는 운동선수, 운동화에

<그림 2-16> NIKEiD Program(Nike By You)

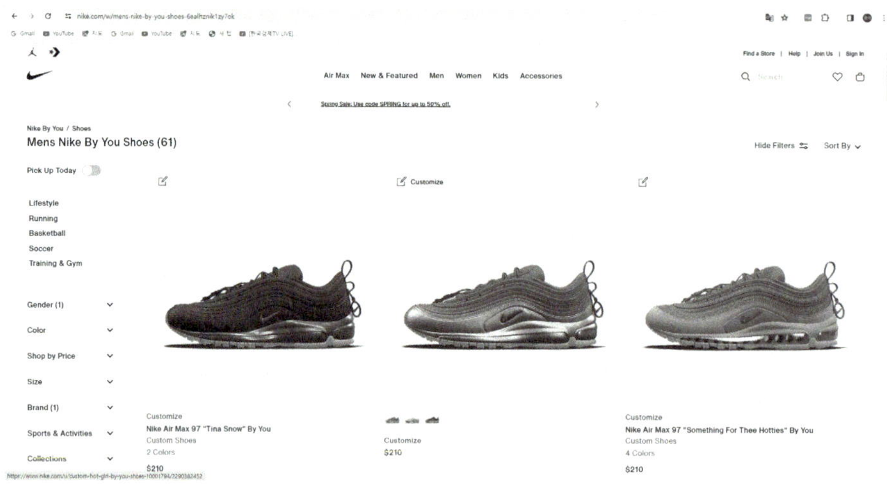

출처: nike.com

열성적인 고객, 패션에 민감한 고객들에 커다란 호응을 얻었으며, Nike가 운동화 산업에서 경쟁 우위를 확보하는 데 많은 기여를 하였다고 알려져 있다.

ETrade의 Home Trading Service

ETrade는 주식 거래에 있어 홈 트레이딩 서비스를 제공한 최초의 회사로 알려져 있다. ETrade는 온라인 거래 플랫폼을 기반으로 하는 홈트레이딩 시스템(HTS: home trading system)을 1982년에 구축하여 개인 투자자가 개인용 컴퓨터를 통해 집에서 편안하게 주식을 거래할 수 있는 서비스를 제공하기 시작하였다. ETrade가 소개한 새로운 형태의 주식거래 서비스는 주식 중개 산업에 혁명을 일으켰고, 더 많은 사람들이 주식 거래에 더욱 쉽게 접근할 수 있게 하였으며, 이는 휴대전화와 같은 모바일기기를 이용하는 모바일 트레이딩 서비스(mobile trading service)로 발전되었다. 이제 홈트레이딩 서비스와 모바일트레이딩 서비스는 일반화된 온라인 중개서비스(online brokerage service) 형식으로 자리 잡고 있다.

증권회사에서 홈 트레이딩 서비스를 제공하기 전에는 일반적으로 주식 매매를 원하는 개인투자자는 증권사 지점의 객장을 방문하여 전광판에 게시되는 주식가격에 대한 정보 등을 확인한 후, 지점의 직원에게 주식 매매를 의뢰함으로써 주식을 거래하였다. 또한 일부 개인투자자는 증권사 지점에 전화를 하여 주식 매매를 의뢰하여 주식을 거래하였다. 이러한 주식 매매 방식은 증권사 지점의 직원이라는 중간 매개체를 통하여만 주식 거래가 가능하게 되어, 주식거래에 있어서 상대적으로 많은 시간이 소요되었다. 이로 인해 한국의 주식시장(특히 KOSDAQ)과 같이 주가의 변동 폭이 상대적으로 커고, 수시로 변하는 환경에서는 적절한 시점에 개인투자자가 주식 매매를 하는 것이 쉽지 않다. 이는 때로는 개인투자자의 의사결정의 질을 떨어뜨림으로써, 개인투자자의 손실로 이어질 수 있다. 하지만 증권사가 제공하는 온라인 거래 플랫폼(프로그램)인 홈트레이딩과 모바일트레이딩 서비스를 이용하는 개인투자자는 중간 매개체(증권사 직원)를 통하지 않고 실시간으로 주가의 변동 및 변동 추이 등에 관한 정보를 실시간으로 접할 수 있다. 이렇게 제공된 주식과 관련된 각종 실시간 정보를 참고하여 개인투자자는 과거보다 더욱 신속하게 주가 변동에 대처할 수 있고, 나아가 주식 매매에 대한 의사결정을 스스로 할 수 있게 되었다. 많은 경우에 이는 개인투자자가 보다 나은 의사결정 결과를 기대할 수 있도록 한다.

국내에서는 삼성증권이 최초로 홈 트레이딩 서비스를 소개하였다. 삼성증권은 1999년에 개인투자자들이 인터넷을 통해 집에서 주식을 거래할 수 있는 온라인 거래 플랫폼 서비스를 제공하기 시작하였다. 당시에 이러한 삼성증권의 움직임은 한국 주식 시장에서 중요한

<그림 2-17> Etrade HTS

출처: us.etrade.com

발전으로 인식되었으며, 개인투자자들이 주식거래에 더욱 쉽게 접근하고 편리하게 주식매매를 할 수 있게 하였다. 또한 키움증권은 국내 최초의 온라인 종합증권사로서 전통적인 증권회사와는 달리 오프라인 지점을 개설하지 않고 전적으로 정보기술과 정보시스템을 기반으로 하는 온라인 주식거래 플랫폼 서비스를 제공하고 있다. 키움증권은 오프라인 지점을 개설하지 않음으로 인해 증권사의 운용비용을 획기적으로 줄일 수 있었으며, 이에 따라 타 증권회사에 비하여 주식거래 수수료에 대한 경쟁력을 확보할 수 있었다. 이렇듯 오프라인 지점 없이 정보기술과 정보시스템을 기반으로 하는 온라인 주식거래 플랫폼 서비스를 제공함으로 가능케 된 키움증권의 저비용 사업구조와 국내 최대의 온라인 고객을 바탕으로 키움증권은 17년 동안 주식위탁매매 시장점유율 1위를 유지하고 있다고 한다.

Big Data 분석을 통한 Rugby 경기 관련 데이터서비스

Rugby Football Union(RFU)는 21개의 English club에 의해 1871년에 설립되었으며, Premier Rugby Limited와 공동으로 영국 국가대표 팀(English Rugby)을 관리하는 행정기관이다. RFU는 모든 등급의 럭비 홍보에 책임을 지고 있으며, 비공식적이지만 영국, 스코틀랜드, 웨일스, 이탈리아, 아일랜드, 프랑스를 포함하는 북반구 6개국 국가대항 선수권대회(the Six Nations Championship)와 이들 국가의 클럽 선수권대회인 Heineken Cup을 주최하고 있다. 회원 구단주들이 소유하고 있는 RFU의 사명(mission)은 각종 경기와 세미나를 준비하는 60,000명 이상의 자원봉사자를 지원하고, 융자 신청 및 보험 구매, 모금행사, 보조금 신청서 작성, 의료 상담 및 지원을 도와주고, 구단의 현장 운영이 원활하도록 하는 사무직 업무가 잘 수행될 수 있도록 하기 위하여 국제경기 관람권과 자판기 판매 수입을 극대화하는 것이다.

이 같이 복잡한 사명을 성공적으로 수행하기 위한 노력의 일환으로 RFU는 팬과 선수 모두에게 유익할 수 있는 Big Data를 수집하고 분석하기 위하여 IBM과 5년간 계약을 체결하였다. 이 계약으로 인해 RFU가 사용하게 될 IBM의 시스템은 TryTracker라고 불린다. 럭비 경기는 8명의 선수가 스크럼(scrum)을 짜서 상대팀 8명의 선수를 밀어내기 경쟁에서 이기면 공의 점유권을 갖게 된다. 럭비에서 트라이(a try)가 가장 많은 점수를 얻을 수 있는 기회로서 5점을 얻게 된다.

IBM TryTracker는 단지 트라이만을 추적하고 기록하는 것이 아니다. IBM TryTracker는 세 가지 유형의 데이터인 경기의 핵심 요인, 경기의 주요 순간, 핵심 선수에 대한 데이터를 추적하고 기록하기 위하여 예측 분석시스템을 사용한다. TryTracker는 8,000개 이상의 경기 성과 관련 데이터를 사용한다. 팀과 개별 선수에 대한 전통적인 럭비 통계 수치뿐만 아니라 실시간 문자 해설이 TryTracker가 수집한 데이터를 보완해 주는 역할을 한다. 두 팀 간의 경기에 대한 과거 데이터를 분석하여 특정 경기에 앞서 이 경기의 주요 관전 포인트가 무엇인지 결정한다. 예를 들면, 2015년 경기에서 영국 팀의 주요 포인트는 공을 가지고 공격할 때 평균 3.2미터 이상 전진하였으며, 상대팀의 태클을 10% 저지하였고, 경기에서 66퍼센트 이상 수비선을 돌파한 것이었다. 팬들은 모바일 기기를 사용하여 자기 팀이 어떻게 경기를 진행하고 있는지 추적할 수 있게 하여, 자기 팀이 경기에서 승리할 가능성을 높일 수 있는 경기적인 요인에 집중할 수 있게 한다. 매 경기 후, 각종 포지션에 대해 다른 기준을 적용하여 작성된 점수를 비교하여 팀별로 주요 선수를 선발하게 된다.

TryTracker의 목표는 데이터의 시각화와 실시간으로 경기 관련 데이터를 제공함으로써 팬들을 럭비 경기로 끌어들이는 것이다. 축구의 Premier League와 같이 상대적으로 더욱 인기 있는 운동 경기와 경쟁하기 위하여 RFU는 TryTracker와 같은 시스템을 통한 팬과의 향상된 의사소통이 팬들의 경기에 대한 몰입도를 높일 수 있기를 기대한다. 팬들의 경기 이해력과 자기 팀이 우세한 경기를 펼치기 위해 무엇이 필요한지를 알고자 하는 정서적 투자

<그림 2-18> Rugby Football Union

출처: englandrugby.com

가 증대됨에 따라, 이따금씩 경기를 관람하는 팬이 반복적으로 경기를 관람하는 열성팬으로 변할 수 있을 것이다. 마케팅 전략을 넘어, 예측 분석의 장기적인 잠재력은 선수와 코치들이 경기력을 향상시킬 수 있는 전술적인 통찰력 제공과 더불어 팬들에게 보다 재미있는 경기를 보여 줄 수 있을 것이다.

Tour De France의 사이클 경주 관련 데이터서비스

Tour de France는 주로 지역의 경쟁자와 관중을 유인하여 L'auto 신문의 판매를 촉진하기 위한 수단으로 1903년에 처음 개최되었다. 그 후로 Tour de France는 매년 7월에 약 200여 명의 사이클 선수가 피렌체와 알프스 산맥의 경사진 도로를 포함하여 프랑스에서 가장 어려운 지형의 2,200마일을 가로질러 달리는 경주이다. 신문, 라디오, 텔레비전 덕분에 Tour de France에 대한 보도는 확대되었고, 명성은 높아졌다. 풋볼, 야구, 테니스, 축구 등 다른 경쟁 스포츠와 마찬가지로 Tour de France의 관중들 역시 단순히 이 경주를 지켜보는 것을 원치 않았고, 이 경주에 참여할 수 있기를 원했다. Tour de France의 관중들은 데이터가 강화된 경주 시청, 실시간 동영상, 주문형 동영상, 모바일 애플리케이션, 소셜 미디어 상호작용과 같은 보다 많은 경기 관련 정보와 상호작용을 원하였다. 디지털 기술은 관중, 선수, 스폰서, 방송사를 끌어들이기 위한 필수적인 요소가 되었다.

2014년까지 Tour de France에 정보기술이 본격적으로 활용되지 않았으며, 쉽게 실시간 통계 수치를 생성해내지 못하였다. Tour De France 경주에 대한 실시간 정보의 원천은 사이클 선수들 앞에서 달리는 오토바이에 탑승한 경주 임원이 들고 있는 칠판밖에 없었다. 텔레비전 시청자들은 경주 시간과 다양한 카메라 각도에서 비쳐주는 경주만을 지켜볼 수 있었으며, 그 이상은 볼 수 없었다.

오늘날 Tour de France에 참가하여 경주하는 사이클 선수의 데이터가 2초 안에 텔레비전 시청자에게 중계된다. 작고 가벼운 추적 센서(sensor)가 경주에 참여하는 모든 선수의 자전거 안장 밑에 있는 클립에 부착되어 있으며, 센서에는 GPS(global positioning system) 칩, 무선 주파수(radio frequency)칩, 충전용 배터리가 내장되어 있다. 개별 센서는 자전거의 GPS 위치와 속도를 초 단위로 전송하며, 경주가 벌어지는 동안 30억 개 이상의 데이터를 생성한다. 이들 실시간 데이터는 기상서비스, 도로 경사도, 그리고 과거 몇 년간 경주 데이터 등 다른 곳에서 제공되는 데이터와 결합된다. 경기 주최자, 방송 중계자, 팀, 텔레비전 시청자, 팬들은 Tour de France의 모바일 애플리케이션을 사용하여 경주 진행 상황과 개별 선수

<그림 2-19> Tour de France

출처: google.com

에 관한 상세한 통계 수치를 입수할 수 있다. 경주에 참가하는 선수는 자전거를 타면서 이들 실시간 데이터를 자신들에게 전달하는 무선 이어폰을 착용한다. 이 시스템은 선수들의 신체 성능을 보여 주는 생체 데이터는 포함하고 있지 않으며, 팀원들이 이들 데이터를 비공개로 유지한다.

개별 경주용 자전거에서 생성되는 센서 데이터는 텔레비전 중계를 위한 경주 취재를 하기 위해 상공을 비행하는 비행기와 헬리콥터에도 전송된다. 이들 경주 관련 데이터는 Dimension Data라고 하는 IT회사의 영국 런던과 네덜란드의 암스테르담에 위치한 원격 데이터센터에 있는 클라우드 서비스(cloud service)로 전송된다. 이들 데이터센터는 방송사, 소셜 미디어, 그리고 Tour De France 경주 애플리케이션을 위한 실시간 정보를 생성하기 위하여 사이클 전문가들에 의해 개발된 강력한 알고리즘(algorithms)을 사용하여 외부에서 제공된 데이터를 포함한 경주 관련 데이터를 분석한다. 개별 경주 자전거로부터 데이터를 수집하고 이를 경주 관람자에게 전달하는 데 단지 2초만이 소요된다. 이 시스템은 개별 선수에 대한 현재 및 과거 기록과 현재 경주 상황을 근거로 경주 전, 경주 중에 경기 결과에 대한 예측을 할 수 있다. 예를 들면, 이 시스템은 앞서 달리고 있는 선수들을 가장 큰 그룹을 형성하고 있는 선수들이 따라 잡을 수 있는 가능성을 예측할 수 있다. 또한 이 시스템은 과거의 경주 결과와 성적에 근거하여 상이한 경주 상황에서 개별 선수들의 강점과 약점을 보여 주는 선수별 특징을 생성할 수 있다.

디지털 기술은 Tour de France에 대한 팬의 몰입도를 크게 향상시켰다. 팬들은 자신들의 텔레비전을 통해 실시간으로 경주 상황에 대한 정보를 볼 수 있고, 소셜 미디어에서 경주 결과에 대해 토론할 수 있게 되었다. 2014년에 Tour de France기관이 제공한 동영상에 대한 조회 수가 단지 600만 건에 불과하였으나, 2016년에는 조회 수가 5,500만 건으로 증가하였다. 이와 더불어 1,700만 명이 실시간 경기 추적 웹사이트를 접속하였다. Tour de France의 목표는 팬인 당신을 경주에 참여시키는 것이고, Tour de France는 이에 성공한 것으로 여겨진다.

3. 고객 또는 공급업자와의 친밀감 향상을 위한 투자 사례

기업은 고객과 친밀한 관계를 형성함으로써 그들을 충성 및 반복 고객으로 만들 수 있으며, 이는 결국 기업의 매출 증대와 재무성과의 향상으로 이어질 수 있다. 고객과 보다 친밀한 관계를 형성하기 위하여 기업은 고객에 대한 이해도를 높이고 이를 바탕으로 고객의 수요 특성을 효과적으로 충족시켜줄 수 있을 것이다. 기업은 정보기술과 정보시스템을 활용하여 고객 관련 데이터를 보다 용이하게 수집할 수 있으며, 이를 분석하여 고객의 구매 행태, 선호도, 수요 특성 등을 파악할 수 있다. 이런 분석된 정보를 바탕으로 기업은 고객의 수용 특성을 효과적으로 공략할 수 있으며, 이는 고객의 만족도 향상뿐만 아니라 관계를 친밀하게 하는 데 도움을 줄 수 있을 것이다.

Adidas Online Store CRM

Adidas는 독일 Herzogenaurach에 본사를 두고 있는 운동화, 의류, 액세서리 부문의 세계적인 기업으로서 하루에 120만 켤레 이상의 운동화를 판매하며, 전 세계적으로 약 6만 명의 직원을 고용하고 있다. Adidas는 Nike에 이어 세계에서 두 번째로 큰 스포츠의류 제조업체로서 2023년에 약 214억 유로(€)의 연간 매출을 기록하였다.

Adidas는 디지털과 온라인 마케팅의 선두 기업 가운데 하나로서, Adidas의 가장 중요한 판매점은 더 이상 오프라인이 아니라 자사의 웹사이트이다. Adidas의 웹사이트는 Adidas를 경쟁사와 차별화하고 판매 증진을 이끄는 데 도움을 주는 연결되고 개인화된 고객 경험을 제공하는 주요 유통 경로이다. 전자상거래가 Adidas의 가장 수익성이 높은 판매 경로(point-of-sale channel)로서 2023년 년 매출의 20%를 차지하고 있다.

Adidas는 가격으로 경쟁하지 않고 자사 브랜드(brand)와 고객 경험의 질로 경쟁하는 전략을 추구하고 있다. 전통적인 오프라인 판매 방식으로부터 선호하는 쇼핑 매체로서 디지털로의 전환은 Adidas가 변화하는 고객의 선호도에 보조를 맞출 수 있는 방법을 제시해 주었다. 고객이 분명히 Adidas의 사업 중심에 있으며, 고객이 Amazon과 같은 온라인 소매 업체와의 거래를 통해 얻는 경험은 고객이 Adidas와 보다 개인적인 관계를 갖기를 원하게 만들었다.

고객들에게 보다 나은 서비스를 제공하고 그들과의 관계를 잘 관리하기 위하여 Adidas는 고객관계관리와 응용프로그램 개발을 위한 클라우드 기반의 도구를 가지고 있는 Salesforce.com에 의지하게 되었다. Salesforce.com은 Adidas가 주요 고객군을 찾고, 고객들과 보다 긴밀한 유대관계를 형성하고, 개별 고객의 수요 특성에 맞는 차별화된 경험을 구상하는 데 도움을 주었다. Salesforce.com의 고객관계관리 도구들은 Adidas가 고객들이 Adidas와 상호작용하는 모든 다양한 소통 경로에 걸쳐 개별 고객에 대한 단일 관점을 제공하여 주었다.

Salesforce.com의 Market Cloud는 판매자(marketer)가 마케팅 관계와 캠페인을 개발하고 관리하는 것을 가능하게 하는 고객관계관리 플랫폼이다. Market Cloud는 고객 동선 관리, 이메일, 모바일, 소셜 미디어, 웹 개인화, 광고, 콘텐츠 생성, 데이터 분석을 위한 통합 솔루션을 포함하고 있다. Market Cloud는 모든 상상 가능한 고객 상호작용과 참여를 다룰 수 있다. Market Cloud는 특정의 메시지가 어떤 유형의 소통경로가 좋은지를 결정하는 것과 같은 의사결정을 도울 수 있는 예측 분석 기능을 포함하고 있다. Journey Builder라고 불리는 기능은 판매자가 판매촉진 활동을 고객의 행동과 수요 특성, 인구통계학적 특성, 의사소통 경로 선호도에 따라 맞춤화할 수 있도록 도와준다.

Market Cloud는 통합된 경험을 제공하고 고객들이 판매부서, 마케팅부서, 서비스부서로부터 개별적으로 접촉되는 것을 방지하기 위하여 Salesforce.com의 Sales Cloud와 Service Cloud에 연결되어 있다. Service Cloud는 고객서비스와 지원을 위한 플랫폼이다. Service Cloud를 사용하는 회사는 서비스 절차를 자동화할 수 있고, 업무 흐름을 효율적으로 할 수 있으며, Adidas의 1,100명의 고객서비스 직원을 도와줄 수 있는 주요 기사, 주제, 특정 정보를 가진 전문가를 찾을 수 있게 한다. Service Cloud는 다양한 소셜 플랫폼에 걸쳐 고객의 목소리에 귀를 기울이고 응대할 수 있게 해주며, 자동적으로 개별 사례들을 적합한

<그림 2-20> Adidas Online Store CRM

출처: adidas.co.kr

서비스 직원에게 배당한다. Service for App은 실시간 직원 화상 상담, 스크린 공유, 스크린 유도 방식의 지원 등의 기능을 포함하는 고객지원 소프트웨어를 모바일 애플리케이션에 내장하는 것을 가능하게 한다. Service Cloud는 하나의 애플리케이션으로부터 보다 개인화 되고, 이메일, 웹, 소셜 미디어 또는 전화 등과 같이 개별 고객이 선호하는 편리한 방식으로 서비스를 제공할 수 있다.

Adidas는 Salesforce Commerce Cloud를 사용하여 자사의 중앙 집중적 전자상거래 사이트를 전 세계적으로 전개할 수 있었다. Commerce Cloud는 전 세계적으로 자사의 사업을 위해 필요한 모든 언어와 통화(currency)를 지원한다. Adidas는 보다 나은 제품을 생산하기 위하여 Commerce Cloud를 통하여 수집된 개별 고객에 대한 지식과 그들의 선호도를 활용한다. 이렇게 해서 생산된 제품은 고객들에게 신속하게 배송된다. 또한 Adidas는 모든 경로와 장치들에 걸쳐 디지털 활동으로부터 온라인과 웹 행동을 수집하기 위하여 Salesforce DMP(data management platform) 플랫폼을 사용한다.

고객들에게 더욱 가까이 다가가기 위하여, Adidas는 다양한 디지털 고객 접점을 통하여 알아낸 개별 고객의 선호도와 행동을 기반으로, 콘텐츠, 상호작용, 제품을 맞춤화하는 모바일 애플리케이션을 개발하였다. 이 애플리케이션은 맞춤화된 제품 추천, 색상 선호도와 위치, 주문 추적, 블로그 올리기, 개인화된 기사(article), 비디오, 개별 고객이 좋아하는 스포츠와 스포츠 스타 선호도와 관련하여 실시간 업데이트, 그리고 고객의 질문에 답하고, 보다 맞춤화된 제품 추천을 할 수 있도록 도와주는 아인스타인(Einstein)이라 불리는 지능형 온라인 상담 기능을 갖추고 있다.

Adidas의 Digital Experience Design 부사장은 고객관계관리를 위해 Salesforce를 사용함으로써 개별 고객을 한 명의 개인으로 대우하는 Adidas의 역량을 강화할 수 있었다고 확신한다. Salesforce의 고객관계관리 도구를 사용함으로써, Adidas는 이 고객은 누구인가? 이 고객에 대하여 우리는 얼마나 알고 있나? 이 고객은 어디 출신인가? 이 고객은 무엇에 관심이 있는가? 등의 질문에 대하여 보다 쉽게 대답할 수 있게 되었다. 고객관계관리는 Adidas가 고객이 실제 원하고 있는 것에 부합할 수 있도록 현재 고객에게 제공하고 있는 제품을 어떻게 개선해야 하는지에 대한 정보를 제공한다고 할 수 있다. 지금 Adidas는 다양한 채널과 어떠한 기기에서도 모든 고객과 일대일로 관계를 맺을 수 있게 되었다.

Celcom CRM

Celcom Axiata Berhad(Celcom)은 말레이시아에서 가장 오래되고 규모가 큰 이동통신 회사로서 품질과 신뢰도에 있어 경쟁사가 없을 정도였다. 그럼에도 불구하고 Celcom은 경쟁 우위를 유지하는 데 어려움을 겪고 있었다. 2016년에 Celcom은 말레이시아 이동통신 업계에서 3위로 추락하게 되었으며 손실을 기록하였다. 이때 이후, Celcom은 회사의 상황을 반전시키기 위해 열정적으로 노력한 결과, 업계 1위를 탈환할 수 있었다. 이런 결과를 얻기까지 새로운 최고경영자 선임, 조직문화의 변화, 고객 경험을 관리하기 위한 새로운 기술과 업무 과정을 포함하여 사업에 있어 커다란 변화가 요구되었다.

Celcom의 최고경영층은 말레이시아 시장에서 또다시 최고 이동통신사가 되기 위하여 보다 나은 통신망과 마케팅을 더욱 공격적으로 했어야 하지만, 성공을 위한 진짜 중요한 요소는 고객 경험 향상에 있다는 것을 깨닫게 되었다. Celcom의 최고운영자는 가격 경쟁에서 Celcom을 이길 수 있고, 혁신에서 앞서 갈 수 있는 경쟁사는 항상 존재할 수 있다는 것을 알고 있었다. 하지만 최고운영자는 Celcom이 강하고 긍정적인 고객과의 관계를 형성한다면 경쟁사가 이를 쉽게 붕괴시킬 수 없다고 주장하였다. 고객과 이런 관계를 형성하는 것이야 말로 시장에서 Celcom을 가장 차별화할 수 있는 요소라고 Celcom은 믿고 있었다.

말레이시아의 이동통신 시장은 아주 성숙한 단계에 진입하여서, 신규 고객을 확보할 수 있는 기회가 그리 많지 않다. 경쟁사로부터 고객을 유인하는 것과 마찬가지로, 기존의 고객을 유지하는 것이 필수적이라 하겠다. 약 1,400만 명에 달하는 말레이시아의 고객 기반은 크고 다양해서, 고객과 상호작용하는 데 있어 다양한 접근 방식이 요구된다. 수준 높은 젊은 도시 고객은 비즈니스를 온라인으로 하는 것을 선호하는 반면에, 나이 든 고객들은 Celcom의 특약점(dealership)이나 소매판매점으로부터 대면서비스(in-person service)를 선호한다. 모든 고객이 신뢰할 수 있는 이동통신 서비스를 원한다.

Skype, Google. Netflix와 같은 회사들이 다양한 통신 네트워크와 기기를 통하여 서비스를 제공하게 됨에 따라 전통적인 통신서비스 청구서 작성 방식에 혼란을 초래하게 되었다. Celcom이 데이터서비스에 있어 최고의 회사가 되기 위해서는 이런 새로운 데이터서비스 회사들과 협력할 수 있는 전사적 시스템(enterprise system)을 구축하는 것이 필요했다.

Celcom은 완전한 고객 관점을 제공해 주지 못하는 독립적인 정보기술 기반시설(siloed technology architecture)과 업무 프로세스를 가지고 있어서 이러한 문제들을 효과적으로 해결할 수 없었다. 예를 들면, 청구서 작성 관련 시스템에 있는 고객 데이터는 재고관리시스템이 쉽게 접근할 수 없었다. 통신회사들이 전통적으로 SIM(subscriber identity module) ID을 확인하여 고객 수를 계산하였기 때문에 이런 문제는 이동통신회사가 가지고 있는 공통적인 문제였다. 하지만 많은 고객들이 개인용과 업무용으로 복수의 기기와 SIM을 사용하고 있었다. Celcom은 고객의 SIM을 사용하는 것 대신에, 개별 고객을 확인하고 서비스를 제공할 수 있는 시스템이 필요하게 되었다. 그렇지 않으면 Celcom의 서비스직원이 시스템의 여러 기록에 산재되어 있는 개별 고객의 복수의 SIM ID을 이해하기 위해서 소중한 회사와 고객의 시간을 낭비할 수밖에 없었다. 따라서 Celcom은 개별 고객을 SIM이나 번호가 아닌 특정인으로 식별할 수 있기를 원했다.

Celcom에게 있어 고객은 이동통신 사용자뿐만 아니라 특판점과 재판매업자를 포함하고 있다. Celcom은 휴대용 기기 판매 및 개통과 같은 많은 직접 고객서비스를 제공하는 거의 30,000명의 채널 파트너를 가지고 있다. 기술과 업무 프로세스의 어떠한 변화도 Celcom 파트너뿐만 아니라 Celcom 자체의 고객 경험 향상을 수반하여만 하였다.

Celcom은 문제를 해결하기 위하여 자사의 기술, 프로세스, 사람에 변화를 주기로 하였다. 문제 해결책의 핵심은 고객 데이터를 통합하고, 중앙 집중적 재고관리, 업무 프로세스를 신속하게 해주는 오라클(Oracle) 기반의 비즈니스 지원시스템(BBS: business support system)을 구축하는 것이었다. 이 시스템을 구축하는 팀은 다음과 같은 두 가지 질문을 하

<그림 2-21> Celcom의 CRM

출처: celcomdigi.com

면서 프로젝트를 시작하게 되었다. Celcom의 비즈니스 사용자가 BSS로부터 무엇을 필요로 하는가? 어떠한 경험을 BSS는 Celcom의 고객들에게 제공해 주어야 하는가? 프로젝트 팀은 빠른 개통, 적은 양의 서류 작성, 최고 인기 있는 전화기의 상시 재고 보유와 같은 사용자와 특약점이 최우선적으로 원하는 열 가지 사항을 작성하기 위하여 약 700명의 고객서비스, 소매 판매, 마케팅, 기타 부서 직원들에게 질문을 하였다. BSS 전환 팀은 이들 열 가지 요구사항에 기반하여 기술적, 비즈니스 업무 프로세스 요구사항을 작성하였고, 다수의 공급업자가 제시한 제품들을 비교하였다. Celcom은 새로운 고객경험관리시스템을 위한 주요 기술 제공자로 오라클을 선정하였다. Celcom은 다중 채널과 교차 마케팅을 지원할 수 있는 가장 완벽한 고객관계관리 도구를 원하였다.

Oracle Communication 모듈은 Celcom과 같은 통신서비스 회사가 다중 채널에 걸쳐 고객 지원을 향상시키고, 문제 해결 시간을 단축하고, 특정 고객군에 대한 마케팅을 맞춤화하고, 새로운 제품과 서비스 출시 시간을 단축하기 위한 고객 상호작용을 관리하고 통합하고자 하는 것을 도울 수 있다. Celcom은 교차 채널 고객 경험의 중요성을 인식하고 있으며, 이를 경쟁사와 차별화하는 데 사용하기를 원했다. Celcom의 새로운 시스템은 고객 상호작용이 소매 판매점, 온라인 매장, 콜센터, 파트너와 특약점을 원활히 넘나들 수 있도록 해주었다.

BSS는 고객이 몇 가지 서비스를 이용하던지, 몇 개의 기기를 구입하였는지에 관계없이 하나의 고객 기록을 제공해 준다. 고객 데이터를 하나의 통일된 고객 기록으로 통합함으로써, Celcom은 고객의 개인 이력(history)에 맞는 맞춤화된 프로모션을 실시간으로 제공할 수 있게 되었다. Celcom의 고객에 대한 전체적인 관점은 아시아에서 마케팅 활동을 할 때 특별한 의미를 가지는 가족 관계를 포함하고 있다. Celcom은 개별 고객이 이용하는 서비스의 모든 면을 살펴 볼 수 있어서, 교차 마케팅과 상향 판매까지 가능하게 되었다.

Celcom의 통합된 새로운 시스템은 콜센터 직원이 고객의 질문에 과거보다 훨씬 신속하게 답할 수 있도록 해주었다. 과거에는 콜센터 직원이 두 개에서 많게는 다섯 개의 스크린을 오가며 자신의 업무를 수행해야 했다. 하지만 지금은 콜센터 직원이 하나의 스크린을 보면서 업무를 수행할 수 있게 되어, 업무 효율성을 향상시킬 수 있었다. Celcom은 콜센터 업무 수행을 위해 과거에 비해 적은 숫자의 스크린을 사용함으로써 평균적으로 15~20%의 전화 상담 처리 시간을 줄일 수 있었다,

BSS는 고객이 서류 작성 없이 새로운 휴대전화를 신청하는 것을 가능하게 하는 Celcom의 특약점을 위한 새로운 테블릿(tablet)기반의 애플리케이션을 포함하고 있다. 신규 전화의 개통에 필요한 시간이 2시간에서 2분으로 단축되었다. 이런 결과로 Celcom의 특약점과 고객의 만족도는 더욱 향상 되었다. Celcom의 특약점은 한 달에 한 번씩 수수료가 지급되었으나, BSS로 인해 한 달에 두 번씩 수수료가 지급되고 있고, 앞으로는 더욱 빈번하게 수수료가 지급될 수 있을 것으로 기대된다. Celcom은 특약점에 수수료를 보다 빈번하게 지급함으로써 경쟁사로부터 시장점유율을 뺏어올 수 있을 것으로 확신한다.

Celcom의 시설과 특약점의 창고에 있는 휴대전화 재고는 이제 BSS를 사용하여 중앙 집중적으로 관리된다. 특약점은 Celcom이 어떤 재고를 가지고 있는지 알 수 있으며, Celcom의 재고관리자가 특약점의 선반에 진열된 재고를 파악할 수 있다. 보다 꼼꼼한 재고관리를 통해 Celcom은 특약점에서 잘 팔리는 제품이 부족하기 전에 신속하게 제품을 특약점에 공급할 수 있게 되었다. 나아가 효과적인 재고관리는 Celcom이 출하를 원하는 특정 제품에 대하여 지역의 판매자들이 목표 판매촉진(target promotion) 활동을 가능하게 하였다. 판매원들이 지역별 판매를 보다 효과적으로 관리하기 위하여 BSS에 수집된 데이터를 사용하기 시작하였다.

DP(Dubai Ports) World's Port Management CRM

DP(Dubai Ports) World는 전 세계적으로 (항구)터미널을 운영하는 선도 회사로서 입지를 다진 것에 자부심을 가지고 있다. DP World는 31개국에서 50개의 터미널을 운영하고 있으며, 추가적으로 11개의 터미널이 건설 중에 있다. DP World는 다수의 전 세계적으로 가장 역동적인 경제 선진국에서 고객에게 서비스를 제공하기 위하여 3만 명 이상의 다국적 전문가들을 고용하고 있다.

DP World는 컨테이너, 산적 화물(bulk), 기타 터미널 화물을 효과적으로 관리하기 위한 고품질의 혁신적인 서비스를 제공함으로써 고객의 공급사슬 개선을 위해 고객 중심적 방식을 채택하였다. DP World는 자사의 고객에게 최상의 서비스를 제공하기 위하여 터미널 기반시설(infrastructure), 기술, 그리고 사람에 많은 투자를 하였다.

다른 세계적 항구 및 터미널 운영사와 마찬가지로, DP World는 종종 복잡하고 비용이 많이 발생하는 공급사슬관리 문제를 각국의 해운회사들이 잘 해결할 수 있도록 돕고 있다. 컨테이너 터미널 운영사들이 직면하고 있는 전형적인 문제들 가운데 하나는 항구 진입점에서의 정체 현상이다. 이 정체 현상은 종종 긴 입항 절차와 종이 기반의 물류 처리로 인해 야기되는 지연 때문이다. 이 문제를 해결하기 위하여 DP World는 터미널의 화물처리 용량(capacity) 이용도를 향상시키기 위해 많은 IT 기반의 해결책을 도입하였다.

DP World의 경영층은 한 발짝 더 나아가 컨테이너 처리 시간을 향상시키기 위하여 컨테이너의 적재와 하역에 있어 "just in time" 원칙을 적용하기로 하였다. DP World는 항구 출입문을 통과하는 트럭의 효율성을 증대시키기 위한 효과적인 방법은 RFID(radio frequency identification)기술을 이용하는 것이라는 것을 알게 되었다. 오늘날, DP World는 자사가 운영하는 두바이(Dubai)와 호주(Australia)에 있는 항구 터미널에 RFID 기반의 자동 출입문 시스템을 사용하고 있다. DP World UAE(United Arab Emirates)의 Muallem 전무에 따르면, RFID 기반의 자동 출입문 시스템을 도입함으로써 DP World는 정체 현상을 해소하였을 뿐 아니라 다수의 긴 시간을 요하는 절차를 없앨 수 있어서, 항구에서의 생산성 증대와 더불어 고객의 만족도를 향상시켰다고 말하고 있다. 그는 이런 결과로 인해 DP World의 고객들은 훨씬 빠른 속도로 자신들의 물품이 세관을 통과하고 선적될 수 있게 되었다고 주장한다.

RFID를 도입하기 전에 DP World는 여러 경쟁 관계에 있는 RFID 공급업자들을 포함하여 개념 증명 시험을 실행하는 데 몇 달을 사용하였다. 항구의 열악한 환경적인 조건 때문

<그림 2-22> DP World's CRM

출처: dpworld.com

에 DP World는 95.5%의 모든 태그(tags)가 성공적으로 인식될 것을 요구하였다. 이는 많은 RFID 공급업자들에게 주요 난제였다. 엄격한 시험과 평가를 거친 후, DP World는 자사의 RFID 공급업자로 능동형 무선 추적 솔루션에 있어 세계적 선도 기업인 Identec Solutions을 선정하였다.

DP World의 RFID 추적시스템은 어떻게 작동하는가? 항구를 방문하는 트럭은 Identec Solutions사가 공급하는 후방 차대(rear chassis)에 고정된 능동형 RFID가 장착되어 있다. 트럭이 출입문에 접근하게 되면, 트럭의 고유 태그 ID 번호가 자동 출입문 시스템에 연동되어 있는 RFID 인식기(reader)에 의해 인식된다. 출입문에서 광학 문자 판독(OCR: optical character recognition)시스템이 트럭이 컨테이너를 적재하고 있는지 결정하고, 트럭에 적재되어 있는 컨테이너의 번호를 확인하고, 백업 식별자(a backup identification)로서 트럭의 차량번호판을 읽는다. 이 시스템은 트럭이 컨테이너를 싣거나 내리기 위해 가야할 차선을 표시하는 티켓(ticket)을 자동적으로 발급하기 위하여 트럭에 의해 제공된 정보를 사용한다. 또한 이 시스템은 효율적인 컨테이너 픽업과 하차를 위해 필수적인 정보인 트럭이 정시에 도착했는지를 자동적으로 결정한다. 트럭이 출입문을 떠날 때, RFID 태그는 다시 한 번 더 인식되게 되며, 트럭기사는 수행된 업무(transaction)에 대한 영수증을 받게 된다.

RFID는 DP World의 컨테이너 이관 효율성을 증대시켰으며, 터미널 게이트에서 트럭이 신속하게 출입할 수 있게 하였고, 연료 효율을 향상시킬 수 있게 하였다. DP World의 Sydney 지역 책임자인 로스(Rose)는 RFID는 개선된 트럭 관리를 통해 게이터에서의 효율을 증대시켰고, 트럭 처리 절차를 개선함으로써 공공 도로에서 트럭들이 대기하는 문제를 해결할 수 있었다고 말한다.

Identec이 제공한 RFID 기반의 솔루션은 DP World가 터미널 게이트에서 더욱 원활하고, 빠르고, 효과적인 컨테이너 운송을 통하여 고객의 공급사슬 효율성을 향상시킴으로써 고객 만족을 증대시킬 수 있도록 하였다. 게이트에서 시간이 많이 소요되는 문서기반의 업무처리 및 수동 검사의 폐지와 수동 데이터 입력 오류의 감소는 높은 수준의 고객서비스를 제공해 주고자 하는 DP World의 고객 중심적 접근 방식을 잘 보여 주고 있다. 또한 RFID시스템은 운송회사들이 시간을 절약하고, 매출을 증대시키고, 비용을 절감할 수 있게 하였다.

DP World의 RFID 사용은 터미널에 전역에서 들어오고 나가는 트럭들의 움직임에 대하여 보다 정확한 정보를 제공할 수 있어 보안을 강화할 수 있게 되었다. 예를 들면, FFID 시스템은 트럭이 예약이 되어있는지 또는 항구에 출입이 인가되었는지를 자동적으로 확인할 수 있게 한다. 다음 단계로서 DP World는 공급사슬 흐름을 더욱 최적화하기 위하여 RFID 기반의 스캐닝 및 추적 기술의 사용 확대를 고려하고 있다.

Kenya Airways 고객관계관리

케냐항공(Kenya Airways)은 케냐의 국적항공사이며 승객 수용 능력 측면에서 아프리카 상위 10개 항공사 중 4위를 차지하고 있다. 케냐항공은 항공기 47대를 보유하고 있으며, 국내외 62개 목적지를 운항한다. 케냐항공은 델타항공, 에어프랑스, 알이탈리아, 아에로멕시코(Aeromexico), 중화항공(China Airlines), 대한항공 등 20개 회원사로 구성된 스카이팀 얼라이언스(the SkyTeam Alliance) 중 유일한 아프리카 항공사로, 매우 높은 글로벌 스탠다드에 부응할 것으로 기대된다.

개선이 필요한 비즈니스 영역 중 하나는 케냐항공과 고객의 관계였다. 현재 10억 명인 아프리카의 인구는 10년 안에 15억 명에 이를 것으로 예상되며, 많은 국가에서 중산층이 빠르게 성장하고 있다. 최근까지 케냐항공은 고객에 대해 잘 알지 못했기 때문에 이 시장 기회를 완전히 활용할 수 없었다. 케냐항공은 더 많은 항공기를 추가했지만 승객 수는 부분적으로 에볼라 바이러스 발생에 대한 두려움, 지역 테러, 페르시아만 항공사(Persian Gulf carriers)와의 경쟁 심화로 인해 감소하였고 수익성이 저하되었다.

케냐항공은 누가 이메일 캠페인을 클릭했는지 알지 못했으며, 주로 광고판, 신문, 전단지에 광고를 게재했지만 이러한 캠페인의 효과를 측정할 수 있는 방법이 없었다. 또한 여러 사무실에 있는 영업 담당자가 무엇을 하고 있는지 알 수 있는 방법이 없었다. 고객에 대한 데이터는 스프레드시트(spreadsheets), 회사 및 파트너 여행사 사무실의 파일, 예약시스템, 공항 체크인 등 다양한 저장소에 저장되어 있었으며, 데이터가 통합되지 않았다. 고객데이터를 위한 단일 저장소가 없었기 때문에 케냐항공은 무역업자, 기업 임원, 정부 관료, 학생, 선교사 및 의료 관광객을 포함한 "손님"의 선호도, 특별한 요구사항 또는 기타 개인적 특성을 식별할 수 없었다. 마케팅, 영업, 고객서비스 활동은 암흑 속에서 진행되고 있었다. 예를 들어, 매년 5월마다 케냐항공은 분산된 데이터 저장소에 있는 모든 고객에게 어머니날 인사말을 보냈다. 하지만 수신자 중 상당수는 어머니가 아니었다.

2014년 케냐항공은 Oracle의 마케팅, 영업, 데이터 및 서비스 클라우드를 사용하여 효과적인 고객관계관리를 할 수 있도록 모든 고객데이터를 자동화하고 통합하는 다년간의 프로그램을 실행하였다. Oracle Marketing Cloud는 회사의 마케팅 데이터를 연결하고, 채널 간 고객 상호작용을 중앙에서 조율하고, 적절한 고객을 참여시키고, 성과를 분석할 수 있는 클라우드 기반 플랫폼을 제공한다. 이 플랫폼은 마케팅 자동화 캠페인 관리, 교차 채널 고객 경험 제공, 매력적인 콘텐츠 생성 및 관리, 제품, 브랜드 또는 서비스에 대한 고객 대화 "경청", 메시지를 통한 참여(소셜 마케팅)를 위한 도구가 포함되어 있다.

Oracle Marketing Cloud를 구현한 지 몇 주 후에 케냐항공은 두바이에 거주하는 케냐 이민자들에게 특별 휴가철 요금에 대한 이메일, SMS 문자, 소셜 미디어 게시물을 발송하는 최초의 자동화된 마케팅 캠페인을 실시하였다. 그리고 케냐항공은 하노이(Hanoi)와 잔지바르로(Zanzibar)의 신규 및 확장 노선을 홍보하기 위한 캠페인을 실시하였다. 시간이 지남에 따라 케냐항공의 마케팅팀은 해당 캠페인으로 인해 발생한 수익 흐름을 추적하고 캠페인을 보다 효과적으로 타겟팅(targeting) 하기 위한 새로운 데이터 원천을 찾아내는 데 더욱 능숙해졌다. 2015년 초에 케냐항공의 마케팅 자동화 책임자인 Harrier Luyai는 "연결 가능한 연락처"가 40%에서 89%로 증가했으며, 마케팅 이메일 열람율이 40%에서 65%로 증가했으며, 항공사의 "획득률"(캠페인에 참여하는 응답자의 비율)이 최대 20%였다고 보고하였다. 케냐항공은 마케팅 캠페인이 항공권 판매에 미치는 영향을 측정할 수 있게 되었다. 이전에 대행사를 통해 실행하는 데 3일이 걸렸던 캠페인을 이제는 30분 만에 할 수 있게 되었으며 비용도 훨씬 저렴해졌다.

<그림 2-23> CRM at Kenya Airways

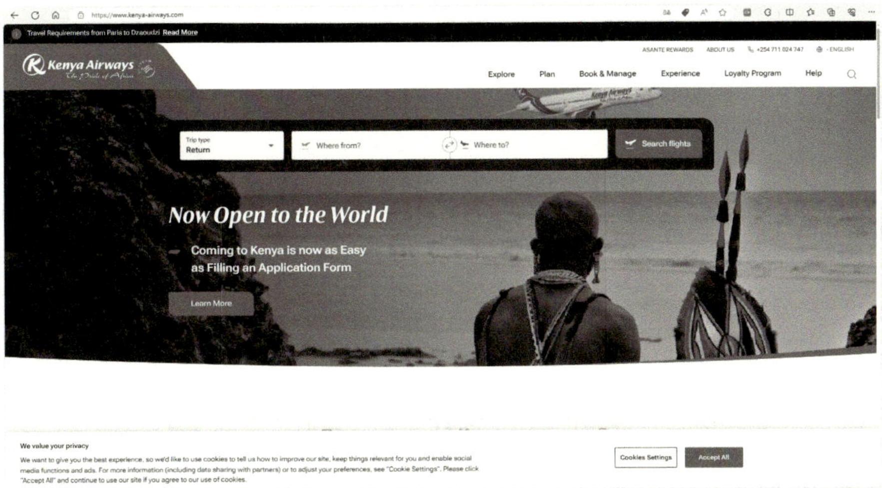

출처: kenya-airways.com

Oracle Marketing Cloud를 구현한 후, 케냐항공은 Oracle Sales Cloud를 사용하여 영업 활동을 자동화하고, Oracle Right-Now Cloud Service를 고객서비스 업무에 사용하여 세 가지 클라우드를 모두 하나의 중앙 데이터 저장소에 연결할 수 있게 되었다. 마케팅, 영업 및 서비스 클라우드는 이제 고객 데이터를 통합하고 비즈니스 프로세스를 조정할 수 있게 되었다. 케냐항공은 연령, 소득, 교육 수준, 직무, 직무 수준, 항공사에서 발생한 수익, 지역, 지위, 선호도, 관심 분야, 서비스 통화, 이메일 활동, 양식 제출 및 구매 내역에 대한 정보를 수집하여 상품 개인화를 위한 매우 상세한 고객 프로필을 작성하는 데 도움을 얻고 있다.

마케팅팀이 항공권 구매에 대한 관심을 실제 티켓 판매로 전환하고, 웹 사이트 트래픽을 늘리고, 소셜 팔로우어를 늘려 추가 수익을 창출하기 위해 케냐항공은 Oracle Social Cloud를 구현하였다. 이 도구는 케냐항공 고객서비스팀이 자사의 서비스에 대한 소셜 미디어 게시물과 토론을 추적하고 질문과 문제에 30분 이내에 응답하는 데 도움이 되었다. 또한 Oracle Social Cloud는 상담원이 후속 게시물의 우선순위를 정하고 적절한 승인 및 문제 해결을 위한 워크플로를 관리하는 데도 도움이 되었다.

케냐항공은 고객충성도 프로그램을 운영하고 있지만, 이전에는 가치가 높은 고객을 식별할 수 없었다. 이제 케냐항공은 가치가 높은 모든 고객을 추적하고 각 고객이 창출하는 수익을 보여 줄 수 있게 되었다. 또한 고객 라이프 사이클 전반에 걸쳐 고객을 세분화할 수 있게 되어 신규 고객과 오랜 고가치 고객을 구별할 수 있게 되었다. 케냐항공은 이제 개별 고객에 대한 360도 뷰(view)를 보유할 수 있게 되었다.

NFL's Use of IT for Relationship with Teams, Players, and Fans

오늘날 프로스포츠 팀은 선수와 팀 성과, 팬 행동, 판매에 대한 자세한 데이터를 수집하여, 마케팅, 입장권 판매, 선수 평가, TV 및 디지털 미디어 거래 등 비즈니스의 모든 측면에 대한 결정을 내리는 데 이러한 데이터를 점점 더 많이 사용하고 있다. NFL(National Football League) 역시 선수와 팀의 경기 방식, 관중의 경기 경험 방식을 개선하기 위해 점점 더 데이터에 의존하고 있다.

2014년부터 NFL은 동전 크기의 RFID(Radio Frequency Identification: 무선 주파수 식별) 태그를 선수의 어깨 패드 아래에 부착하여 선수의 모든 움직임을 추적함으로써 경기장에서 선수의 움직임 데이터를 수집하고 있다. 센서가 수집한 정보는 NFL 팀이 훈련과 전략을 개선하는 데 사용되며, 실시간 경기 방송의 해설자, Xbox One에서 NFL 앱을 사용하여 경기에 참여하는 팬이 사용하기도 한다.

NFL의 선수 추적시스템은 식료품 및 기타 소비재의 바코드와 RFID 기술을 포함하는 추적 기술을 전문으로 하는 시카고(Chicago)에 있는 회사인 Zebra Technologies가 개발한 Zebra 스포츠 솔루션을 기반으로 하고 있다. Zebra 스포츠 솔루션 시스템은 선수의 속도, 방향, 경기장에서의 위치, 경기 중 얼마나 멀리 달렸는지, 전력 질주한 거리, 조깅 또는 걷기를 한 시간을 기록한다. 시스템은 또한 팀이 어떤 포메이션을 형성했는지, 선수의 속도나 가속이 경기 성과에 어떤 영향을 미치는지 결정할 수 있다. Eli Manning이 패스를 얼마나 세게 던지는지, 또는 공이 리시버(receiver) Odell Beckham의 손에 도달할 때의 힘을 알고 싶은가? 시스템은 이 모든 작업을 수행하는 방법을 알고 있다.

NFL 선수들의 왼쪽과 오른쪽 어깨 패드에 RFID 칩(chip)이 설치되어 있으며, 이 칩은 경기장의 아래쪽과 위쪽에 전략적으로 위치한 20개의 무선 수신기에 데이터를 전송하여 속도, 시간당 마일 단위의 속도와 같은 지표를 사용하여 각 선수가 어떻게 움직이는지에 대한 데이터를 수집한다. 거기에서 데이터는 현장 서버 컴퓨터로 전송되며, 서버에 설치된 Zebra

<그림 2-24> CRM at NFL with IT

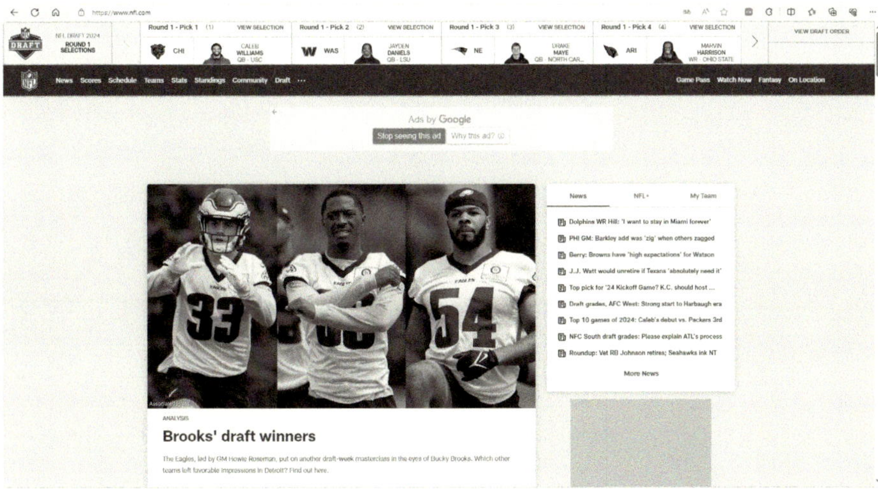

출처: nfl.com

의 소프트웨어는 RFID 태그를 올바른 선수 또는 임원과 연결한다. 미식축구공에는 위치 데이터를 전송하는 센서가 부착되어 있다. 데이터는 게임이 진행되는 동안 실시간으로 생성되며, 각 센서는 선수별 위치를 약 25번 전송한다.

모션 센서가 데이터를 수신하고 분석한 후, NFL용 Amazon Web Services에서 운영하는 원격 클라우드 컴퓨터로 전달되는 데 단 2초밖에 걸리지 않는다. NFL 클라우드 컴퓨터의 데이터는 팬, 방송사, NFL 팀과 공유된다. NFL에 데이터가 저장되면 Microsoft는 NFL의 소셜 미디어 매체인 NFL.com과 Windows 10 및 Xbox One의 NFL 앱을 사용하여 데이터를 수집하고 팬에게 보여 준다. 또한 데이터는 경기 중에 팬들에게 보여 주기 위하여 경기장의 대형 디스플레이 화면으로 전송된다.

수집된 데이터는 다양한 용도로 사용된다. NFL 팀은 선수와 팀 성과를 평가하고, 특정 네 번째 다운 상황에서 전진하는 것이 더 나은지 아니면 펀트를 하는 것이 더 나은지와 같은 전술을 분석하는 데 이들 데이터를 사용한다. 방송사, 경기장 화면, NFL 웹사이트, Microsoft Xbox One NFL 앱의 NextGen Stats 기능으로 전송되는 데이터는 팬이 게임에 더 많이 몰입하도록 하여 더 심도 있는 팬 경험을 할 수 있게 하는 데 도움이 된다.

데이터는 팬에게는 흥미로울 수 있지만, 팀에게는 전략적인 것이 될 수도 있다. 공격 유형, 수비 유형, 허들 여부, 플레이 중 모든 움직임, 공이 멈춘 야드 라인 등 각 플레이에 대한 데이터 마커(marker)가 기록된다. NFL은 맞춤형 웹 포털을 통해 경기 후 24시간 이내에 각 팀에 시각화된 데이터를 제공하기 위해 맞춤형 분석을 실행한다. 시스템은 팀이 더 많은 통찰력을 가질 수 있도록 차트와 그래프는 물론 표 형식의 데이터도 생성한다. 각 NFL 팀은 데이터에서 더 많은 가치를 끌어내기 위해 자체 데이터 분석가를 고용하기도 한다.

Zebra는 데이터의 다른 잠재적인 용도를 알고 있다. 예를 들어, 더 많은 분석을 통해 선수의 경기력이 경기 후반에 나타날 가능성이 있는 시기와 그러한 피로를 방지하기 위해 훈련을 개선하는 방법을 알아낼 수 있다. 코치는 이 정보를 사용하여 4쿼터에 특정 리시버를 교체할지, 중요한 순간에 해당 선수에게 덜 의존할지 결정할 수 있게 된다. 지금도 이들 데이터는 NFL 팬, 팀, 코치 및 선수에게 자신이 좋아하는 경기에 대해 더 깊이 있는 모습을 제공하고 있다.

위에 설명된 것처럼 NFL은 정보기술과 정보시스템을 이용하여 풋볼경기에 있어 개별 플레이와 선수의 움직임 등 다양한 경기관련 정보를 제공함으로써 팬들이 더욱 흥미롭게 경기를 즐길 수 있게 하여 팬과 보다 친밀한 관계를 형성할 수 있을 것이다. 나아가 팬과의 친밀한 관계 형성은 보다 많은 팬들을 경기장으로 유인할 수 있게 함과 동시에 다른 프로스포츠와 경쟁해야 하는 NFL의 위상을 강화시켜 줄 것으로 기대된다.

Big Data 분석을 통한 Rugby 경기 관련 데이터서비스

Rugby Football Union(RFU)는 21개의 English club에 의해 1871년에 설립되었으며, Premier Rugby Limited와 공동으로 영국 국가대표 팀(English Rugby)을 관리하는 행정기관이다. RFU는 모든 등급의 럭비 홍보에 책임을 지고 있으며, 비공식적이지만 영국, 스코틀랜드, 웨일스, 이탈리아, 아일랜드, 프랑스를 포함하는 북반구 6개국 국가대항 선수권대회(the Six Nations Championship)와 이들 국가의 클럽 선수권대회인 Heineken Cup을 주최하고 있다. 회원 구단주들이 소유하고 있는 RFU의 사명(mission)은 각종 경기와 세미나를 준비하는 60,000명 이상의 자원봉사자를 지원하고, 융자 신청 및 보험 구매, 모금행사, 보조금 신청서 작성, 의료 상담 및 지원을 도와주고, 구단의 현장 운영이 원활하도록 하는 사무직 업무가 잘 수행될 수 있도록 하기 위하여 국제경기 관람권과 자판기 판매 수입을 극대화하는 것이다.

이 같이 복잡한 사명을 성공적으로 수행하기 위한 노력의 일환으로 RFU는 팬과 선수

<그림 2-25> CRM at Rugby Football Union

출처: englandrugby.com

모두에게 유익할 수 있는 Big Data를 수집하고 분석하기 위하여 IBM과 5년간 계약을 체결하였다. 이 계약으로 인해 RFU가 사용하게 될 IBM의 시스템은 TryTracker라고 불린다. 럭비 경기는 8명의 선수가 스크럼(scrum)을 짜서 상대팀 8명의 선수를 밀어내기 경쟁에서 이기면 공의 점유권을 갖게 된다. 럭비에서 트라이(a try)가 가장 많은 점수를 얻을 수 있는 기회로서 5점을 얻게 된다.

IBM TryTracker는 단지 트라이만을 추적하고 기록하는 것이 아니다. IBM TryTracker는 세 가지 유형의 데이터인 경기의 핵심 요인, 경기의 주요 순간, 핵심 선수에 대한 데이터를 추적하고 기록하기 위하여 예측 분석시스템을 사용한다. TryTracker는 8,000개 이상의 경기 성과 관련 데이터를 사용한다. 팀과 개별 선수에 대한 전통적인 럭비 통계 수치뿐만 아니라 실시간 문자 해설이 TryTracker가 수집한 데이터를 보완해 주는 역할을 한다. 두 팀 간의 경기에 대한 과거 데이터를 분석하여 특정 경기에 앞서 이 경기의 주요 관전 포인트가 무엇인지 결정한다. 예를 들면, 2015년 경기에서 영국 팀의 주요 포인트는 공을 가지고 공격할 때 평균 3.2미터 이상 전진하였으며, 상대팀의 태클을 10% 저지하였고, 경기에서 66퍼센트 이상 수비선을 돌파한 것이었다. 팬들은 모바일 기기를 사용하여 자기 팀이 어떻게 경기를 진행하고 있는지 추적할 수 있게 하여, 자기 팀이 경기에서 승리할 가능성을 높일 수 있는 경기적인 요인에 집중할 수 있게 한다. 매 경기 후, 각종 포지션에 대해 다른 기준을 적용하여 작성된 점수를 비교하여 팀별로 주요 선수를 선발하게 된다.

TryTracker의 목표는 데이터의 시각화와 실시간으로 경기 관련 데이터를 제공함으로써 팬들을 럭비 경기로 끌어들이는 것이다. 축구의 Premier League와 같이 상대적으로 더욱 인기 있는 운동 경기와 경쟁하기 위하여 RFU는 TryTracker와 같은 시스템을 통한 팬과의 향상된 의사소통이 팬들의 경기에 대한 몰입도를 높일 수 있기를 기대한다. 팬들의 경기 이해력과 자기 팀이 우세한 경기를 펼치기 위해 무엇이 필요한지를 알고자 하는 정서적 투자가 증대됨에 따라, 이따금씩 경기를 관람하는 팬이 반복적으로 경기를 관람하는 열성팬으로 변할 수 있을 것이다. 마케팅 전략을 넘어, 예측 분석의 장기적인 잠재력은 선수와 코치들이 경기력을 향상시킬 수 있는 전술적인 통찰력 제공과 더불어 팬들에게 보다 재미있는 경기를 보여 줄 수 있을 것이다.

Tour De France의 사이클 경주 관련 데이터서비스

Tour de France는 주로 지역의 경쟁자와 관중을 유인하여 L'auto 신문의 판매를 촉진하기 위한 수단으로 1903년에 처음 개최되었다. 그 후로 Tour de France는 매년 7월에 약 200여 명의 사이클 선수가 피렌체와 알프스 산맥의 경사진 도로를 포함하여 프랑스에서 가장 어려운 지형의 2,200마일을 가로질러 달리는 경주이다. 신문, 라디오, 텔레비전 덕분에 Tour de France에 대한 보도는 확대되었고, 명성은 높아졌다. 풋볼, 야구, 테니스, 축구 등 다른 경쟁 스포츠와 마찬가지로 Tour de France의 관중들 역시 단순히 이 경주를 지켜보는 것을 원치 않았고, 이 경주에 참여할 수 있기를 원했다. Tour de France의 관중들은 데이터가 강화된 경주 시청, 실시간 동영상, 주문형 동영상, 모바일 애플리케이션, 소셜 미디어 상호작용과 같은 보다 많은 경기 관련 정보와 상호작용을 원하였다. 디지털 기술은 관중, 선수, 스폰서, 방송사를 끌어들이기 위한 필수적인 요소가 되었다.

2014년까지 Tour de France에 정보기술이 본격적으로 활용되지 않았으며, 쉽게 실시간 통계 수치를 생성해내지 못하였다. Tour De France 경주에 대한 실시간 정보의 원천은 사이클 선수들 앞에서 달리는 오토바이에 탑승한 경주 임원이 들고 있는 칠판밖에 없었다. 텔레비전 시청자들은 경주 시간과 다양한 카메라 각도에서 비쳐주는 경주만을 지켜볼 수 있었으며, 그 이상은 볼 수 없었다.

오늘날 Tour de France에 참가하여 경주하는 사이클 선수의 데이터가 2초 안에 텔레

<그림 2-26> CRM at Tour de France

출처: google.com

비전 시청자에게 중계된다. 작고 가벼운 추적 센서(sensor)가 경주에 참여하는 모든 선수의 자전거 안장 밑에 있는 클립에 부착되어 있으며, 센서에는 GPS(global positioning system) 칩, 무선 주파수(radio frequency)칩, 충전용 배터리가 내장되어 있다. 개별 센서는 자전거의 GPS 위치와 속도를 초 단위로 전송하며, 경주가 벌어지는 동안 30억 개 이상의 데이터를 생성한다. 이들 실시간 데이터는 기상서비스, 도로 경사도, 그리고 과거 몇 년간 경주 데이터 등 다른 곳에서 제공되는 데이터와 결합된다. 경기 주최자, 방송 중계자, 팀, 텔레비전 시청자, 팬들은 Tour de France의 모바일 애플리케이션을 사용하여 경주 진행 상황과 개별 선수에 관한 상세한 통계 수치를 입수할 수 있다. 경주에 참가하는 선수는 자전거를 타면서 이들 실시간 데이터를 자신들에게 전달하는 무선 이어폰을 착용한다. 이 시스템은 선수들의 신체 성능을 보여 주는 생체 데이터는 포함하고 있지 않으며, 팀원들이 이들 데이터를 비공개로 유지한다.

개별 경주용 자전거에서 생성되는 센서 데이터는 텔레비전 중계를 위한 경주 취재를 위해 상공을 비행하는 비행기와 헬리콥터에도 전송된다. 이들 경주 관련 데이터는 Dimension Data라고 하는 IT회사의 영국 런던과 네덜란드의 암스테르담에 위치한 원격 데이터센터에 있는 클라우드 서비스(cloud service)로 전송된다. 이들 데이터센터는 방송사, 소셜 미디어, 그리고 Tour De France 경주 애플리케이션을 위한 실시간 정보를 생성하기 위하여 사이클 전문가들에 의해 개발된 강력한 알고리즘(algorithms)을 사용하여 외부에서 제공된 데이터를 포함한 경주 관련 데이터를 분석한다. 개별 경주 자전거로부터 데이터를 수집하고 이를 경주 관람자에게 전달하는 데 단지 2초만이 소요된다. 이 시스템은 개별 선수에 대한 현재 및 과거 기록과 현재 경주 상황을 근거로 경주 전, 경주 중에 경기 결과에 대한 예측을 할 수 있다. 예를 들면, 이 시스템은 앞서 달리고 있는 선수들을 가장 큰 그룹을 형성하고 있는 선수들이 따라 잡을 수 있는 가능성을 예측할 수 있다. 또한 이 시스템은 과거의 경주 결과와 성적에 근거하여 상이한 경주 상황에서 개별 선수들의 강점과 약점을 보여 주는 선수별 특징을 생성할 수 있다.

디지털 기술은 Tour de France에 대한 팬의 몰입도를 크게 향상시켰다. 팬들은 자신들의 텔레비전을 통해 실시간으로 경주 상황에 대한 정보를 볼 수 있고, 소셜 미디어에서 경주 결과에 대해 토론할 수 있게 되었다. 2014년에 Tour de France기관이 제공한 동영상에 대한 조회 수가 단지 600만 건에 불과하였으나, 2016년에는 조회 수가 5,500만 건으로 증가하였다. 이와 더불어 1,700만 명이 실시간 경기 추적 웹사이트를 접속하였다. Tour de France의 목표는 팬인 당신을 경주에 참여시키는 것이고, Tour de France는 이에 성공한 것으로 여겨진다.

4. 향상된 의사결정을 위한 투자 사례

Akershus University Hospital(Ahus)의 빅데이터 활용

의료산업은 환자의 이력, 임상기록, 차트, 검사결과를 포함하는 많은 양의 빅데이터 홍수 속에 빠져있다. 의료 정보는 매 3년마다 두 배로 증가하고 있으며, 2020년에는 73일마다 두 배로 증가할 것으로 예상하고 있다. 이런 정보의 홍수 속에서 어떻게 하면 의료전문인이 자신의 분야에서 최신의 지식에 뒤처지지 않을 수 있을까, 의료전문인이 어떻게 하면 최신의 지식을 사용하여 진료 방식에 있어 보다 정보에 근거한 의사결정을 할 수 있을까, 그리고 인간이 쉽게 분석하고 이해해야 할 데이터이 양이 너무 방대할 때 어떻게 의료비용을 효과적으로 관리할 수 있을까 등이 의료산업에 있어 중요한 과제로 떠오르고 있다.

Akershus University Hospital(Ahus)는 방대한 양의 데이터를 처리하고 활용하는 데 어려움을 겪고 있는 의료기관 가운데 하나이다. Ahus는 노르웨이의 오슬로에 위치하고 있는 공립 대학병원으로서 약 50만 명의 인근 주민에게 의료서비스를 제공하고 있으며, 9,500

명을 고용하고 있다. Ahus는 환자와 치료에 관한 많은 양의 데이터를 축적하고 있다. 하지만 이들 데이터의 많은 부분은 비구조적인 문자 보고서이기 때문에 이들 보고서로부터 의미 있는 정보를 추출하는 것이 매우 어렵고 시간이 많이 소요되었다. 또한 수천 건의 복잡한 임상 문서의 통합을 수작업으로 한다는 것은 거의 불가능하였다.

Ahus는 IBM Watson Explorer의 인공지능 기술을 사용하여 이 문제를 해결하기로 하였다. IBM Watson Explorer는 구조적 및 비구조적 데이터를 분석하여 인간이 식별하기 어려운 추세와 패턴을 발견할 수 있는 인지 컴퓨팅(cognitive computing) 플랫폼이다. IBM Watson은 일반적인 말과 일상적인 언어로 표현된 데이터를 검색하기 위하여 자연어 처리기술을 사용하며, 검색 결과를 향상시키기 위하여 기계학습 알고리즘을 사용한다. 자연어 처리기술은 기계가 인간의 언어를 이해하고, 분석하고, 그로부터 의미를 도출할 수 있게 한다. IBM Watson Explorer는 많은 양의 데이터를 신속히 분석하고, 말과 문자를 해석하고, 의미와 문맥의 미묘한 차이를 파악하고, 질문에 답하고, 결론을 도출하며, 스스로 학습할 수 있다. IBM Watson Explorer는 수집한 콘텐츠에 대한 추론과 상관관계를 도출하며, 사용자가 선택할 수 있도록 잠재적 응답에 대한 순위를 매길 수 도 있다.

Ahus의 영상진단과는 응급상황에서 CT검사 사용의 개선을 원하였으며, 병원의 내부

<그림 2-27> Decision Making at Akershus University Hospital

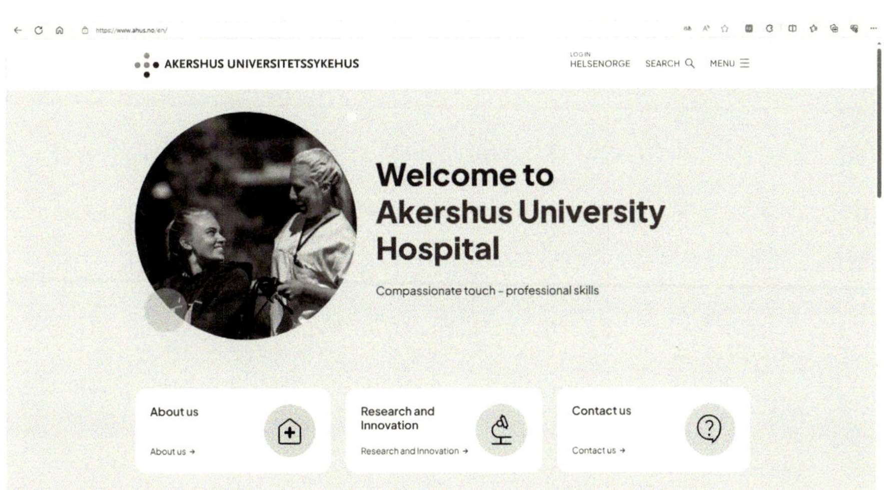

출처: ahus.no

권장 지침에 따라 응급상황에서 소아환자에 실시된 CT검사의 시점을 분석하기 위하여 IBM Watson Explorer을 사용하였다. CT검사는 위급한 상황에서는 생명을 구할 수도 있지만, 방사능은 잠재적으로 인체에 해로울 수 있으므로 지나친 사용은 자제되어야 한다. Ahus가 가지고 있는 방대한 양의 CT검사 데이터는 문서 형식으로 되어 있다. Ahus는 얼마나 빈번하게 CT검사가 실시되었고 이들 검사가 발견한 것이 무엇인지 이해하고자, 5,000명이 넘는 익명의 CT검사 보고서로부터 비구조적 데이터를 수집하고 기계학습과 자연어 처리기술을 위하여 Watson Explorer를 사용하였다.

수차례의 시험을 거친 후, Watson Explorer는 콘텐츠 분류의 정확도 수준 99%에 도달하였다. 최종 분석 결과는 Ahus의 CT검사 빈도가 수용할 수준에 있으며, 잠재적으로 유해한 영향과 긍정적인 효과를 기대할 수 있는 확률 사이에 올바른 균형을 유지하고 있음을 확인해 주었다. Watson이 몇 분에 처리할 수 있는 데이터의 양을 몇 명의 팀 구성원이 분석했다면 아마도 몇 개월에서 몇 년이 소요되었을 것이다.

다른 의료기관과 마찬가지로, Ahus도 “data rich but knowledge poor”라는 문제를 가지고 있었다. Ahus는 방대한 양의 환자와 진료 데이터를 가지고 있었지만, 이들 데이터는 주로 비구조적 형태여서 정보와 통찰력을 얻기 위한 분석이 어려웠다.

기계학습과 자연어 처리 같은 인공지능기술은 Ahus가 수 천 건의 CT검사 자료로부터 새로운 통찰력과 지식을 획득할 수 있도록 도와주었다. 이를 바탕으로 Ahus는 환자에게 최적의 치료를 제공할 수 있었으며, 의료진이 모범사례로 적용할 수 있도록 하였다.

ETrade의 Home Trading Service

ETrade는 주식 거래에 있어 홈트레이딩 서비스를 제공한 최초의 회사로 알려져 있다. ETrade는 온라인 거래 플랫폼을 기반으로 하는 홈 트레이딩 시스템(HTS: home trading system)을 1982년에 출시하여 개인 투자자가 개인용 컴퓨터를 통해 집에서 편안하게 주식을 거래할 수 있도록 하였다. ETrade의 이러한 움직임은 주식 중개 산업에 혁명을 일으켰고, 더 많은 사람들이 주식 거래에 더 쉽게 접근할 수 있게 하였으며, 이는 휴대전화와 같은 모바일기기를 이용하는 모바일 트레이딩 서비스(mobile trading service)로 발전하였다. 이제 홈 트레이딩 서비스와 모바일 트레이딩 서비스는 일반화된 온라인 중개서비스(online brokerage service) 형식으로 자리 잡고 있다.

증권회사에서 홈 트레이딩 또는 모바일 트레이 서비스를 제공하기 전에는 일반적으로

<그림 2-28> Etrade HTS

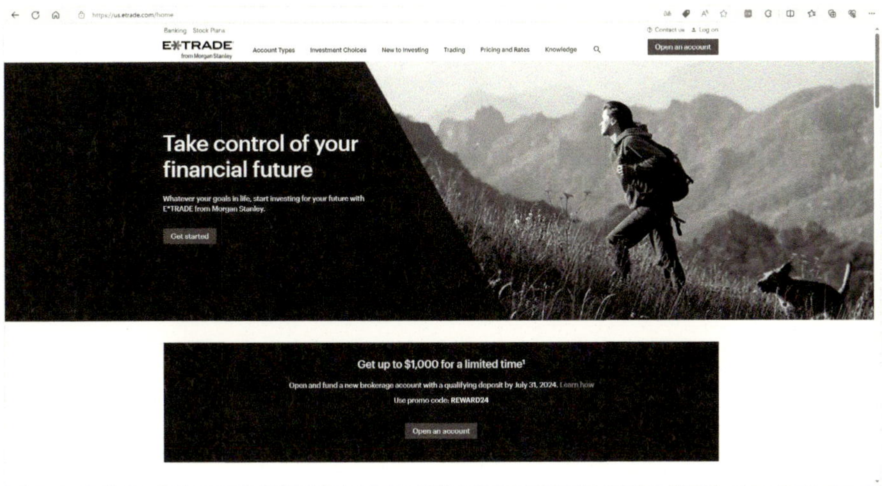

출처: us.etrade.com

주식 매매를 원하는 개인투자자는 증권사 지점의 객장을 방문하여 전광판에 게시되는 주식가격에 대한 정보 등을 확인한 후, 지점의 직원에게 주식매매를 의뢰함으로써 주식을 거래하였다. 또한 일부 개인투자자는 증권사 지점에 전화를 하여 주식매매를 의뢰하여 주식을 거래하였다. 이러한 주식매매 방식은 증권사 지점의 직원이라는 중간 매개체를 통하여만 주식 거래가 가능하게 되어, 주식거래에 있어서 상대적으로 많은 시간이 소요되었다. 이로 인해 한국의 주식시장(특히 KOSDAQ)과 같이 주가의 변동 폭이 상대적으로 커고, 수시로 변하는 환경에서는 적절한 시점에 개인투자자가 주식매매를 하는 것이 쉽지 않다. 이는 때로는 개인투자자의 의사결정의 질을 떨어뜨림으로써, 개인투자자의 손실로 이어질 수 있다. 하지만 증권사가 제공하는 온라인 거래 플랫폼(프로그램)인 홈 트레이딩과 모바일 트레이딩 서비스를 이용하는 개인투자자는 중간 매개체(증권사 직원)를 통하지 않고 실시간으로 주가의 변동 및 변동 추이 등에 관한 정보를 실시간으로 접할 수 있다. 이렇게 제공된 주식과 관련된 각종 실시간 정보를 참고하여 개인투자자는 과거보다 더욱 신속하게 주가 변동에 대처할 수 있고, 나아가 주식매매에 대한 의사결정을 스스로 할 수 있게 되었다. 많은 경우에 이는 개인투자자가 보다 나은 의사결정 결과를 기대할 수 있도록 한다.

British Petroleum(BP)의 예측 유지·보수 시스템

일부 산업은 기존 자산의 생산성을 1%만 향상시키더라도 커다란 이익을 얻을 수 있다. 이런 현상은 오작동으로 인해 장비가 제대로 작동하지 않을 때 발생하는 계획에 없는 작업 중단으로 인해 크게 영향을 받는 원유와 가스 산업에 있어 특히 그러하다. 플랫폼이 하루 가동을 중단하면 액화천연가스(LNG: liquified natural gas) 시설은 2,500만 달러의 손실을 발생시킬 수 있으며, 중간 규모의 LNG시설은 평균적으로 1년에 약 다섯 번 정도의 가동 중단을 경험한다고 한다. 따라서 원유와 가스 산업에 있어 가동 중단 일수를 최소화하는 것이 회사의 수익성에 있어 매우 중요한 요소라고 할 수 있다.

유전과 원유 및 천연가스 파이프라인은 예측 유지·보수를 위한 분석에 사용될 수 있는 방대한 양의 데이터를 생성한다. McKinsey & Company는 일반적인 해상 원유 및 가스 생산 플랫폼은 40,000개 이상의 데이터 태그(data tag)를 가지고 있다고 추정하고 있다. 에너지 회사들은 실시간으로 작업 상황을 관찰하기 위하여 유전(油田)에 설치된 센스(sensor)를 활용하고 있다. 그리고 에너지 회사들은 장비 고장을 예측하고, 이들 장비 고장이 비용이 많이 발생하는 문제로 악화되기 전에 이에 대처하고자 사물인터넷(IoT: Internet of Things) 데이터를 사용하기 시작하였다. 원거리에 있는 장비를 물리적으로 검사한다는 것은 일반적으로 비용이 많이 드는 작업이다. 원거리에 있는 장비에 대한 가시성의 부족은 종종 장비의 고장과 비용이 많이 드는 예정에 없던 유지·보수와 작업 중단뿐 아니라, 원유의 유출, 누출, 또는 장비 고장으로 인한 사고를 야기하기도 한다.

예측 유지·보수 시스템은 작동중인 장비의 상태를 평가하고, 최적의 성능을 내면서 오작동을 예방하기 위한 유지·보수 요구사항을 예측한다. 이들 예측 유지·보수 시스템은 자동화된 상태 관찰(감시) 및 고급 데이터 분석 기법을 사용하여 진동, 온도, 소리, 전류와 같은 중요한 장비의 통계 수치를 수집하며, 장비의 성능 저하 조짐을 감지하기 위하여 이들 통계 수치를 유사한 장비의 과거 기록과 비교한다. 예측 유지·보수 프로그램으로부터 얻은 통찰력을 바탕으로 의사결정자들은 일상적인 생산 작업을 방해하지 않으면서 유지·보수 작업에 대한 일정을 잡으며, 어떤 수리를 먼저 해야 하는지에 대한 우선순위를 정할 수 있다.

BP는 2015년에 GE(General Electric)와 협력하여 수천 개의 유정(油井) 가운데 650개의 유정에 GE의 Predix 클라우드 플랫폼에 연결된 GE 센서를 설치 설치하였다. Predix는 산업용 센서로부터 데이터를 수집하고 이들 데이터를 클라우드(cloud)에서 분석하는 IoT 응용 프로그램(application)을 개발하고 운용할 수 있는 서비스를 제공하고 있다. Predix는 유지·

<그림 2-29> British Petroleum(BP)의 예측 유지·보수 시스템

출처: bp.com

보수 점검 일정을 잡을 수 있도록 하고, 기계 효율성을 향상시키고, 가동 중지 시간을 줄여 주기 위하여 실시간 정보를 제공한다. 각각의 BP 유정은 압력과 온도를 측정하기 위하여 20 ~ 30개의 센서가 설치되어 있으며, Predix 클라우드에 매 15초 간격으로 500,000개의 데이터를 전송한다. BP는 유정의 흐름과 개별 유정의 유효 수명을 예측하고, 궁극적으로 유전의 성과를 전사적인 관점에서 파악하고자 이들 데이터를 활용할 수 있기를 기대한다.

Starbucks, Duane Reade, HautelLook, ShopItToMe, 1-800-Flowers: 무엇을 팔 것인지? 가격은 어느 정도로 책정할 것이지? 데이터에 물어보세요

스타벅스(Starbucks)에서 당신의 모닝커피를 할인받는 가장 좋은 최고의 방법은 무엇인가? 만약 당신이 맨해튼에 산다면 한 시간 일찍 일어나 시내 지하철을 타고 브루클린으로 갈 수도 있다. 에스프레소 한 잔은 주변보다 10센트 저렴하며, 카페라떼와 레몬파운드 케이크 한 조각도 마찬가지이다. 머핀은 마블 힐(Marble Hill) 업타운(uptown)에서 10센트 더 비싸게 팔고, 파이크 플레이스 로스트(Pike's Place Roast)는 당신이 어디에 살든 1.70달러이다.

스타벅스는 정교한 소프트웨어를 사용하여 매장 및 품목별로 수요가 가격 변화에 어떻게 반응하는지 분석하는 많은 소매업체 중 하나이다. 고객이 특정 품목에 대해 지불할 의사가 있는 금액은 이웃이나 심지어 고객이 거주하는 국가의 지역에 따라 크게 달라진다. 특정 지역의 고객은 기꺼이 더 많은 비용을 지불할 의향이 있다.

Walgreens이 인수한 Duane Reade 약국 체인(drugstore chain) 역시 가격 조정에 능숙하다. 판매 패턴을 분석하는 소프트웨어는 신생아 부모가 유아를 키우는 부모만큼 가격에 민감하지 않다는 사실을 발견해 매출 손실 없이 신생아용 기저귀 가격을 인상할 수 있었다.

Duane Reade 체인의 정보시스템은 위치에 따라 가격을 조정하는 방법도 보여 주었다. 86번가와 렉싱턴 애비뉴(Lexington Avenue) 근처 Duane Reade 매장의 쇼핑객은 할렘(Harlem)의 고객보다 크리넥스(Kleenex) 한 상자에 20센트 더 많은 비용을 지불하고 Pepto-Bismol 한 병에 50센트 더 지불한다.

Duane Reade가 사용하는 것과 같은 비즈니스 분석 소프트웨어는 일반적으로 판매 데이터의 패턴을 분석하여 "가격 프로필"을 만든다. 주요 출퇴근 중심지 근처 매장에서는 편의용품을 할인해 저가 이미지를 줄 수도 있고, 어린 자녀가 많은 동네 매장에서는 유아용품을 할인해 더 많은 사람이 방문할 수 있도록 할 수도 있다.

온라인 및 실제 매장 모두에서 수집된 대규모 디지털 판매 및 고객 정보를 분석함으로써 소매업체가 무엇을 판매할지 결정하는 데에도 도움을 줄 수 있다. 패션 웹사이트 HautelLook은 남부 사람들이 다른 지역 사람들보다 흰색, 녹색, 분홍색을 더 많이 구매한다는 사실을 확인할 수 있었으며, ShopItToMe는 댈러스(Dallas)에 거주하는 평균 여성이 워싱턴 D.C.에 거주하는 평균 여성보다 패션에 덜 지출한다는 것을 알게 되었다. 그리고 ShopItToMe는 미국의 동서 양쪽 해안지역 여성이 미국 내륙 중심 지역(heartland)의 여성보다 더 날씬하고, 해안지역 여성이 체구가 작은 여성을 위한 더 작은 의류와 신발 사이즈를 선택하는 것을 알게 되었다.

이 지식이 얼마나 큰 변화를 가져올 수 있겠는가? 많은 변화를 가져올 수 있다. 온라인으로 꽃과 선물 바구니를 판매하는 1-800-Flowers는 SAS Inc.의 분석 소프트웨어를 사용하여 온라인 매장과 마케팅 활동을 조정하였다. 이 소프트웨어는 회사가 구매자 프로필을 신속하게 기록하고 분석하여 제품 타겟팅을 개선하고, 제공할 "특별 상품"을 결정하고, 실제 고객 요구사항에 대한 이해를 바탕으로 판매 및 마케팅 전략을 수립하는 데 도움을 주었다.

<그림 2-30> 비즈니스 인텔리전스 at 1-800-Flowers

출처: google.com

1-800-Flowers는 웹 사이트에서 가격과 상품 내용을 매 시간마다 신속하게 변경할 수 있게 되었다. 2010년 상반기에 1-800-Flowers는 더욱 정교하게 타겟팅된 웹 페이지와 이메일 프로모션을 사용하여 웹 사이트 검색자의 구매자로의 전환율을 20% 향상시킬 수 있었다.

Starbucks, Duane Reade, 및 1-800-Flowers의 경험은 정보시스템이 어떻게 의사결정을 향상시키는지를 보여 주는 좋은 사례이다. 이러한 소매 체인의 관리자들은 수익성을 개선하기 위해 어떤 가격을 책정해야 하는지, 다양한 위치와 다양한 시간대에서 판매량을 최대화하기 위해 매장에서 어떤 품목을 판매해야 하는지에 대해 올바른 결정을 내릴 수 없었다. 또한 관리자들은 고객 구매 데이터에 접근할 수 있었지만, 수백만 개의 데이터를 스스로 분석할 수는 없었다. 가격 책정과 매장 재고관리 방법에 대한 잘못된 결정은 판매 수익 감소를 가져올 수 있으며, 회사가 고객 요구에 신속하게 대응하지 못하게 할 수 있다.

Starbucks, Duane Reade 그리고 1-800-Flowers는 대량의 데이터에서 패턴과 추세를 찾을 수 있는 비즈니스 인텔리전스 소프트웨어를 사용하기 시작하였다. 이러한 비즈니스 인텔리전스 시스템에 의해 가능해진 정보는 이들 회사의 관리자가 가격, 선반 재고 및 상품 제공에 대해 더 나은 결정을 내리는 데 도움을 주었다. 이들 관리자는 어느 매장에 더 높은 가격을 책정할 것인지, 판매 수익을 극대화하기 위해 어느 매장에서 가격을 낮춰야 하는지, 어떤 품목을 비축해야 하는지, 언제 상품 구성을 변경해야 하는지 알 수 있게 되었다. 비즈니스 인텔리전스를 활용한 더 나은 의사결정으로 인해 이들 회사의 수익성이 향상되었다.

Roche: Changing Medical Care With Mobile Technology and Big Data

건강검진, 정기 검진, 경미한 질병 등을 위해 의사에게 전화하는 대신 의사가 당신에게 전화하는 세상을 상상해 보자. 신체 활력 징후, 심박동수, 혈압, 활동 수준 및 영양 섭취를 실시간으로 모니터링 하는 의료시스템을 상상해 보자. 식단과 운동 변화에 대한 권장 사항이 포함된 알림을 스마트폰으로 받거나, 더 나아가 건강을 성공적으로 관리한 것에 대해 의사로부터 축하 메시지를 받는 것을 상상해 보자.

연결된 의료(connected healthcare)의 미래 세계에 오신 것을 환영한다. 이 새로운 의료서비스 제공 모델은 신체에 부착된 센서를 통해 구동되고 스마트폰에 무선으로 연결되어 건강 상태를 모니터링 및 표시하고 개인 권장 사항을 제공한다. 다음으로 데이터는 건강 모니터링 시설로 전송된다. 이 건강 모니터링 시설에는 간호사와 의사가 자신의 데스크탑(desktop) 디스플레이 곁에 대기하고 있으며, 이들은 클라우드 서비스, Dig Data 소프트웨어 분석 및 그들의 환자와 연결된 스마트폰을 사용하여 실시간으로 당신의 건강을 모니터링 한다.

연결된 의료 모델은 세 가지 강력한 이유 때문에 선진국과 개발도상국의 의료의 미래라고 할 수 있다. 선진국에서는 의료가 일반적으로 가장 큰 산업이다. 미국에서는 의료에 GDP의 17%를 소비하고, 유럽에서는 약 10%, 세계 경제에서는 약 8%를 소비한다. 의료는 인플레이션율의 두 배로 전 세계적으로 성장하고 있으며, 장기적으로 지속 가능하지 않은 예산 증가를 주도하고 있다. 지지자들은 연결된 의료가 의료비용을 40%까지 줄일 수 있다고 믿고 있다, 인구는 고령화되고 있으며 과거보다 더 많은 의료서비스가 필요하다. 연결된 의료를 위한 기술은 이용 가능하고 저렴하다.

비행기부터 가전제품까지 모든 것을 모니터링하기 위해 제조업에서 익힌 사물인터넷(IoT) 기술(센서, 무선 통신, 클라우드 데이터베이스, 대용량 저장 시설, 분석 소프트웨어)은 저렴하고 점점 더 강력해지고 있으며 이미 널리 사용되고 있다. 또한 사물인터넷 기술은 활동 모니터, 무인 카드, 많은 사용자 활동을 기록하는 스마트폰 형태의 인간 인터넷(IoP: Internet-of-People)에 적용되고 있다.

Roche Diabetes Care, Inc.의 AccuCheck View는 연결된 의료 모델의 좋은 예이다. F. Hoffman-LaRoche는 스위스 바젤(Basel)에 본사를 둔 스위스 기반의 글로벌 의료회사이다. 전 세계 성인 당뇨병 환자 수는 4억 5천만 명이 넘으며, 이는 1980년의 4배에 해당한다. 제2

<그림 2-31> Decision Making at Reche Diabetes Inc.

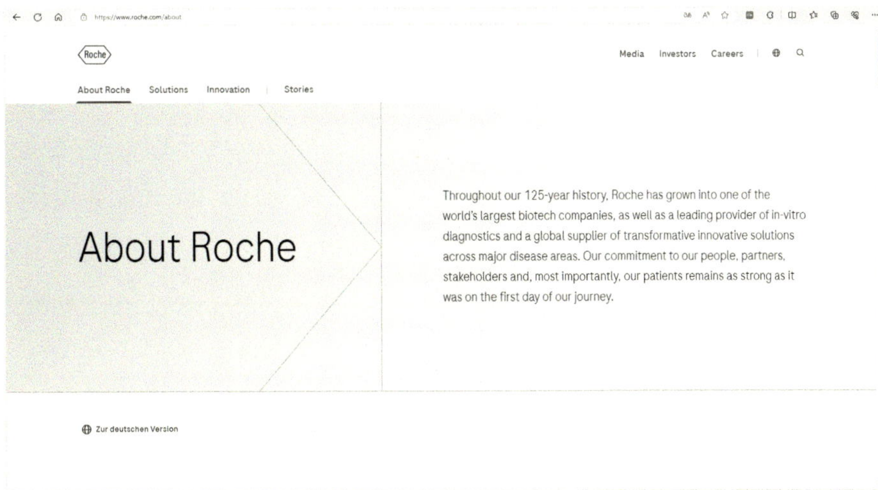

출처: roche.com

형(Type 2) 당뇨병이 가장 많이 증가했으며, 이는 식이 요법, 주로 설탕과 단순 탄수화물 섭취와 관련되어 있고 과체중과 비만을 유발한다.

Roche는 2015년 엔터프라이즈 소프트웨어 회사인 SAP와 협력하여 SAP가 개발한 스마트폰 앱에 무선으로 연결된 휴대용 혈당 측정기를 사용하여 당뇨병 환자가 혈당 수준을 모니터링 하는 데 도움이 되는 일련의 제품을 출시하였다. AccuCheck View라고 불리는 Roche의 새로운 패키지는 혈당 모니터, 웨어러블 피트니스 추적기, 모바일 SAP 앱, SAP의 HANA 클라우드 플랫폼 및 관련 SAP Big Bata 분석 소프트웨어를 포함하고 있다.

통합패키지는 환자의 신체활동량, 영양분 섭취량에 따른 신체 활력 징후, 혈당량을 실시간으로 측정할 수 있다. 이들 데이터는 환자를 원격으로 모니터링 할 수 있는 의료서비스 제공자에게 자동으로 전송된다. 집계된 데이터는 SAP 분석 소프트웨어가 의학적 의사결정 및 치료에 사용하기 위한 대규모 인구로부터 패턴을 밝혀내는 데 사용된다. 목표는 당뇨병 환자가 식단과 운동에 대해 더 나은 결정을 내릴 수 있도록 돕고, 신체 센서, 실시간 모니터링, 빅데이터 분석을 활용하여 의료 서비스 제공자의 의사결정을 개선하는 것이다. 이식형 혈당 측정기는 현재 개발 중이며 유럽과 미국에서 시험 중에 있다.

Use of Analytics for SEA Games

2011년에 설립된 싱가포르 스포츠연구소(SSI: the Singapore Sports Institute)는 스포츠 재능을 챔피언으로 전환시키는 세계적 수준의 스포츠연구소가 되는 것을 목표로 하는 스포츠과학, 의학 및 기술 전문기관이다. 2014년 8월, SSI는 싱가포르의 스포츠 우수성을 향상시키기 위해 데이터 분석을 활용하자는 목표로 고성과 스포츠(HPS: the High Performance Sports) 분석, 기술 및 교육 부서를 창설하였다. 이 부서는 연습과 경기 중 싱가포르 팀 선수들의 경기력에 대한 비디오 및 데이터 분석을 제공하고 싱가포르 국립스포츠협회(NSAs: the National Sports Associations)에 스포츠에서 기술을 사용하는 방법을 교육하는 것을 목표로 하고 있다.

훈련과 경기 중에 운동선수의 활동은 Dartfish 비디오 플랫폼을 사용하여 수집한 다음, 코치와 NSA가 제공하는 자료를 기반으로 SSI에서 분석한다. 분석은 SimulCam과 StroMotion이라는 전문 소프트웨어를 사용하여 운동선수의 성과를 다른 선수와 비교하거나 태깅(tagging)과정을 통해 부족한 점과 단점을 찾아내는 방식으로 진행된다. 태깅은 성과에 영향을 미치는 스포츠 활동을 식별하고 분류하는 방법이다. 스포츠 활동은 네 가지 유형으로 구분되는데, 첫째, 킥, 태클 또는 공 빼앗김(turnover)과 같은 생성(creation), 둘째, 공격 또는 수비와 팀 또는 개인플레이를 다루는 분류(categorization), 셋째, 관련된 특정 선수를 구분하는 식별(identification), 넷째, 슛을 한 위치, 결과 등이 포함된 설명(description)이다. 태깅 파일과 비디오 분석은 안전한 클라우드 플랫폼에 업로드 되어 선수 및 코치와 공유된다. 코치는 전체 게임을 시청하는 대신 관련 태그를 사용하여 비디오를 다운로드 하고 운동선수와 게임의 특정 부분에 대해 토론할 수도 있다. 마찬가지로 운동선수도 보다 나은 연습이나 실제 경기를 준비하기 위하여 동영상 시청할 수 있다.

HPS 분석 팀은 2015년 싱가포르에서 열린 제28회 동남아시아(SEA: the Southest Asian) 게임에서 이 시스템을 사용하였다. 분석 팀의 주요 목표는 싱가포르 선수들과 이 지역의 다른 최고 선수들의 영상 관리시스템과 비디오 저장소를 구축하는 것이었다. 영상 관리시스템을 통해 분석 팀은 선수들의 영상을 촬영하고, 영상을 분석하고, 최종적으로 분석 결과를 코치, 선수, 기타 이해관계자들과 공유하는 과정을 통합하고 효율화하는 것을 목표로 하였다.

동남아시아 게임이 시작되기 전에 분석 팀은 싱가포르 팀이 다양한 스포츠에서 메달을 획득할 가능성을 분석한 "게임 전 보고서"를 작성하였다. 심지어 12개월 동안 경쟁자와

<그림 2-32> Singapore Sports Institute

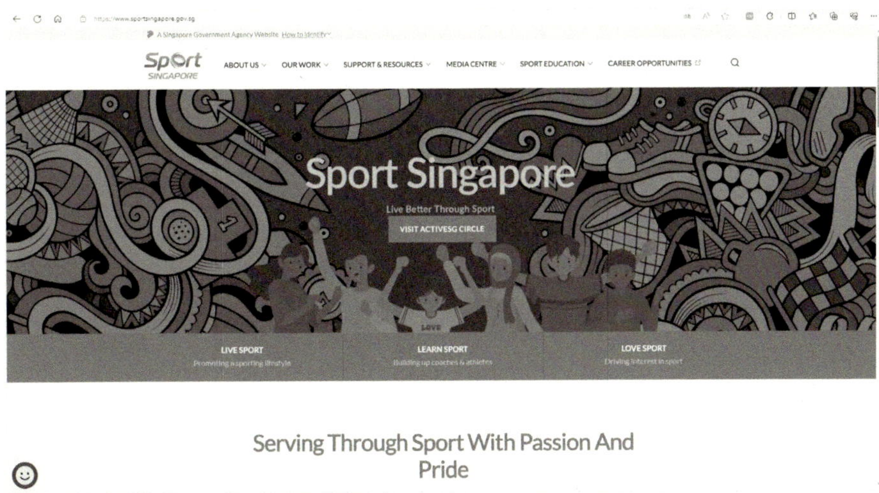

출처: sportsingapore.gov.sg

비교한 성적을 바탕으로 개별 운동선수를 분석하였다. 또한 HPS 분석 팀은 싱가포르 팀 선수 및 코치와 긴밀히 협력하여 비디오 분석에 사용되는 태깅 템플릿(templates)을 개발하였다. 영상은 방송피드(broadcast feed)를 통해 수집, 분석된 후 최대한 짧은 시간 내에 온라인에 탑재되었다. 예를 들어, 운동선수의 경기가 끝나면 해당 동영상은 처리되어 웹 브라우저나 Dartfish의 모바일 앱을 통해 코치와 운동선수만 접근할 수 있는 온라인 동영상 플랫폼에 탑재된다. 분석 팀은 총 1,297개의 비디오를 처리했으며, 19개 종목의 스포츠를 다루는 745시간 분량의 영상을 처리하였다. 이러한 비디오는 비디오 데이터베이스의 일부가 되었으며, 비디오를 효율적으로 검색할 수 있도록 각 비디오에 관련 키워드와 메타데이터(metadata)가 표시되었다.

비디오 분석 외에도 HPS 팀은 싱가포르 팀의 성과에 대한 일일보고서를 작성하여 주요 이해관계자와 고위 관리자에게 보냈다. 또한 분석 팀은 싱가포르 팀의 결과와 메달 수에 대한 시간대별 정보를 제공하였으며, 이러한 세부 정보는 온라인 비즈니스 인텔리전스 및 데이터 시각화 플랫폼인 Qlik에서도 업데이트 되었다. 일일보고서에는 싱가포르 팀의 목표 대비 성과와 과거 결과와의 비교가 표시되었다. 예를 들어, 여자 원반던지기의 경우, 관계자들은 던진 거리뿐만 아니라 수년간 선수의 순위와 지역 원반던지기 선수와의 비교도 모니터링

할 수 있었다. 또한, 보고서를 통해 관계자들은 개별 선수에게 제공된 지원 수준, 선수가 초보인지 경험이 있는지 등 개별 선수와 관련된 주요 정보를 자세히 알아볼 수 있었다.

이런 분석은 금메달 84개, 은메달 73개, 동메달 102개를 획득함으로써 태국에 이어 2위를 차지한 싱가포르 팀의 성공에 큰 영향을 미쳤다. 또한 HPS는 특히 분석의 힘을 직접 경험하여 HPS와 협력하여 자체 비디오 관리 및 분석 시스템을 구현하는 데 더욱 순응하게 된 NSA로부터 많은 찬사를 받았다.

NFL's Use of IT for Better Decision Making

오늘날 프로스포츠 팀은 선수와 팀 성과, 팬 행동, 판매에 대한 자세한 데이터를 수집하여, 마케팅, 입장권 판매, 선수 평가, TV 및 디지털 미디어 거래 등 비즈니스의 모든 측면에 대한 결정을 내리는 데 이러한 데이터를 점점 더 많이 사용하고 있다. NFL(National Football League) 역시 선수와 팀의 경기 방식, 관중의 경기 경험 방식을 개선하기 위해 점점 더 데이터에 의존하고 있다.

2014년부터 NFL은 동전 크기의 RFID(Radio Frequency Identification: 무선 주파수 식별) 태그를 선수의 어깨 패드 아래에 부착하여 선수의 모든 움직임을 추적함으로써 경기장에서 선수의 움직임 데이터를 수집하고 있다. 센서가 수집한 정보는 NFL 팀이 훈련과 전략을 개선하는 데 사용되며, 실시간 경기 방송의 해설자, Xbox One에서 NFL 앱을 사용하여 경기에 참여하는 팬이 사용하기도 한다.

NFL의 선수 추적시스템은 식료품 및 기타 소비재의 바코드와 RFID 기술을 포함하는 추적 기술을 전문으로 하는 시카고(Chicago)에 있는 회사인 Zebra Technologies가 개발한 Zebra 스포츠 솔루션을 기반으로 하고 있다. Zebra 스포츠 솔루션 시스템은 선수의 속도, 방향, 경기장에서의 위치, 경기 중 얼마나 멀리 달렸는지, 전력 질주한 거리, 조깅 또는 걷기를 한 시간을 기록한다. 시스템은 또한 팀이 어떤 포메이션을 형성했는지, 선수의 속도나 가속이 경기 성과에 어떤 영향을 미치는지 결정할 수 있다. Eli Manning이 패스를 얼마나 세게 던지는지, 또는 공이 리시버(receiver) Odell Beckham의 손에 도달할 때의 힘을 알고 싶은가? 시스템은 이 모든 작업을 수행하는 방법을 알고 있다.

NFL 선수들의 왼쪽과 오른쪽 어깨 패드에 RFID 칩(chip)이 설치되어 있으며, 이 칩은 경기장의 아래쪽과 위쪽에 전략적으로 위치한 20개의 무선 수신기에 데이터를 전송하여 속도, 시간당 마일 단위의 속도와 같은 지표를 사용하여 각 선수가 어떻게 움직이는지에 대한

<그림 2-33> Better Decision Making at NFL with IT

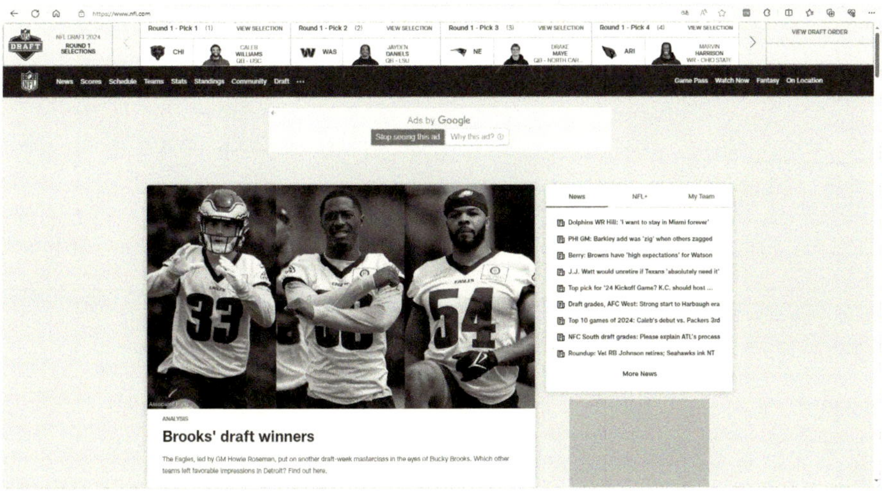

출처: nfl.com

데이터를 수집한다. 거기에서 데이터는 현장 서버 컴퓨터로 전송되며, 서버에 설치된 Zebra의 소프트웨어는 RFID 태그를 올바른 선수 또는 임원과 연결한다. 미식축구공에는 위치 데이터를 전송하는 센서가 부착되어 있다. 데이터는 게임이 진행되는 동안 실시간으로 생성되며, 각 센서는 선수별 위치를 약 25번 전송한다.

모션 센서가 데이터를 수신하고 분석한 후, NFL용 Amazon Web Services에서 운영하는 원격 클라우드 컴퓨터로 전달되는 데 단 2초밖에 걸리지 않는다. NFL 클라우드 컴퓨터의 데이터는 팬, 방송사, NFL 팀과 공유된다. NFL에 데이터가 저장되면 Microsoft는 NFL의 소셜 미디어 매체인 NFL.com과 Windows 10 및 Xbox One의 NFL 앱을 사용하여 데이터를 수집하고 팬에게 보여 준다. 또한 데이터는 경기 중에 팬들에게 보여 주기 위하여 경기장의 대형 디스플레이 화면으로 전송된다.

수집된 데이터는 다양한 용도로 사용된다. NFL 팀은 선수와 팀 성과를 평가하고, 특정 네 번째 다운 상황에서 전진하는 것이 더 나은지 아니면 펀트를 하는 것이 더 나은지와 같은 전술을 분석하는 데 이 데이터를 사용한다. 방송사, 경기장 화면, NFL 웹사이트, Microsoft Xbox One NFL 앱의 NextGen Stats 기능으로 전송되는 데이터는 팬이 게임에 더 많이 몰입하도록 하여 더 심도 있는 팬 경험을 할 수 있게 하는 데 도움이 된다.

데이터는 팬에게는 흥미로울 수 있지만, 팀에게는 전략적인 것이 될 수도 있다. 공격 유형, 수비 유형, 허들 여부, 플레이 중 모든 움직임, 공이 멈춘 야드 라인 등 각 플레이에 대한 데이터 마커(marker)가 기록된다. NFL은 맞춤형 웹 포털을 통해 경기 후 24시간 이내에 각 팀에 시각화된 데이터를 제공하기 위해 맞춤형 분석을 실행한다. 시스템은 팀이 더 많은 통찰력을 가질 수 있도록 차트와 그래프는 물론 표 형식의 데이터도 생성한다. 각 NFL 팀은 데이터에서 더 많은 가치를 끌어내기 위해 자체 데이터 분석가를 고용하기도 한다.

Zebra는 데이터의 다른 잠재적인 용도를 알고 있다. 예를 들어, 더 많은 분석을 통해 선수의 경기력이 경기 후반에 나타날 가능성이 있는 시기와 그러한 피로를 방지하기 위해 훈련을 개선하는 방법을 알아낼 수 있다. 코치는 이 정보를 사용하여 4쿼터에 특정 리시버를 교체할지, 중요한 순간에 해당 선수에게 덜 의존할지 결정할 수 있게 된다. 지금도 이들 데이터는 NFL 팬, 팀, 코치 및 선수에게 자신이 좋아하는 경기에 대해 더 깊이 있는 모습을 제공하고 있다.

3장

정보시스템과 경쟁 우위 확보

앞에서 언급된 바와 같이 기업은 운영의 효율성 향상(operational excellence), 신제품 및 새로운 서비스 그리고 새로운 비즈니스 모델 개발, 고객 또는 공급업자와의 보다 친밀한 관계 형성, 의사결정의 질적 향상 등을 위해 지속적으로 정보기술과 정보시스템에 대한 투자를 하고 있다. 만약 기업이 이러한 효과들을 얻게 되면, 많은 경우에 이는 경쟁 우위 확보로 이어질 수 있다.

경쟁 우위는 특정 기업이 고객에게 중요한 방식(측면)에서 경쟁사보다 뛰어난 성과를 낼 수 있게 해주는 위치라고 정의할 수 있다. 기업의 경쟁 우위 확보 및 지속성과 관련하여 가장 널리 사용되는 방법론은 Porter의 경쟁세력모델과 가치사슬모델이라 할 수 있다. 그리고 기업이 경쟁 우위 확보를 위해 가장 일반적으로 추구하는 방법은 저비용전략(low cost leadership), 차별화 전략(differentiation), 틈새시장 전략(niche market)이라 알려져 있다.

경영자는 경쟁세력모델을 사용하여 기업의 외부환경 측면에서 경쟁세력과의 관계에 있어 어떻게 하면 협상력을 높일 수 있을지에 대한 방안을 모색해 볼 수 있다. 또한 경영자는 기업 내부적인 측면에서 기업이 수행하는 활동에서 경쟁 우위 확보의 기회를 포착하기 위해 가치사슬모델을 활용할 수 있다. 아래에 경쟁세력모델, 가치사슬모델, 그리고 저비용전략, 차별화전략, 틈새시장 전략의 효과적인 실행을 통해 경쟁 우위를 확보하는 데 정보기술과 정보시스템이 활용된 사례들을 소개한다.

1. 경쟁세력모델과 정보시스템을 활용한 경쟁 우위 확보

Porter의 경쟁세력모델은 가장 널리 알려진 비즈니스 전략 도구 중 하나로써, 기업의 경쟁 환경을 분석하고 장기적인 성공에 영향을 미칠 수 있는 전략적 결정을 내리는 데 필요한 체계적인 접근 방식을 제공하고 있다. 경쟁세력모델은 기업의 전략적 위상과 전략은 산업 환경에 있는 다섯 가지 세력(전통적인 경쟁자, 시장의 신규 진입자, 대체 제품 또는 서비스, 고객, 공급업자)의 영향을 받는다는 것을 보여 주고 있다. 경쟁세력과의 관계에서 경쟁 우위를 확보하는 데 정보기술과 정보시스템을 활용한 일부 사례들은 아래와 같다.

1) 전통적인 경쟁자

일반적으로 기업은 수요에 영향을 미칠 의도로 차별화된 제품 또는 서비스를 개발하고 고객에게 제공함으로써 기존의 경쟁사와의 관계에서 경쟁 우위를 확보할 수 있다. 정보기술과 정보시스템을 활용하여 기존의 경쟁사와의 관계에서 경쟁 우위를 효과적으로 확보한 예로서 Chemical Bank의 ATM서비스와 Merrill Lynch의 CMA서비스, NIKEiD(Nike By You), UPS의 Package Tracking Service 등이 있다.

Chemical Bank의 ATM서비스

전통적으로 금융기관, 특히 상업은행의 업무시간은 주 5일 월요일부터 금요일까지, 오전 9시부터 오후 5시까지였다. 따라서 은행을 이용하는 고객은 금요일 오후 5시 이후에는 금융거래를 할 수 없게 되어, 다음 주 월요일 은행 개장 시간까지 기다려야 하는 불편을 감수할 수밖에 없었다. 이러한 고객 불편함을 해소하기 위하여, Chemical Bank는 통신네트워크와 정보시스템을 기반으로 하는 ATM(automated teller machine)을 1962년 9월 2일에 미국 뉴욕 주의 Rockville Centre 지점에 설치하여 기본적인 금융거래가 주 7일 하루 24시간 가능하도록 하였다. ATM서비스의 출현은 금융소비자들이 주 7일 시간 제약을 받지 않고 금융거래를 할 수 있도록 하였다는 점에서 혁신적이고 창조적이며 편리한 새로운 형태의 금융서비스였다고 할 수 있다.

Chemical Bank가 처음 설치한 프로토타입(prototype) ATM은 정해진 일정 금액만을 인출할 수 있도록 만들어진 제한된 기능의 서비스였지만, 그 때까지 금융 산업에서 볼 수 없었던 새로운 형태의 금융서비스였다. Chemical Bank가 첫 ATM을 소개한 그 날, Chemical Bank는 "On September 2, 1969, our bank will open at 9:00 A.M., and never close again." 이라는 기념비적인 신문광고를 게재함으로써, 금융 산업에 있어 새로운 시대가 도래하였음을 알리는 신호탄을 쏘아 올렸다고 할 수 있다.

Chemical Bank의 초기 ATM은 비록 제한된 유형의 금융거래만 가능하게 하였지만, 통신네트워크와 정보시스템을 기반으로 하는 새롭고 차별화된 유형의 금융서비스였다는 점에서 금융업계의 주목을 끌기에 충분하였다. 그리고 이는 오늘날 일반적으로 금융소비자들이 편리하게 언제 어디서나 사용하고 있는 온라인 뱅킹서비스나 모바일 뱅킹서비스의 기초를 다지는 역할을 했다고 할 수 있다. 이렇듯 Chemical Bank는 통신네트워크와 정보시스템을 기반으로 경쟁사와는 차별화되고 혁신적인 금융서비스를 제공함으로써 상당 기간 경쟁 우위를 확보할 수 있었다.

Merrill Lynch의 CMA(종합자산관리)서비스

금융자산가는 일반적으로 자신이 가지고 있는 금융자산의 수익성 향상을 위하여 상대적으로 높은 평균 연간 수익률(APY: annual percentage yield)을 낼 수 있는 금융상품에 투자하고자 한다. 미국을 예로 들면, 대부분의 금융자산가들은 전국 평균 연간 수익률이 약 0.47%인 전통적인 예금계좌의 연간 수익률에 만족할 수 없을 것이다. 따라서 이들 금융자산가들은 보다 높은 연간 수익률을 실현할 수 있는 금융상품을 찾게 되었고, Merrill Lynch는 이들의 욕구를 효과적으로 충족시켜 주고자 종합자산관리(CMA: cash management account)서비스를 개발하고 이를 금융상품화하여 출시하였다. Merrill Lynch의 CMA서비스는 예금계좌에 비하여 최대 10배에서 15배까지의 평균 연간 수익률(APY)를 낼 수 있는 것으로 알려져 있다.

Merrill Lynch의 CMA서비스는 정보시스템을 기반으로 컴퓨터 프로그램화 된 종합자산관리서비스로서 1997년에 소개되었다. CMA서비스가 금융 산업에 있어 새로운 경쟁 우위의 원천으로서의 잠재적 가능성을 확인한 Merrill Lynch는 자사의 CMA서비스 응용소프트웨어(application software)에 대한 특허를 출원하여 7년 간 독점적 사용권한을 부여받았다. 이렇게 정보시스템을 기반으로 하는 새로운 금융서비스 상품을 개발하여 수익률이 높고 차별화 서비스를 제공함으로써 경쟁 우위를 확보할 수 있었다.

CMA서비스는 오늘날 지식경제사회에 있어 금융 산업의 지식을 활용하여 금융상품을 개발하는 데 있어 정보 정보기술과 정보시스템이 도움을 준 좋은 사례이다. 따라서 앞으로 다양한 산업에서 전문지식을 활용한 상품 및 서비스 개발에 있어 정보기술과 정보시스템이 훌륭한 조력자 역할을 할 수 있을 것으로 기대된다.

NIKEiD(Nike By You)의 맞춤화 주문 서비스

운동화 산업(sport shoes industry)은 건강에 대한 인식 증대, 건강 활동(fitness activities) 참여 증가, 패션 트렌드를 반영한 운동과 여가(athleisure)활동을 위한 의류 등의 요소로 인해 꾸준히 성장하고 있다. 운동화 산업의 규모가 꾸준히 증가함에 따라 업체들 간 경쟁 또한 매우 심화되고 있는 것으로 알려져 있다. 이를 잘 반영하듯, 운동화 산업에 있어 Nike, Adidas, NB(New Balance), Under Armour, Puma, ASICS, Reebok 등 주요 회사들이 시장점유율을 높이기 위해 다양한 방법을 사용하여 지속적으로 치열한 경쟁을 벌이고 있다.

상기와 같이 꾸준히 성장하고 역동적이며 경쟁이 심한 산업에서 기업들은 경쟁 우위를 확보하고 유지하기 위하여 지속적으로 혁신적인 제품을 개발하고, 변화하는 고객의 추세(preferences)에 대응하고자 노력을 기울이고 있다. 운동화 산업에 있어 경쟁 우위를 결정짓는 요소로서 브랜드 인지도(brand recognition), 혁신(innovation), 디자인과 스타일(design and style), 가격(pricing), 유통경로(distribution channels), 고객 선호도(customer preferences), 서비스품질 등이 알려져 있다.

운동화 산업에 있어 선두 주자의 하나인 Nike는 상기에 언급된 주요 성공요인에 노력을 기울이는 것은 물론 정보시스템을 기반으로 개발된 맞춤형 주문 서비스 제공을 통하여 경쟁 우위를 확보하고자 노력하고 있다. Nike는 1999년에 업계 최초로 정보시스템 기반의 NIKEiD 프로그램을 소개하였다. NIKEiD 프로그램은 최초에는 고객들이 자사의 운동화를 맞춤 주문할 수 있는 온라인 플랫폼(platform)으로 개발되었다. 이 프로그램은 업계 최초로 고객들이 맞춤화된 운동화 주문이 가능하도록 하였으며, 이후 운동용 의류와 액세서리(accessories)를 맞춤 주문할 수 있도록 발전되었다. NIKEiD 프로그램은 2019년에 Nike By You라는 브랜드로 명명되었으며, 원래의 NIKEiD가 제공했던 것처럼 맞춤화와 개인화 주문 기능을 제공하고 있다.

NIKEiD(Nike By You) 프로그램은 정보기술과 정보시스템을 활용하여 고객들이 하나밖에 없는(one-of-a-kind) 디자인을 만들 수 있게 함으로써 자신의 개성과 스타일을 표현할 수 있도록 해준 고유하고 혁신적인 맞춤화 및 개인화 주문 서비스였다. NIKEiD 프로그램은 개인화되고 맞춤화된 나이키 제품으로 남들과 구별되는 것을 원하는 운동선수, 운동화에 열성적인 고객, 패션에 민감한 고객들에 커다란 호응을 얻었으며, Nike가 운동화 산업에서 기존 경쟁사와의 관계에서 커다란 경쟁 우위를 확보하는 데 많은 기여를 하였다고 알려져 있다.

UPS의 Package Tracking Service

UPS(United Parcel Service)는 미국의 시애틀에서 "best service and lowest rates"를 실현하고자 하는 창업정신을 바탕으로 한 소포 배달회사로서 1907년에 설립된 이래 꾸준한 성장을 통하여 오늘날 세계 최대의 육상 및 항공 소포 배달회사로 성장하였다. UPS는 고객서비스를 최우선시 하는 조직문화를 바탕으로 고객에게 보다 나은 서비스를 제공하고자 꾸준히 최신 정보기술에 대한 투자를 통한 업무 프로세스 개선을 추구하였다. 이러한 노력으로 인하여 UPS는 FedEx와 USPS(United States Postal Service), DHL 등과 같은 경쟁사의 강력한 도전에도 불구하고 소형 소포 배달서비스 업계에서 선두 기업으로서의 위상을 유지하고 있다.

UPS는 1990년에 DIAD(Delivery Information Acquisition Device) 도입을 시작으로 자사가 배달하는 소포를 전자적으로 추적·관리하기 시작하여, 소형 소포 배달서비스 업계 최초로 package tracking service를 제공하기 시작하였다. UPS는 자동화된 package tracking system을 통하여 소포를 배달하는 전 과정에 있어 소포들을 추적하고, 필요시 소포들을 다른 경로를 통하여 운송이 되도록 하였다. 구체적으로 UPS는 소포 배송 의뢰자로부터 수신자에 이러는 과정에 있어 여러 지점에서 바코드(bar code)기기를 사용하여 소포에 부착된 표식(label)에 있는 배송 정보를 추적하여 소포의 현 상태에 대한 정보를 중앙컴퓨터에 전송한다.

UPS에 소포 배달을 의뢰한 고객은 모바일 앱이나 UPS의 웹페이지를 방문하여 추적번호(tracking code)를 입력하면 자신이 운송을 부탁한 소포의 상태에 대하여 실시간으로 검색이 가능하게 됨으로써, 소포 배송과 관련된 궁금증을 해소할 수 있다. UPS는 정보기술과 정보시스템 기반의 package tracking service를 개발하여 경쟁사에는 없는 차별화되고 고유한 서비스를 추가 비용 부담 없이 고객에게 제공해 줌으로써 소형 소포 배달 업계에서 상당 기간 동안 경쟁 우위를 확보할 수 있었다. 나아가 UPS는 자사의 전 세계적 배송망을 효율적으로 관리할 수 있는 오랜 경험과 정보기술을 바탕으로 개발된 package tracking system을 접목시켜 다른 회사의 물류와 공급사슬관리 활동을 위한 서비스를 개발하고, 이를 새로운 수익 창출의 기회로 활용하고 있다.

2) 시장의 신규 진입자

새로운 경쟁자의 시장 진입이 용이할 때 신규 진입자의 위협이 증대되며, 반면에 시장 진입 장벽이 높을 때 신규 진입자의 출현 가능성은 낮다고 하겠다. 시장에 새로운 진입자의 출현 가능성을 효과적으로 낮출 수 있는 가장 효과적인 방법은 사업 아이템에 대한 법적인 보호를 받는 것이다. 예를 들면, 우리나라에서 이동통신서비스는 1984년에 상용화되기 시작하였으며, 한국전기통신공사법에 의하여 KT의 전신인 한국이동통신서비스주식회사가 독점적 지위를 가지게 되었다. 그리고 한국이동통신서비스가 1988년에 한국이동통신으로 사명을 변경한 후 1994년 공개입찰을 거쳐 SK의 전신인 선경그룹에 인수될 때까지 오랜 동안 이동통신 시장에서 독점적 지위를 누릴 수 있었다. 또한 기업은 시장 진입에 필요한 기술 또는 자본에 대한 장벽을 구축함으로써 신규 진입자의 출현을 효과적으로 억제할 수 있다. 예를 들면, 반도체 산업은 최첨단 기술과 천문학적인 자본금을 필요로 하는 사업이므로 신규 진입자의 출현이 쉽지 않은 좋은 예를 보여 준다. 반면에 커피숍, 요식업 같은 경우에는 시장 진입에 필요한 기술 또는 자본금이 상대적으로 적은 편이이서 신규 진입자의 출현이 용이하다고 하겠다.

법적인 보호를 통해 높은 진입 장벽을 구축하여, 금융서비스업에서 오랜 동안 독점적 지위를 누리면서 경쟁 우위를 확보할 수 있었던 좋은 예로서 정보기술과 정보시스템을 기반으로 하여 개발된 Merrill Lynch의 CMA(종합자산관리)서비스를 들 수 있다.

Merrill Lynch의 CMA(종합자산관리)서비스

금융자산가는 일반적으로 자신이 가지고 있는 금융자산의 수익성 향상을 위하여 상대적으로 높은 평균 연간 수익률(APY: annual percentage yield)을 낼 수 있는 금융상품에 투자하고자 한다. 미국을 예로 들면, 대부분의 금융자산가들은 전국 평균 연간 수익률이 약 0,47%인 전통적인 예금계좌의 연간 수익률에 만족할 수 없을 것이다. 따라서 이들 금융자산가들은 보다 높은 연간 수익률을 실현할 수 있는 금융상품을 찾게 되었고, Merrilly Lynch

는 이들의 욕구를 효과적으로 충족시켜 주고자 종합자산관리(CMA: cash management account)서비스를 개발하고 이를 금융상품화하여 출시하였다. Merrilly Lynch의 CMA서비스는 예금계좌에 비하여 최대 10배에서 15배까지의 평균 연간 수익률(APY)를 낼 수 있는 것으로 알려져 있다.

Merrill Lynch의 CMA서비스는 정보시스템을 기반으로 컴퓨터 프로그램화 된 종합자산관리 서비스로서 1997년에 소개되었다. CMA서비스가 금융 산업에 있어 새로운 경쟁 우위 원천으로서의 잠재적 가능성을 확인한 Merrill Lynch는 자사의 CMA서비스 응용소프트웨어(application software)에 대한 특허를 출원하여 7년 간 독점적 사용권한을 부여받았다. 이렇게 Merrill Lynch는 정보시스템을 기반으로 하는 새로운 금융서비스 상품을 개발하여 수익률이 높고 차별화 서비스를 제공함과 동시에 CMA서비스에 대한 법적 보호를 받음으로써 높은 진입 장벽을 구축할 수 있어 금융서비스 업계에서 오랜 동안 경쟁 우위를 확보할 수 있었다.

CMA서비스는 오늘날 지식경제사회에 있어 금융 산업의 지식을 활용하여 금융상품을 개발하는 데 있어 정보 정보기술과 정보시스템이 도움을 준 좋은 사례이다. 따라서 앞으로 다양한 산업에서 전문지식을 활용한 상품 및 서비스 개발에 있어 정보기술과 정보시스템이 효과적인 조력자 역할을 하여 기업이 경쟁 우위를 확보하는 데 커다란 도움을 줄 수 있을 것으로 기대된다.

3) 고객

시장에서 고객의 협상력(bargaining power)은 어떤 제품 또는 서비스에 대하여 지불해야 하는 가격에 영향을 미칠 수 있는 능력이라고 할 수 있다. 고객의 협상력에 영향을 미칠 수 요인으로서 고객의 수, 가격 민감도, 주문의 크기, 경쟁자들의 차별성, 대체재 또는 대체 서비스의 가용성 등을 꼽을 수 있다. 특정 산업에 있어 기업이 고유한 제품이나 서비스를 고객들에게 제공해줄 수 있다면 이는 기업의 고객에 대한 경쟁 우위 확보로 이어질 가능성이 높다고 하겠다.

정보기술과 정보시스템을 기반으로 하여 개발된 서비스를 기반으로 고객의 협상력을 약화시킴으로써 시장에서 경쟁 우위를 확보한 예로서 iTunes, Dell 컴퓨터, ATM서비스, UPS Package Tracking Service 등을 들 수 있다.

iTunes의 음원 서비스 및 유통 채널

오늘날 음반 산업은 과거와 비교하면 커다란 차이점을 보이고 있다. 과거에는 음반 산업에 있어 카세트테이프, CD 등이 음반가게를 통하여 유통되고 판매되었다. 하지만 Apple.com이 2001년에 iTunes 미디어 플랫폼을 소개한 이래, 음반 산업은 커다란 변화를 겪게 되었다. 초기의 iTunes 서비스는 매킨도시(Macintosh) 컴퓨터에서만 작동이 가능한 음악 플레이어였으나, 이후 보다 정교한 다매체(multimedia) 콘텐츠를 다룰 수 있는 서비스로 발전하였다. 이로 인하여 인터넷 접속이 가능하다면 소비자는 언제 어디서든지 자신이 원하는 음원을 다운로드 받을 수 있게 되었다. iTunes 서비스(또는 비즈니스모델)는 인터넷과 정보기술을 기반으로 하여 음반 산업에 있어 혁신적이고 비용 효율적인 유통채널이 가능하게 하였다, 나아가 애플이 iTunes 서비스를 iPod, iPhone, iPad 등과 연동이 가능하게 함으로써 애플의 정보기기를 사용하는 소비자에게 다양한 형태의 서비스를 제공하고 애플 정보기기를 사용하는 소비자의 제품 및 서비스 사용 경험을 향상시켰다.

과거에 카세트테이프나 CD에 여러 곡이 묶음으로 수록되어 판매가 이루어져 소비자는 별다른 선택의 여지없이 본인이 원하지 않는 음악도 살 수밖에 없었다. 하지만 iTunes 서비스와 같은 새로운 형태의 음원 서비스는 소비자가 자신이 원하는 음원만을 취사선택해서 구입하는 것이 가능하도록 하였다. 나아가 과거의 음반 유통방식과는 달리 iTunes는 자사의 웹페이지를 통하여 새로운 음악에 대한 음원서비스 정보를 소비자에게 보다 신속하게 알릴 수 있고, 소비자는 자신이 원하는 음악을 즉각적으로 즐길 수 있게 되었다. 이와 같이 애플은 유통 효율적이고 고객의 음원에 대한 선택권을 보장하며 차별화된 정보기술과 인터넷 기반의 혁신적인 음원서비스를 통하여 음반 산업의 유통 및 역학 구조에 근본적인 변화를 초래함으로써 경쟁 우위를 확보할 수 있었다. 나아가 애플은 iTunes서비스를 통하여 음반 산업을 획기적으로 변화시켰다고 할 수 있다.

Dell 컴퓨터의 고객 맞춤 주문 서비스

PC업계에서 델컴퓨터는 IBM과 같은 거대 기업에 비하면 상대적으로 후발 주자였지만, 1996년부터 온라인 PC 판매를 시작함으로써 전화 및 인터넷을 통한 PC 판매의 개척자가 되었다. 이때까지 기존의 주요 PC 제조회사들은 맞춤화가 아닌 기성품 PC를 전자제품 판매점을 통하여 유통하고 판매하는 build-to-stock방식을 채택하고 있었다. 이런 생산방식은 표준화된 PC의 대량생산에는 적합한 방식이지만, 전문화되고 차별화된 수요 특성을 가진

power user의 수요 특성을 충족시켜 주는 데는 효과적이지 못한 부분이 있다.

하지만 온라인 PC 판매에 주력하고 있던 델컴퓨터는 전통적인 PC 판매 모델이 아닌 인터넷과 정보시스템을 기반으로 하는 맞춤화된 PC 주문 서비스를 통한 build-to-order 주문 및 판매 방식을 개발하고 채택하였다. 이러한 주문 및 판매 방식은 특히 PC에 관심이 많고 이를 전문적으로 활용하는 power user 고객들에게 매력적인 PC 주문 방식으로 인식되었고, 경쟁사에서는 볼 수 없는 차별화된 맞춤주문 서비스를 제공할 수 있게 되어 델컴퓨터의 새로운 경쟁 우위의 원천 역할을 하였다. PC 맞춤 주문에 관심이 있는 고객은 델컴퓨터 웹사이트를 방문하여, 원하는 PC, laptop컴퓨터 등을 선택한 후, 자신이 원하는 그래픽카드, 메인 메모리(main memory), 스토리지(storage), 모니터, 색상 등을 선택하여 맞춤화된 주문을 할 수 있다. 결과적으로 델컴퓨터의 맞춤 주문 서비스는 power user 고객들이 자신들의 수요 특성을 효과적으로 충족시켜 줄 수 있는 PC 제품 구매를 가능하게 하여, 이들의 만족도를 향상시킬 수 있으며, 이들을 충성 고객 및 반복구매 고객으로 확보할 수 있도록 하였다.

또한 델컴퓨터의 정보시스템 기반의 맞춤 주문 서비스는 고객의 주문이 PC 조립 관련 업무 프로세스를 촉발시키는 PC 생산 방식으로서, 이론상으로는 델컴퓨터가 PC 완제품 재고를 가지고 있지 않는 것을 가능하게 하였다. 델컴퓨터의 맞춤 주문 서비스는 델컴퓨터가 PC 완제품 재고와 관련된 운영 비용을 획기적으로 줄여줄 수 있게 하였다. 이렇게 절약된 PC 완제품 및 운영 비용의 일정 부분은 델컴퓨터가 판매하는 제품의 가격에 반영될 수 있으며, 이는 델컴퓨터의 가격 경쟁력으로 이어질 수 있다. 이는 델컴퓨터가 저비용전략(low coat leadership)을 실행하는 데 매우 효과적이며, 궁극적으로 델컴퓨터가 시장에서 경쟁 우위를 확보하는 데도 도움을 줄 수 있었다.

Chemical Bank의 ATM서비스

전통적으로 금융기관, 특히 상업은행의 업무시간은 주 5일 월요일부터 금요일까지, 오전 9시부터 오후 5시까지였다. 따라서 은행을 이용하는 고객은 금요일 오후 5시 이후에는 금융거래를 할 수 없게 되어, 다음 주 월요일 은행 개장 시간까지 기다려야 하는 불편을 감수할 수밖에 없었다. 이러한 고객 불편함을 해소하기 위하여, Chemical Bank는 통신네트워크와 정보시스템을 기반으로 하는 ATM(automated teller machine)을 1962년 9월 2일에 미국 뉴욕 주의 Rockville Centre 지점에 설치하여 기본적인 금융거래가 주 7일 하루 24시간 가능하도록 하였다. ATM서비스의 출현은 금융소비자들이 주 7일 시간 제약을 받지 않고 금융거래를 할 수 있도록 하였다는 점에서 혁신적이고 편리한 새로운 형태의 금융서비스였다고 할 수 있다.

Chemical Bank가 처음 설치한 프로토타입(prototype) ATM은 정해진 일정 금액만을 인출할 수 있도록 만들어진 제한된 기능의 서비스였지만, 그 때까지 금융 산업에서 볼 수 없었던 새로운 형태의 금융서비스였다. Chemical Bank가 첫 ATM을 소개한 그 날, Chemical Bank는 "On September 2, 1969, our bank will open at 9:00 A.M., and never close again." 이라는 기념비적인 신문광고를 게재함으로써, 금융 산업에 있어 새로운 변화가 도래했음을 알리는 신호탄을 쏘아 올렸다고 할 수 있다.

Chemical Bank의 초기 ATM은 비록 제한된 유형의 금융거래만 가능하게 하였지만, 통신네트워크와 정보시스템을 기반으로 하는 새로운 유형의 금융서비스였다는 점에서 금융업계의 주목을 끌기에 충분하였다. 그리고 이는 오늘날 일반적으로 금융소비자들이 편리하게 언제 어디서나 사용하고 있는 온라인 뱅킹서비스나 모바일 뱅킹서비스의 기초를 놓았다고 할 수 있다.

Chemical Bank는 업계 최초로 ATM서비스를 제공함으로써 고객들이 보다 편리하게 금융거래를 할 수 있도록 하여 고객의 만족도를 향상시켰다. 그리고 금융업계에서 Chemical Bank만이 유일하게 ATM서비스를 제공하였기 때문에 주 7일 하루 24시간 금융거래를 원하는 고객과의 관계에 있어 Chemical Bank는 보다 많은 협상력을 확보할 수 있었다.

UPS의 Package Tracking Service

UPS(United Parcel Service)는 미국의 시애틀에서 "best service and lowest rates"를 실현하고자 하는 창업정신을 바탕으로 한 소포 배달회사로서 1907년에 설립된 이래 꾸준한 성장을 통하여 오늘날 세계 최대의 육상 및 항공 소포 배달회사로 성장하였다. UPS는 고객서비스를 최우선시 하는 조직문화를 바탕으로 고객에게 보다 나은 서비스를 제공하고자 꾸준히 최신 정보기술에 대한 투자를 통한 업무 프로세스 개선을 추구하였다. 이러한 노력으로 인하여 UPS는 FedEx와 USPS(United States Postal Service), DHL 등과 같은 경쟁사의 강력한 도전에도 불구하고 소형 소포 배달서비스 업계에서 선구 기업으로서의 위상을 유지하고 있다.

UPS는 1990년에 DIAD(Delivery Information Acquisition Device) 도입을 시작으로 자사가 배달하는 소포를 전자적으로 추적·관리하기 시작하여, 소형 소포 배달서비스 업계 최초로 package tracking service를 제공하기 시작하였다. UPS는 자동화된 package tracking system을 통하여 소포를 배달하는 전 과정에 있어 소포들을 추적하고, 필요 시 소포들을 다른 경로를 통하여 운송이 되도록 하였다. 구체적으로 UPS는 소포 배송 의뢰자로부터 수신자에 이러는 과정에 있어 여러 지점에서 바코드(bar code)기기를 사용하여 소포에 부착된 표식(label)에 있는 배송 정보를 추적하여 소포의 현 상태에 대한 정보를 중앙컴퓨터에 전송한다.

UPS에 소포 배달을 의뢰한 고객은 모바일 앱이나 UPS의 웹페이지를 방문하여 추적번호(tracking code)를 입력하면 자신이 운송을 부탁한 소포의 상태에 대하여 실시간으로 검색이 가능하게 됨으로써, 소포 배송과 관련된 궁금증을 해소할 수 있다. UPS는 업계 최초로 package tracking service를 제공함으로써, 운송을 의뢰한 소포의 상태에 대한 정보를 알고자 하는 고객과의 관계에 있어 보다 많은 협상력을 얻을 수 있으며 이는 결국 UPS가 경쟁 우위를 확보하는 데 도움을 주었다.

4) 대체재 또는 대체 서비스

특정 제품 또는 서비스에 대한 대안이 많이 있을 경우, 대체재 또는 대체 서비스의 위협이 높다고 할 수 있으며, 반대로 특정 제품 또는 서비스에 대한 대안이 없거나 적을 경우 대체재 또는 대체 서비스의 위협이 낮다고 할 수 있다. 일반적으로 기업은 자사가 제공하는 제품 또는 서비스의 대체 가능성이 낮은 시장에서 사업을 할 수 있다면 매우 이상적이라고 할 수 있다. 나아가 이런 환경에서 기업이 사업을 할 수 있다면 이는 경쟁 우위 확보로 이어질 수 있을 가능성이 높다고 하겠다.

정보기술과 정보시스템을 기반으로 하여 개발된 서비스를 가지고 대체재 또는 대체 서비스 출현 가능성을 일정 기간 동안 낮춤으로써 시장에서 경쟁 우위를 확보한 예로서 ATM 서비스, Merrill Lynch의 CMA서비스, 홈트레이딩서비스(HTS) 등을 들 수 있다.

Chemical Bank의 ATM서비스

전통적으로 금융기관, 특히 상업은행의 업무시간은 주 5일 월요일부터 금요일까지, 오전 9시부터 오후 5시까지였다. 따라서 은행을 이용하는 고객은 금요일 오후 5시 이후에는 금융거래를 할 수 없게 되어, 다음 주 월요일 은행 개장 시간까지 기다려야 하는 불편을 감수할 수밖에 없었다. 이러한 고객 불편함을 해소하기 위하여, Chemical Bank는 통신네트워크와 정보시스템을 기반으로 하는 ATM(automated teller machine)을 1962년 9월 2일에 미국 뉴욕 주의 Rockville Centre 지점에 설치하여 기본적인 금융거래가 주 7일 하루 24시간 가능하도록 하였다. ATM서비스의 출현은 금융소비자들이 주 7일 하루 24시간 제약을 받지 않고 금융거래를 할 수 있도록 하였다는 점에서 혁신적이고 편리한 새로운 형태의 금융서비스였다고 할 수 있다.

Chemical Bank가 처음 설치한 프로토타입(prototype) ATM은 정해진 일정 금액만을 인출할 수 있도록 만들어진 제한된 기능의 서비스였지만, 그 때까지 금융 산업에서 볼 수 없었던 새로운 형태의 금융서비스였다. Chemical Bank가 첫 ATM을 소개한 그 날, Chemical Bank는 "On September 2, 1969, our bank will open at 9:00 A.M., and never close again."이라는 기념비적인 신문광고를 게재함으로써, 금융 산업에 있어 새로운 변화가 도래했음을 알리는 신호탄을 쏘아 올렸다고 할 수 있다.

Chemical Bank의 초기 ATM서비스는 비록 제한된 유형의 금융 거래만 가능하게 하였지만, 통신네트워크와 정보시스템을 기반으로 하는 새로운 유형의 금융서비스였다는 점에서 금융업계의 주목을 끌기에 충분하였다. 그리고 이는 오늘날 일반적으로 금융소비자들이 편리하게 언제 어디서나 사용하고 있는 온라인 뱅킹서비스나 모바일 뱅킹서비스의 기초 역할을 했다고 할 수 있다. Chemical Bank의 ATM서비스는 경쟁사 어디에서도 찾아볼 수 없는 대체 불가하고 편리하게 금융 거래를 가능하게 한 혁신적이고 창조적인 서비스로서 Chemical Bank에게 상당 기간 동안 경쟁 우위를 가져다주었다.

Merrill Lynch의 CMA(종합자산관리)서비스

금융자산가는 일반적으로 자신이 가지고 있는 금융자산의 수익성 향상을 위하여 상대적으로 높은 평균 연간 수익률(APY: annual percentage yield)을 낼 수 있는 금융상품에 투자하고자 한다. 미국을 예로 들면, 대부분의 금융자산가들은 전국 평균 연간 수익률이 약 0.47%인 전통적인 예금계좌의 연간 수익률에 만족할 수 없을 것이다. 따라서 이들 금융자산가들은 보다 높은 연간 수익률을 실현할 수 있는 금융상품을 찾게 되었고, Merrill Lynch는 이들의 욕구를 효과적으로 충족시켜 주고자 정보기술과 정보시스템 기반의 종합자산관리(CMA: cash management account)서비스를 개발하고 이를 금융상품화하여 출시하였다. Merrilly Lynch의 CMA서비스는 예금계좌에 비하여 최대 10배에서 15배까지의 평균 연간 수익률(APY)를 낼 수 있는 것으로 알려져 있다.

Merrill Lynch의 CMA서비스는 정보시스템을 기반으로 컴퓨터 프로그램화 된 종합자산관리 서비스로서 1997년에 소개되었다. CMA서비스가 금융 산업에 있어 새로운 경쟁 우위의 원천으로서의 잠재적 가능성을 확인한 Merrill Lynch는 자사의 CMA서비스 응용소프트웨어(application software)에 대한 특허를 출원하여 7년 간 독점적 사용권한을 부여받았다. 이렇게 정보시스템을 기반으로 하는 새로운 금융서비스 상품을 개발하여 수익률이 높고 차별화 서비스를 제공함으로써 경쟁 우위를 확보할 수 있었다.

CMA서비스는 오늘날 지식경제사회에 있어 금융 산업의 지식을 활용하여 금융상품을 개발하는 데 있어 정보 정보기술과 정보시스템이 도움을 준 좋은 사례이다. 따라서 앞으로 다양한 산업에서 전문지식을 활용한 상품 및 서비스 개발에 있어 정보기술과 정보시스템이 훌륭한 조력자 역할을 할 수 있을 것으로 기대된다. Merrill Lynch의 CMA서비스는 특허 출원으로 인한 법적인 보호를 통해 7년 동안 독점적 지위를 보장 받음으로써 대체 서비스의 출현 가능성을 원천적으로 차단하여 금융서비스 업계에서 경쟁 우위를 확보할 수 있었다.

Etrade의 Home Trading Service

ETrade는 주식 거래에 있어 홈트레이딩 서비스를 제공한 최초의 회사로 알려져 있다. ETrade는 온라인 거래 플랫폼을 기반으로 하는 홈트레이딩 시스템(HTS: home trading system)을 1982년에 구축하여 개인 투자자가 개인용 컴퓨터를 통해 집에서 편안하게 주식을 거래할 수 있는 서비스를 제공하기 시작하였다. ETrade가 소개한 새로운 형태의 주식거래 서비스는 주식 중개 산업에 혁명을 일으켰고, 더 많은 사람들이 주식 거래에 더 쉽게 접근할 수 있게 하였으며, 이는 휴대전화와 같은 모바일기기를 이용하는 모바일트레이딩 서비스(mobile trading service)로 발전되었다. 이제 홈트레이딩 서비스와 모바일트레이딩 서비스는 일반화된 온라인 중개서비스(online brokerage service) 형식으로 자리 잡고 있다.

증권회사에서 홈트레이딩 서비스를 제공하기 전에는 일반적으로 주식 매매를 원하는 개인투자자는 증권사 지점의 객장을 방문하여 전광판에 게시되는 주식 가격에 대한 정보 등을 확인한 후, 지점의 직원에게 주식 매매를 의뢰함으로써 주식을 거래하였다. 또한 일부 개인투자자는 증권사 지점에 전화를 하여 주식 매매를 의뢰하여 주식을 거래하였다. 이러한 주식 매매 방식은 증권사 지점의 직원이라는 중간 매개체를 통하여만 주식 거래가 가능하게 되어, 주식거래에 있어서 상대적으로 많은 시간이 소요되었다. 이로 인해 한국의 주식시장(특히 KOSDAQ)과 같이 주가의 변동 폭이 상대적으로 커고, 수시로 변하는 환경에서는 적절한 시점에 개인투자자가 주식 매매를 하는 것이 쉽지 않다. 이는 때로는 개인투자자의 의사결정의 질을 떨어뜨림으로써, 개인투자자의 손실로 이어질 수 있다. 하지만 증권사가 제공하는 온라인 거래 플랫폼(프로그램)인 홈트레이딩과 모바일트레이딩 서비스를 이용하는 개인투자자는 중간 매개체(증권사 직원)를 통하지 않고 실시간으로 주가의 변동 및 변동 추이 등에 관한 정보를 실시간으로 접할 수 있다. 이렇게 제공된 주식과 관련된 각종 실시간 정보를 참고하여 개인투자자는 과거보다 더욱 신속하게 주가 변동에 대처할 수 있고, 나아가 주식 매매에 대한 의사결정을 스스로 할 수 있게 되었다. 많은 경우에 이는 개인투자자가 보다 나은 의사결정 결과를 기대할 수 있도록 한다.

국내에서는 삼성증권이 최초로 홈트레이딩 서비스를 소개하였다. 삼성증권은 1999년에 개인투자자들이 인터넷을 통해 집에서 주식을 거래할 수 있는 온라인 거래 플랫폼 서비스를 제공하기 시작하였다. 당시에 이러한 삼성증권의 움직임은 한국 주식 시장에서 중요한 발전으로 인식되었으며, 개인투자자들이 주식거래에 더 쉽게 접근하고 편리하게 주식매매를 할 수 있게 하였다. 또한 키움증권은 국내 최초의 온라인 종합증권사로서 전통적인 증권회사와는 달리 오프라인 지점을 개설하지 않고 전적으로 정보기술과 정보시스템을 기반으로 하는 온라인 주식거래 플랫폼 서비스를 제공하고 있다. 키움증권은 오프라인 지점을 개설하지 않음으로 인해 증권사의 운용비용을 획기적으로 줄일 수 있었으며, 이에 따라 타 증권회사에 비하여 주식거래 수수료에 대한 경쟁력을 확보 할 수 있었다. 이렇듯 오프라인 지점 없이 정보기술과 정보시스템을 기반으로 하는 온라인 주식거래 플랫폼 서비스를 제공함으로 가능케 된 키움증권의 저비용 사업구조와 국내 최대의 온라인 고객을 바탕으로 키움증권은 17년 동안 주식위탁매매 시장점유율 1위를 유지하고 있다고 한다.

홈트레이딩 서비스와 모바일트레이딩 서비스는 경쟁사가 쉽게 모방할 수 있는 응용프로그램으로서 대체 서비스의 출현이 가능하지만 이런 서비스를 제공하는 데 필요한 온라인 거래 플랫폼을 개발하는 데는 상당 기간이 필요하다. 따라서 최초로 이와 같은 서비스를 제공한 회사는 후발 주자들이 온라인 거래 플랫폼을 개발하고 주식 거래 서비스를 제공하기까지 경쟁 우위를 누릴 수 있었다.

2. 가치사슬모델과 정보시스템을 활용한 경쟁 우위 확보

포터(Michael Porter)의 가치사슬모델은 기업은 여러 가지 활동으로 이루어져 있으며, 이들 활동이 기업이 생산·제공하는 제품이나 서비스에 가치를 증대시킨다고 설명하고 있다. 가치사슬모델은 기업의 활동들을 분석하여 어떻게 하면 고객을 위한 최대의 가치를 창출할 수 있을까를 결정하는 데 도움을 줄 수 있는 유용한 도구이다. 즉 가치사슬분석의 목적은 고객을 위한 가치를 창출하고, 기업이 경쟁 우위를 확보하는 데 도움을 줄 수 있는 기업 활동을 확인하는 것이다. 나아가 기업은 가치사슬분석을 통하여 확인된 가치 창출에 기여할 수 있는 활동에 정보기술과 정보시스템의 활용 가능성을 찾을 수 있는 기회를 엿볼 수 있다.

가치사슬모델은 기업의 활동들을 본원적 활동과 지원적 활동으로 구분하고 있다. 본원적 활동으로 유입물류, 생산 및 제조, 산출물류, 마케팅 및 판매, 판매 후 서비스가 있으며, 지원적 활동으로 구매, 연구 및 개발, 인적자원관리, 일반 관리 및 경영활동이 있다. 아래에 가치사슬을 구성하고 있는 활동에 정보기술과 정보시스템을 활용하여 효과적으로 고객 가치를 창출하고, 기업의 경쟁력을 향상시킨 사례들을 소개한다.

1) A/S 활동

판매 후 서비스는 제품 또는 서비스를 판매한 후 콜센터 등을 통한 고객 지원 활동을 의미한다. 아래의 사례들은 정보기술과 정보시스템을 활용하여 판매 후 서비스 및 고객관계관리를 효과적으로 하여 기업의 경쟁 우위를 확보한 기업들을 보여 주고 있다.

UPS의 Package Tracking Service

UPS(United Parcel Service)는 미국의 시애틀에서 "best service and lowest rates"를 실현하고자 하는 창업정신을 바탕으로 한 소포 배달회사로서 1907년에 설립된 이래 꾸준한 성장을 통하여 오늘날 세계 최대의 육상 및 항공 소포 배달회사로 성장하였다. UPS는 고객서비스를 최우선시 하는 조직문화를 바탕으로 고객에게 보다 나은 서비스를 제공하고자 꾸준히 최신 정보기술에 대한 투자를 통한 업무 프로세스 개선을 추구하였다. 이러한 노력으로 인하여 UPS는 FedEx와 USPS(United States Postal Service), DHL 등과 같은 경쟁사의 강력한 도전에도 불구하고 소형 소포 배달서비스 업계에서 선구 기업으로서의 위상을 유지하고 있다.

UPS는 1990년에 DIAD(Delivery Information Acquisition Device) 도입을 시작으로 자사가 배달하는 소포를 전자적으로 추적·관리하기 시작하여, 소형 소포 배달서비스 업계 최초로 package tracking service를 제공하기 시작하였다. UPS는 자동화된 package tracking system을 통하여 소포를 배달하는 전 과정에 있어 소포들을 추적하고, 필요시 소포들을 다른 경로를 통하여 운송이 되도록 하였다. 구체적으로 UPS는 소포 배송 의뢰자로부터 수신자에 이러는 과정에 있어 여러 지점에서 바코드(bar code)기기를 사용하여 소포에 부착된 표식(label)에 있는 배송 정보를 추적하여 소포의 현 상태에 대한 정보를 중앙컴퓨터에 전송한다.

UPS에 소포 배달을 의뢰한 고객은 모바일 앱이나 UPS의 웹페이지를 방문하여 추적번호(tracking code)를 입력하면 자신이 운송을 부탁한 소포의 상태에 대하여 실시간으로 검색이 가능하게 됨으로써, 소포 배송과 관련된 궁금증을 해소할 수 있다. 이와 같이 UPS는 추가적인 요금을 부과하지 않고 고객에게 실시간으로 소포 추적 정보를 제공함으로써, 고객들이 UPS의 서비스에 대한 만족감을 높일 수 있었다. 이렇게 차별화된 서비스 제공을 통해 형성된 고객과의 친밀감과 서비스에 대한 만족감 제고는 이들 고객이 충성 고객이 되도록 하여 반복적으로 UPS의 서비스를 이용하게 만들 수 있다. 반복해서 UPS의 서비스를 이용하는 고객 수의 증가는 결과적으로 UPS의 시장점유율 확대를 의미하며, 이는 UPS가 소포 배달 업계에서 경쟁 우위를 확보할 수 있게 한다.

Celcom의 고객관계관리 시스템

Celcom Axiata Berhad(Celcom)은 말레이시아에서 가장 오래되고 규모가 큰 이동통신 회사로서 품질과 신뢰도에 있어 경쟁사가 없을 정도였다. 그럼에도 불구하고 Celcom은 경쟁 우위를 유지하는 데 어려움을 겪고 있었다. 2016년에 Celcom은 말레이시아 이동통신 업계에서 3위로 추락하게 되었으며, 손실을 기록하였다. 이 때 이후, Celcom은 회사의 상황을 반전시키기 위해 열정적으로 노력한 결과, 업계 1위를 탈환할 수 있었다. 이런 결과를 얻기까지 새로운 최고경영자 선임, 조직문화의 변화, 고객 경험을 관리하기 위한 새로운 기술과 업무과정을 포함하여 사업에 있어 커다란 변화가 요구되었다.

말레이시아 시장에서 또다시 최고 이동통신사가 되기 위하여 보다 나은 통신망과 마케팅을 더욱 공격적으로 했어야 하지만, 성공을 위해 진짜 중요한 요소는 고객 경험 향상에 있다는 것을 Celcom의 최고경영층 깨닫게 되었다. Celcom의 최고운영자는 가격 경쟁에서 Celcom을 이길 수 있고, 혁신에서 앞서 갈 수 있는 경쟁사는 항상 존재할 수 있다는 것을 알고 있었다. 하지만 최고운영자는 Celcom이 강하고 긍정적인 고객과의 관계를 형성한다면 경쟁사가 이를 쉽게 붕괴시킬 수 없다고 주장하였다. 고객과 이런 관계를 형성하는 것이야말로 시장에서 Celcom을 가장 차별화할 수 있는 요소라고 Celcom은 믿고 있었다.

말레이시아의 이동통신 시장은 아주 성숙한 단계에 진입하여서, 신규 고객을 확보할 수 있는 기회가 그리 많지 않다. 경쟁사로부터 고객을 유인하는 것과 마찬가지로, 기존의 고객을 유지하는 것이 필수적이라 하겠다. 약 1,400만 명에 달하는 말레이시아의 고객 기반은 크고 다양해서, 고객과 상호작용하는 데 있어 다양한 접근 방식이 요구된다. 수준 높은 젊은 도시 고객은 비즈니스를 온라인으로 하는 것을 선호하는 반면에, 나이 든 고객들은 Celcom의 특약점(dealership)이나 소매판매점으로부터 대면서비스(in-person service)를 선호한다. 모든 고객이 신뢰할 수 있는 이동통신 서비스를 원한다.

Skype, Google. Netflix와 같은 회사들이 다양한 통신 네트워크와 기기를 통하여 서비스를 제공하게 됨에 따라 전통적인 통신서비스 청구서 작성 방식에 혼란을 초래하게 되었다. Celcom이 데이터서비스에 있어 최고의 회사가 되기 위해서는 이런 새로운 데이터서비스 회사들과 협력할 수 있는 전사적 시스템(enterprise system)을 구축하는 것이 필요했다.

Celcom은 완전한 고객 관점을 제공해 주지 못하는 독립적인 정보기술 기반시설(siloed technology architecture)과 업무 프로세스를 가지고 있어서 이러한 문제들을 효과적으로 해결할 수 없었다. 예를 들면, 청구서 작성 관련 시스템에 있는 고객 데이터는 재고관리시스템이 쉽게 접근할 수 없었다. 통신회사들이 전통적으로 SIM(subscriber identity module) ID를 확인하여 고객 수를 계산하였기 때문에 이런 문제는 이동통신회사가 가지고 있는 공통적인 문제였다. 하지만 많은 고객들이 개인용과 업무용으로 복수의 기기와 SIM을 사용하고 있었다. Celcom은 고객의 SIM을 사용하는 것 대신에, 개별 고객을 확인하고 서비스를 제공할 수 있는 시스템이 필요하게 되었다. 그렇지 않으면 Celcom의 서비스 직원이 시스템의 여러 기록에 산재되어 있는 개별 고객의 복수의 SIM ID를 이해하기 위해서 회사와 고객의 소중한 시간을 낭비할 수밖에 없었다. 따라서 Celcom은 개별 고객을 SIM이나 번호가 아닌 특정인으로 식별할 수 있기를 원했다.

Celcom에게 있어 고객은 이동통신 사용자뿐만 아니라 특판점과 재판매업자를 포함하고 있다. Celcom은 휴대용 기기 판매 및 개통과 같은 많은 직접 고객서비스를 제공하는 거의 30,000명의 채널 파트너를 가지고 있었다. 기술과 업무 프로세스의 어떠한 변화도 Celcom 파트너뿐만 아니라 Celcom 자체 고객의 경험 향상을 수반하여만 하였다.

Celcom은 문제를 해결하기 위하여 자사의 기술, 프로세스, 사람에 변화를 주기로 하였다. 문제 해결책의 핵심은 고객 데이터를 통합하고, 중앙 집중적 재고관리, 업무 프로세스를 신속하게 해주는 오라클(Oracle) 기반의 비즈니스 지원시스템(BSS: business support system)을 구축하는 것이었다. 이 시스템을 구축하는 팀은 다음과 같은 두 가지 질문을 하면서 프로젝트를 시작하게 되었다. Celcom의 비즈니스 사용자가 BSS로부터 무엇을 필요로 하는가? 어떠한 경험을 BSS는 Celcom의 고객들에게 제공해 주어야 하는가? 프로젝트 팀은 빠른 개통, 적은 양의 서류 작성, 최고 인기 있는 전화기의 상시 재고 보유와 같은 사용자와 특약점이 최우선적으로 원하는 열 가지 사항을 작성하기 위하여 약 700명의 고객서비스, 소매 판매, 마케팅, 기타 부서 직원들에게 질문을 하였다. BSS 전환 팀은 이들 열 가지 요구사항에 근거하여 기술적, 비즈니스 업무 프로세스 요구사항을 작성하였고, 다수의 공급업자가 제시한 제품들을 비교하였다. Celcom은 새로운 고객경험관리시스템을 위한 주요 기술 제공자로 오라클을 선정하였다. Celcom은 다중 채널과 교차 마케팅을 지원할 수 있는 가장 완벽한 고객관계관리 도구를 원하였다.

Oracle Communication 모듈은 Celcom과 같은 통신서비스 회사가 다중 채널에 걸쳐 고객 지원을 향상시키고, 문제해결 시간을 단축하고, 특정 고객 군에 대한 마케팅을 맞춤화하고, 새로운 제품과 서비스 출시 시간을 단축하기 위한 고객 상호작용을 관리하고 통합하고자 하는 것을 도울 수 있다. Celcom은 교차채널 고객 경험의 중요성을 인식하고 있으며, 이를 경쟁사와 차별화하는 데 사용하기를 원했다. Celcom의 새로운 시스템은 고객 상호작용이 소매 판매점, 온라인 매장, 콜센터, 파트너와 특약점을 원활히 넘나들 수 있도록 해주었다.

Celcom은 BSS 구축으로 가능해진 통일되고 통합된 고객 기록을 바탕으로 교차마케팅과 상향판매가 가능해졌으며, 통합된 고객 프로파일을 바탕으로 고객의 질문에 과거에 비해 훨씬 신속하게 답을 할 수 있게 되었다. 이는 업무 효율의 향상뿐 아니라 고객서비스 품질 향상을 의미하는 것이며, 고객의 만족도 향상으로 이어질 수 있다. 또한 BSS의 효과로서 고객이 서류 작성 없이 새로운 휴대전화 신청이 가능하게 되었으며, 신규 전화 개통 시간을 2시간에서 2분으로 획기적으로 단축시킬 수 있었다. 이런 고객서비스 개선은 Celcom의 특약점과 고객의 서비스에 대한 만족도 향상으로 이어졌으며, 이는 Celcom이 고객과의 관계를 보다 친밀하게 형성하고 결과적으로 시장에서 Celcom이 경쟁 우위를 확보하는 데 도움이 되었다. 나아가 Celcom은 BSS로 인해 특약점에 한 달에 한 번씩 지급하던 수수료를 보다 빈번하게 지급할 수 있게 됨으로써 경쟁사로부터 시장점유율을 빼어올 수 있을 것으로 기대한다.

Big Data 분석을 통한 Rugby 경기 데이터서비스 제공

Rugby Football Union(RFU)는 21개의 English club에 의해 1871년에 설립되었으며, Premier Rugby Limited와 공동으로 영국 국가대표 팀(English Rugby)을 관리하는 행정기관이다. RFU는 모든 등급의 럭비 홍보에 책임을 지고 있으며, 비공식적이지만 영국, 스코틀랜드, 웨일스, 이탈리아, 아일랜드, 프랑스를 포함하는 북반구 6개국 국가대항 선수권대회(the Six Nations Championship)와 이들 국가의 클럽 선수권대회인 Heineken Cup을 주최하고 있다. 회원 구단주들이 소유하고 있는 RFU의 사명(mission)은 각종 경기와 세미나를 준비하는 60,000명 이상의 자원봉사자를 지원하고, 융자 신청 및 보험 구매, 모금행사, 보조금 신청서 작성, 의료 상담 및 지원을 도와주고, 구단의 현장 운영이 원활하도록 하는 사무직 업무가 잘 수행될 수 있도록 하기 위하여 국제경기 관람권과 자판기 판매 수입을 극대화하는 것이다.

이 같이 복잡한 사명을 성공적으로 수행하기 위한 노력의 일환으로 RFU는 팬과 선수 모두에게 유익할 수 있는 Big Data를 수집하고 분석하기 위하여 IBM과 5년간 계약을 체결하였다. 이 계약으로 인해 RFU가 사용하게 될 IBM의 시스템은 TryTracker라고 불린다. 럭비 경기는 8명의 선수가 스크럼(scrum)을 짜서 상대팀 8명의 선수를 밀어내기 경쟁에서 이기면 공의 점유권을 갖게 된다. 럭비에서 트라이(a try)가 가장 많은 점수를 얻을 수 있는 기회로서 5점을 얻게 된다.

IBM TryTracker는 단지 트라이만을 추적하고 기록하는 것이 아니다. IBM TryTracker는 세 가지 유형의 데이터인 경기의 핵심 요인, 경기의 주요 순간, 핵심 선수에 대한 데이터를 추적하고 기록하기 위하여 예측 분석시스템을 사용한다. TryTracker는 8,000개 이상의 경기 성과 관련 데이터를 사용한다. 팀과 개별 선수에 대한 전통적인 럭비 통계 수치뿐만 아니라 실시간 문자 해설이 TryTracker가 수집한 데이터를 보완해 주는 역할을 한다. 두 팀 간의 경기에 대한 과거 데이터를 분석하여 특정 경기에 앞서 이 경기의 주요 관전 포인트가 무엇인지 결정한다. 예를 들면, 2015년 경기에서 영국 팀의 주요 포인트는 공을 가지고 공격할 때 평균 3.2미터 이상 전진하였으며, 상대팀의 태클을 10% 저지하였고, 경기에서 66퍼센트 이상 수비선 돌파한 것이었다. 팬들은 모바일 기기를 사용하여 자기 팀이 어떻게 경기를 진행하고 있는지 추적할 수 있게 하여, 자기 팀이 경기에서 승리할 가능성을 높일 수 있는 경기적인 요인에 집중할 수 있게 한다. 매 경기 후, 각종 포지션에 대해 다른 기준을 적용하여 작성된 점수를 비교하여 팀별로 주요 선수를 선발하게 된다.

TryTracker의 목표는 데이터의 시각화와 실시간으로 경기 관련 데이터를 제공함으로써 팬들을 럭비 경기로 끌어들이는 것이다. 축구의 Premier League와 같이 상대적으로 더욱 인기 있는 운동 경기와 경쟁하기 위하여 RFU는 TryTracker와 같은 시스템을 통한 팬과의 향상된 의사소통이 팬들의 경기에 대한 몰입도를 높일 수 있기를 기대한다. 팬들의 경기 이해력과 자기 팀이 우세한 경기를 펼치기 위해 무엇이 필요한지를 알고자 하는 정서적 투자가 증대됨에 따라, 이따금씩 경기를 관람하는 팬이 반복적으로 경기를 관람하는 열성팬으로 변할 수 있을 것이다. 마케팅 전략을 넘어, 예측 분석의 장기적인 잠재력은 선수와 코치들이 경기력을 향상시킬 수 있는 전술적인 통찰력 제공과 더불어 팬들에게 보다 재미있는 경기를 보여 줄 수 있을 것이다.

RFU는 정보기술과 정보시스템을 기반으로 실시간으로 경기 관련 데이터를 팬들에게 제공함으로써 팬들의 경기 몰입도 향상을 기대할 수 있을 것이다. 또한 팬들의 럭비풋볼 경기에 대한 향상된 몰입도는 RFU와 팬들이 보다 친밀한 관계를 형성하는 데 도움을 주었다. 나아가 팬들과의 보다 친밀한 관계는 RFU가 프로스포츠에서 프리미어리그에 비하여 상대적으로 열세에 놓인 위상을 향상시키는 데 기여하여 RFU의 경쟁력 강화에 기여할 것으로 기대된다.

2) 마케팅 및 판매 활동

마케팅 및 판매 활동은 제품 또는 서비스의 판매를 촉진하기 위한 제반 활동과 판매와 직접 관련 있는 활동을 의미한다. 아래의 사례들은 정보기술과 정보시스템을 활용하여 마케팅 및 판매 활동을 효과적으로 하여 기업의 경쟁 우위를 확보한 기업들을 보여 주고 있다.

NIKEiD(Nike By You)의 운동화 맞춤 주문 서비스

운동화 산업(sport shoes industry)은 건강에 대한 인식 증대, 건강 활동(fitness

activities) 참여 증가, 패션 트렌드를 반영한 운동과 여가(athleisure)활동을 위한 의류 등의 요소로 인해 꾸준히 성장하고 있다. 운동화 산업의 규모가 꾸준히 증가함에 따라 업체들 간 경쟁 또한 매우 심화되고 있는 것으로 알려져 있다. 이를 잘 반영하듯, 운동화 산업에 있어 Nike, Adidas, NB(New Balance), Reebok 등 주요 회사들이 시장점유율을 높이기 위해 다양한 방법을 사용하여 지속적으로 치열한 경쟁을 벌이고 있다.

상기와 같이 꾸준히 성장하고 역동적이며 경쟁이 심한 산업에서 기업들은 경쟁 우위를 유지하기 위하여 지속적으로 혁신적인 제품을 개발하고, 변화하는 고객의 추세(preferences)에 대응하고자 노력을 기울이고 있다. 운동화 산업에 있어 경쟁 우위를 결정짓는 요소로서 브랜드 인지도(brand recognition), 혁신(innovation), 디자인과 스타일(design and style), 가격(pricing), 유통경로(distribution channels), 고객 선호도(customer preferences), 서비스품질 등이 알려져 있다.

운동화 산업에 있어 선두 주자의 하나인 Nike는 상기에 언급된 주요 성공요인에 노력을 기울이는 것은 물론 정보시스템을 기반으로 개발된 차별화된 주문 서비스 제공을 통하여 경쟁 우위를 확보하고자 노력하고 있다. Nike는 1999년에 업계 최초로 정보시스템 기반의 NIKEiD 프로그램을 소개하였다. NIKEiD 프로그램은 최초에는 고객들이 자사의 운동화를 맞춤 주문할 수 있는 온라인 플랫폼(platform)으로 개발되었다. 이 프로그램은 업계 최초로 고객들이 맞춤화된 운동화 주문이 가능하도록 하였으며, 이후 운동용 의류와 액세서리(accessories)를 맞춤 주문할 수 있도록 발전되었다. NIKEiD 프로그램은 2019년에 Nike By You라는 브랜드로 명명되었으며, 원래의 NIKEiD가 제공했던 것처럼 맞춤화와 개인화 주문 기능을 제공하고 있다.

NIKEiD(Nike By You) 프로그램은 정보기술과 정보시스템을 활용하여 고객들이 하나밖에 없는(one-of-a-kind) 디자인을 만들 수 있게 함으로써 자신의 개성과 스타일을 표현할 수 있도록 해준 고유하고 혁신적인 맞춤화 및 개인화 주문 서비스였다. NIKEiD 프로그램은 개인화되고 맞춤화된 나이키 제품으로 남들과 구별되는 것을 원하는 운동선수, 운동화에 열성적인 고객, 패션에 민감한 고객들에 커다란 호응을 얻었으며, Nike가 운동화 산업에서 경쟁 우위를 확보하는 데 많은 기여를 하였다고 알려져 있다. 결과적으로 Nike는 정보기술과 정보시스템을 기반으로 하는 차별화된 맞춤 주문 서비스 제공을 통해 판매를 촉진하고 업계 선두 기업으로서의 위상을 공고히 함과 동시에 자신의 개성 표현을 중시하는 젊은 고객층을 보다 효과적으로 유인함으로써 경쟁 우위를 유지할 수 있었다.

Dell 컴퓨터의 고객 맞춤 주문 서비스

PC업계에서 델컴퓨터는 IBM과 같은 거대 기업에 비하면 상대적으로 후발주자였지만, 1996년부터 온라인 PC 판매를 시작함으로써 전화 및 인터넷을 통한 PC 판매의 개척자가 되었다. 이때까지 기존의 주요 PC 제조회사들은 맞춤화가 아닌 기성품 PC를 전자제품 판매점을 통하여 유통하고 판매하는 build-to-stock방식을 채택하고 있었다. 이런 생산 방식은 표준화된 PC의 대량 생산에는 적합한 방식이지만, 전문화되고 차별화된 수요 특성을 가진 power user의 수요 특성을 충족시켜 주는 데는 효과적이지 못하였다.

하지만 온라인 PC 판매에 주력하고 있던 델컴퓨터는 전통적인 PC 판매 모델이 아닌 인터넷과 정보시스템을 기반으로 하는 맞춤화된 PC 주문 서비스를 통한 build-to-order 주문 및 판매 방식을 개발하고 채택하였다. 이러한 맞춤화된 주문 및 판매 방식은 특히 PC에 관심이 많고 이를 전문적으로 활용하는 power user 고객들에게 매력적인 PC 주문 방식으로 인식되었고, 경쟁사에서는 볼 수 없는 차별화된 맞춤 주문 서비스를 제공할 수 있게 되어 델컴퓨터의 새로운 경쟁 우위의 원천 역할을 하였다. PC 맞춤 주문에 관심이 있는 고객은 델컴퓨터 웹사이트를 방문하여, 원하는 PC, laptop 컴퓨터 등을 선택한 후, 자신이 필요로 하는 그래픽카드, 메인 메모리(main memory), 스토리지(storage), 모니터, 색상 등을 선택하여 맞춤화된 주문을 할 수 있다. 결과적으로 델컴퓨터의 맞춤 주문 서비스는 power user 고객들이 자신들의 수요 특성을 효과적으로 충족시켜 줄 수 있는 PC 제품 구매를 가능하게 하여, 이들의 만족도를 향상시킬 수 있으며, 이들을 충성 고객 및 반복 구매 고객으로 확보할 수 있게 되었다.

또한 델컴퓨터의 정보시스템 기반의 맞춤 주문 서비스는 고객의 주문이 PC 조립 관련 업무 프로세스를 촉발시키는 PC 생산 방식으로서, 이론상으로는 델컴퓨터가 PC 완제품 재고를 가지고 있지 않는 것을 가능하게 하였다. 델컴퓨터의 맞춤 주문 서비스는 델컴퓨터가 PC 완제품 재고와 관련된 운영 비용을 획기적으로 줄여줄 수 있었으며, 이런 운영 비용의 절감은 델컴퓨터가 판매하는 제품의 가격에 반영될 수 있었다. 이는 결과적으로 델컴퓨터의 가격 경쟁력 향상을 의미하며, 델컴퓨터가 경쟁 우위를 확보하는 데 도움이 되었다.

3) 산출물류 활동

산출물류(outbound logistics)는 고객에게 제품 또는 서비스를 공급하는 제반 활동을 의미한다. 아래의 사례는 정보기술과 정보시스템을 활용하여 완제품 재고관리의 효율성 향상을 통해 기업의 경쟁 우위를 확보한 기업을 보여 주고 있다.

월마트(Walmart)의 재고관리시스템

월마트는 여러 국가에 펼쳐있는 공급사슬을 효율적으로 관리하기 위하여 RFID(radio frequency identification)기술, 인공위성, 바코드 스캐닝(barcode scanning)기술 등을 활용하고 있다. 월마트의 물류센터(distribution centers)를 출발한 운송트럭이 개별 매장(store)의 창고에 일정거리 안으로 접근하게 되면 운송트럭에 적재되어 있는 제품에 부착된 태그(tag)에 저장되어 있는 제품관련 정보(제품의 종류, 수량 등)이 RFID reader에 의해 자동적으로 수집되며, 이 데이터가 서버(server)에 전달되어 종업원의 간섭을 최소화하면서 제품에 대한 재고관리가 실시간으로 이루어진다.

그리고 월마트 매장의 계산대에 설치된 POS(point of sale)시스템은 바코드 스캐닝 기술을 기반으로 판매되는 제품에 대한 정보를 수집하여 개별 고객에 대한 판매 총액을 계산한다. 나아가 POS시스템은 재고관리 서버에 연결되어 자동적으로 판매된 제품에 대한 재고량을 업데이트(update)한다. 또한 월마트의 재고관리시스템은 판매된 제품의 재고수량이 사전에 설정된 재주문(reorder) 수준에 다다르면, 과거의 재고관리 데이터를 분석하여 정해진 경제적 주문량(EOQ: economic order quantity)를 기록한 주문서를 공급업자에게 자동적으로 발송함으로써 재고관리와 관련하여 종업원의 간섭을 최소화하면서 재고관리를 효율적으로 할 수 있다.

위에 설명된 것처럼 월마트는 정보기술과 정보시스템을 다양한 방식으로 활용함으로써 미국 소매 체인점(retail chain stores) 가운데 가장 효율적으로 재고관리를 하며 사업을 한다고 알려져 있다. 여러 운영 부문에 다양한 형태와 특성을 가진 정보기술과 정보시스템을 효과적으로 활용한 덕분에 월마트는 평균 간접비(overhead costs)를 매출액 대비 약 20% 정도로 유지하고 있다. 이러한 수치는 업계 평균 간접비 비율인 약 22%인 비하여 상당히 낮은 편이라고 할 수 있다. 더 나아가 여러 형태의 정보기술과 정보시스템의 도움 덕분에 효율적으로 제품에 대한 재고관리를 할 수 있어, 월마트는 square foot당 $600의 매출액을 기록하고 있는데, 이 수치는 월마트의 가장 강력한 경쟁자 중 하나인 Target의 square foot당 매출액이 $300에 그치고 있는 점에 비추어 볼 때 괄목할 만하다고 하겠다. 또한 정보기술과 정보시스템을 활용하여 재고관리관련 비용을 줄임으로써 월마트는 "Everyday

Low Price"라는 모토(motto) 효과적으로 실현하고 있다. 이렇게 정보기술과 정보시스템의 활용 덕분에 월마트는 절품으로 인한 판매기회 상실을 피하면서 최소의 제품 재고량을 유지할 수 있게 되어 업계 최저 수준의 평균 간접비를 유지할 수 있게 되었다. 이렇게 절약된 간접비의 상당 부분은 월마트의 가격 경쟁력으로 이어지며, 이는 결국 소매 업계에 있어 월마트의 경쟁 우위의 원천이라고 할 수 있다.

4) 생산 및 제조

생산 및 제조는 원재료 또는 투입물을 완제품 또는 서비스로 전환하는 활동을 의미한다. 아래의 사례는 정보기술과 정보시스템을 활용하여 생산 효율성을 향상시켜 경쟁력 향상을 꾀하는 기업을 보여 주고 있다.

British Petroleum(BP)의 예측 유지·보수 시스템

일부 산업은 기존 자산의 생산성을 1%만 향상시키더라도 커다란 이익을 얻을 수 있다. 이런 현상은 오작동으로 인해 장비가 제대로 작동하지 않을 때 발생하는 계획에 없는 작업 중단으로 인해 크게 영향을 받는 원유와 가스 산업에 있어 특히 그러하다. 플랫폼이 하루 가동을 중단하면 액화천연가스(LNG: liquified natural gas) 시설은 약 2,500만 달러의 손실을 발생시킬 수 있으며, 중간 규모의 LNG시설은 평균적으로 1년에 약 다섯 번 정도의 가동 중단을 경험한다고 한다. 따라서 원유와 가스 산업에 있어 가동 중단 일수를 최소화하는 것이 회사의 수익성에 있어 매우 중요한 요소라고 할 수 있다.

유전과 원유 및 천연가스 파이프라인은 예측 유지·보수를 위한 분석에 사용될 수 있는 방대한 양의 데이터를 생산한다. McKinsey & Company는 일반적인 해상 원유 및 가스 생산 플랫폼은 40,000개 이상의 데이터 태그(data tag)를 가지고 있다고 추정하고 있다. 에너지 회사들은 실시간으로 작업 상황을 관찰하기 위하여 유전(油田)에 설치된 센스(sensor)를 활용하고 있다. 그리고 에너지 회사들은 장비 고장을 예측하고, 이들 장비 고장이 비용이 많이 발생하는 문제로 악화되기 전에 이에 대처하고자 사물인터넷(IoT: Internet of Things) 데이터를 사용하기 시작하였다. 원거리에 있는 장비를 물리적으로 검사한다는 것은 일반적으로 비용이 많이 드는 작업이다. 원거리에 있는 장비에 대한 가시성의 부족은 종종 장비의 고장과 비용이 많이 발생하는 예정에 없던 유지·보수와 작업 중단뿐 아니라, 원유의 유출, 누출, 또는 장비 고장으로 인한 사고를 야기하기도 한다.

예측 유지·보수 시스템은 작동중인 장비의 상태를 평가하고, 최적의 성능을 내면서 오작동을 예방하기 위한 유지·보수 요구사항을 예측한다. 이들 예측 유지·보수 시스템은 자동화된 상태 관찰(감시) 및 고급 데이터 분석 기법을 사용하여 진동, 온도, 소리, 전류와 같은 중요한 장비의 통계 수치를 수집하며, 장비의 성능 저하 조짐을 감지하기 위하여 이들 통계 수치를 유사한 장비의 과거 기록과 비교한다. 예측 유지·보수 프로그램으로부터 얻은 통찰력을 바탕으로 의사결정자들은 일상적인 생산 작업을 방해하지 않으면서 유지·보수 작업에 대한 일정을 잡으며, 어떤 수리를 먼저 해야 하는지에 대한 우선순위를 정할 수 있다.

BP는 2015년에 GE(General Electric)와 협력하여 수천 개의 유정(油井) 가운데 650개의 유정에 GE의 Predix 클라우드 플랫폼에 연결된 GE 센서를 설치 설치하였다. Predix는 산업용 센서로부터 데이터를 수집하고 이들 데이터를 클라우드(cloud)에서 분석하는 IoT 응용 프로그램(application)을 개발하고 운용할 수 있는 서비스를 제공하고 있다. Predix는 유지·보수 점검 일정을 잡을 수 있도록 하고, 기계 효율성을 향상시키고, 가동 중지 시간을 줄여주기 위하여 실시간 정보를 제공한다, 각각의 BP 유정은 압력과 온도를 측정하기 위하여 20 ~ 30개의 센서가 설치되어 있으며, Predix 클라우드에 매 15초 간격으로 500,000개의 데이터를 전송한다. BP는 유정의 흐름과 개별 유정의 유효 수명을 예측하고, 궁극적으로 유전의 성과를 전사적인 관점에서 파악하고자 이들 데이터를 활용할 수 있기를 기대한다.

BP는 Predix 클라우드 시스템을 사용하여 개별 유정의 상태와 수명 예측을 예전에 비해 보다 효과적으로 할 수 있게 됨으로써 계획에 없던 가동 중지 시간을 줄일 수 있을 것으로 예상된다. 이러한 효과는 BP의 원유 생산 효율성 향상을 가져올 수 있으며 궁극적으로 원유 생산에 있어 BP의 경쟁력 향상을 가져다 줄 것이다.

3. 경쟁 우위 전략과 정보시스템을 활용한 경쟁 우위 확보

기업은 경쟁 우위를 확보하기 위하여 여러 가지 전략을 추구한다. Porter와 Millar는 기업의 일반적인 경쟁 우위 전략으로 저비용(low cost leadership), 차별화(differentiation), 그리고 틈새시장(niche market)을 제시하였다. 정보기술과 정보시스템을 활용하여 이들 경쟁 우위 전략을 효과적으로 실행한 사례들을 아래에 소개한다.

1) 저비용 전략

일반적으로 기업은 저비용 생산자가 되기 위해 노력하며, 비용 우위의 원천은 다양하며 산업에 따라 다를 수 있다. 비용 우위의 원천으로서 규모의 경제, 독점 기술, 원자재에 대한 우선적 접근, 운영의 효율성 등이 포함될 수 있다. 저비용 전략을 효과적으로 실행하기 위하여 기업은 가능한 모든 비용 우위 원천을 찾아 활용하여야 한다. 기업이 저비용 전략을 효과적으로 실행할 수 있다면 이는 곧 기업의 경쟁 우위로 이어질 수 있다. 아래의 사례는 정보기술과 정보시스템을 활용하여 저비용 전략을 효과적으로 실행하여 경쟁 우위를 확보한 기업들을 보여 주고 있다.

월마트(Walmart)의 재고관리시스템

월마트는 여러 국가에 펼쳐있는 공급사슬을 효율적으로 관리하기 위하여 RFID(radio frequency identification)기술, 인공위성, 바코드 스캐닝(barcode scanning)기술 등을 활용하고 있다. 월마트의 물류센터(distribution centers)를 출발한 운송트럭이 개별 매장(store)의 창고에 일정거리 안으로 접근하게 되면 운송트럭에 적재되어 있는 제품에 부착된 태그(tag)에 저장되어 있는 제품관련 정보(제품의 종류, 수량 등)이 RFID reader에 의해 자동적으로 수집되며, 이 데이터가 서버(server)에 전달되어 종업원의 간섭을 최소화하면서도 제품에 대한 재고관리가 실시간으로 이루어진다.

월마트 매장의 계산대에 설치된 POS(point of sale)시스템은 바코드 스캐닝 기술을 기반으로 판매되는 제품에 대한 정보를 수집하여 개별 고객에 대한 판매 총액을 계산한다. 나아가 POS시스템은 재고관리 서버에 연결되어 자동적으로 판매된 제품에 대한 재고량을 업데이트(update)한다. 또한 월마트의 재고관리시스템은 판매된 제품의 재고수량이 사전에 설정된 재주문(reorder) 수준에 다다르면, 과거의 재고관리 데이터를 분석하여 정해진 경제적 주문량(EOQ: economic order quantity)를 기록한 주문서를 공급업자에게 자동적으로 발송함으로써 재고관리와 관련하여 종업원의 간섭을 최소화하면서 재고관리를 효율적으로 할 수 있다.

위에 설명된 것처럼 월마트는 정보기술과 정보시스템을 다양한 방식으로 활용함으로써 미국 소매 체인점(retail chain stores) 가운데 가장 효율적으로 재고관리를 하며 사업을 한다고 알려져 있다. 여러 운영 부문에 다양한 형태와 특성을 가진 정보기술과 정보시스템을 효과적으로 활용한 덕분에 월마트(Walmart)는 평균 간접비(overhead costs)를 매출액 대비 약 20% 정도로 유지하고 있다. 이러한 수치는 업계 평균 간접비 비율인 약 22%인 비하여 상당히 낮은 편이라고 할 수 있다. 더 나아가 여러 형태의 정보기술과 정보시스템의 도움 덕분에 효율적으로 제품에 대한 재고관리를 할 수 있어, 월마트는 square foot당 $600의 매출액을 기록하고 있는데, 이 수치는 월마트의 가장 강력한 경쟁자 중 하나인 Target의 square foot당 매출액이 $300에 그치고 있는 점에 비추어 볼 때 괄목할 만하다고 하겠다.

월마트는 정보기술과 정보시스템 기반의 재고관리시스템을 통하여 재고관리를 담당하는 종업원의 숫자를 많이 줄일 수 있었으며, 효율적인 재고관리로 인하여 최소량의 재고를 유지하면서 절품을 피하고 영업활동을 할 수 있게 되었다. 정보시스템 기반의 효율적인 재고관리로 인하여 월마트는 재고 유지와 관련된 비용을 효과적으로 줄임으로써 업계에서 가장 낮은 간접비를 유지할 수 있게 되었으며, 이는 월마트 경쟁의 원천이 되었다. 이는 결국 월마트가 추구하는 저비용 리더십 전략을 효과적으로 실행하는 데 정보기술과 정보시스템이 효과적으로 활용되고 있음을 보여 주고 있으며, 궁극적으로 월마트가 자랑하는 “Everyday Low Price”라는 모토(motto)를 실현하는 데 기여하였다.

Progressive Corporation의 온라인 자동차보험 판매

최초로 자동차보험을 온라인에서 판매한 것으로 알려진 Progressive Corporation은 인터넷 초기 단계인 1995년에 자사의 웹페이지를 통하여 고객들이 보험설계사를 통하지 않고 인터넷 상에서 직접 자동차보험을 구입할 수 있게 하였다. Progressive Corporation의 이러한 새로운 보험 상품 판매 방식은 보험업계에 일대 혁명을 일으키기에 충분하였으며, 다른 보험회사들이 온라인을 통해 보험 상품을 판매하는 길을 개척한 선구자 역할을 한 것이라 하겠다.

전통적으로 자동차보험 상품을 구입하기 위하여 차량 소유자는 보험회사의 보험설계사에게 연락하거나 대면상담을 통하여 보험료와 보상범위 및 보상금액 등에 대한 정보(견적)을 수집한다. 차량 소유자는 이러한 노력을 수차례 반복하여 복수의 자동차보험 상품에 대하여 필요한 견적 관련 정보를 입수한 뒤, 이들 정보를 비교하여 최종적으로 자동차보험 상품을 선택하고 구입하게 된다. 이런 전통적인 보험 상품 판매 방식은 고객의 입장에서 보면 상당한 시간과 노력을 기울인 뒤에 구매 결정을 할 수 있는 다소 비효율적인 것이었다. 하지만 Progressive Corporation이 새롭게 선보인 온라인 자동차보험 상품 판매 방식은 고객이 보다 손쉽게 자동차보험의 보험료와 보상범위와 보상금액에 대한 정보를 얻는 것이 가능하게 하였으며, 보다 신속하게 구매 결정을 할 수 있게 하였다.

이러한 자동차보험 상품 판매 방식은 경쟁사의 오프라인 판매 방식에 비하여 보다 편리하고 차별화된 자동차보험 구매 서비스를 차량 소유자들에게 제공해 줌으로써 Progressive Corporation에 커다란 경쟁 우위를 가져다주었다. 나아가 Progressive Corporation은 오프라인 지점이 필요 없는 새로운 자동차보험 판매 방식으로 인하여 운영 비용을 줄일 수 있었고, 기존의 지점 숫자를 줄임으로써 각 지점에 소속된 보험설계사를 줄일 수 있었으며, 이로부터 야기되는 비용 절감액의 상당 부분을 보험료에 반영할 수 있게 되었다. 정보기술과 정보시스템을 기반으로 하는 온라인 자동차보험 상품 판매 방식은 Progressive Corporation이 저비용 리더십 전략을 효과적으로 실행하는 데 도움을 주었다. 결과적으로 인터넷을 기반으로 한 온라인 자동차보험 상품 판매 방식은 Progressive Corporation이 동일한 보상 조건의 자동차보험 상품에 대하여 경쟁사보다 낮은 보험료 책정을 가능하게 하여 가격 경쟁력을 강화시키는 효과를 가져다주었다.

Etrade의 Home Trading Service

ETrade는 주식 거래에 있어 홈트레이딩 서비스를 제공한 최초의 회사로 알려져 있다. ETrade는 온라인 거래 플랫폼을 기반으로 하는 홈트레이딩 시스템(HTS: home trading system)을 1982년에 구축하여 개인 투자자가 개인용 컴퓨터를 통해 집에서 편안하게 주식을 거래할 수 있는 서비스를 제공하기 시작하였다. ETrade가 소개한 새로운 형태의 주식거래 서비스는 주식 중개 산업에 혁명을 일으켰고, 더 많은 사람들이 주식 거래에 더 쉽게 접근할 수 있게 하였으며, 이는 휴대전화와 같은 모바일기기를 이용하는 모바일트레이딩 서비스(mobile trading service)로 발전되었다. 이제 홈트레이딩 서비스와 모바일트레이딩 서비스는 일반화된 온라인 중개서비스(online brokerage service) 형식으로 자리 잡고 있다.

국내에서는 삼성증권이 최초로 홈트레이딩 서비스를 소개하였다. 삼성증권은 1999년에 개인투자자들이 인터넷을 통해 집에서 주식을 거래할 수 있는 온라인 거래 플랫폼 서비스를 제공하기 시작하였다. 당시에 이러한 삼성증권의 움직임은 한국 주식 시장에서 중요한 발전으로 인식되었으며, 개인투자자들이 주식거래에 더 쉽게 접근하고 편리하게 주식매매를 할 수 있게 하였다. 또한 키움증권은 국내 최초의 온라인 종합증권사로서 전통적인 증권회사와는 달리 오프라인 지점을 개설하지 않고 전적으로 정보기술과 정보시스템을 기반으로 하는 온라인 주식거래 플랫폼 서비스를 제공하고 있다.

Etrade와 키움증권은 오프라인 지점을 개설하지 않고 정보기술과 정보시스템을 기반으로 하는 온라인 주식거래 플랫폼 서비스를 제공하는 저비용 사업구조의 구축을 통해 저비용 전략을 효과적으로 실행할 수 있었다. 이는 결국 Etrade와 키움증권이 타 증권사에 비해 주식거래 수수료를 낮게 책정할 수 있게 함으로써 수수료 측면에서 경쟁 우위를 확보하는 것이 가능하게 되었다. 나아가 국내 최대의 온라인 고객을 바탕으로 키움증권은 17년 동안 주식위탁매매 시장점유율 1위를 유지하고 있다고 한다.

2) 차별화 전략

차별화 전략은 기업이 구매자가 일반적으로 평가하는 일부 측면에서 업계 내에서 독창적이고 창조적인 것을 추구하는 것이다. 기업은 많은 구매자가 중요하다고 인식하는 하나 또는 그 이상의 속성을 선택하고, 이러한 요구사항을 창조적 또는 고유한 방식으로 충족시켜 줌으로써 경쟁 우위를 확보할 수 있다, 이러한 차별화 전략이 성공할 경우 기업은 프리미엄 가격, 시장점유율 증가 등으로 보상 받을 수 있다. 아래의 사례들은 정보기술과 정보시스템을 활용한 차별화 전략을 효과적으로 실행하여 경쟁 우위를 확보한 기업들을 보여 주고 있다.

iTunes의 음원 서비스 및 유통 채널

오늘날 음반 산업은 과거와 비교하면 커다란 차이점을 보이고 있다. 과거에는 음반 산업에 있어 카세트테이프, CD 등이 음반가게를 통하여 유통되고 판매되었다. 하지만 Apple.com이 2001년에 iTunes 미디어 플랫폼을 소개한 이래, 음반 산업은 커다란 변화를 겪게 되었다. 초기의 iTunes 서비스는 매킨토시(Macintosh) 컴퓨터에서만 작동이 가능한 음악 플레이어였으나, 이후 보다 정교한 다매체(multimedia) 콘텐츠를 다룰 수 있는 서비스로 발전하였다. 이로 인하여 인터넷 접속이 가능하다면 소비자는 언제 어디서든지 자신이 원하는 음원을 다운로드 받을 수 있게 되었다. iTunes 서비스(또는 비즈니스모델)는 인터넷과 정보기술을 기반으로 하여 음반 산업에 있어 혁신적이고 비용 효율적인 유통 채널이 가능하게 하였다, 나아가 iTunes 서비스는 iPod, iPhone, iPad와 연동이 가능하게 함으로써 애플의 정보기기를 사용하는 소비자에게 다양한 형태의 서비스를 제공하고 애플 기기를 사용하는 소비자의 제품 및 서비스 사용 경험을 향상시켰다.

과거에 카세트테이프나 CD에 여러 곡이 묶음으로 수록되어 판매가 되어 소비자는 별다른 선택의 여지없이 본인이 원하지 않는 음악도 구매할 수밖에 없었다. 하지만 iTunes와 같은 음원 서비스는 소비자가 자신이 원하는 음원만을 취사선택해서 구입하는 것이 가능하게 하였다. 나아가 과거의 음반 유통방식과는 달리 iTunes는 자사의 웹페이지를 통하여 새로운 음악에 대한 음원서비스 정보를 소비자에게 보다 신속하게 알릴 수 있고, 소비자는 자신이 원하는 음악을 즉각적으로 즐길 수 있게 되었다.

정보기술과 인터넷을 기반으로 개발된 iTunes의 음원 서비스는 기존의 음반 판매 방식과 달리 고객의 음원에 대한 접근성 향상, 음원 구매의 선택권 보장, Apple의 다른 기기와의 연동, 새로운 음원에 대한 신속한 정보 제공 등의 혁신적인 서비스를 통하여 Apple이 차별화 전략을 효과적으로 실행하여 경쟁 우위를 확보하는 데 도움을 주었다.

Chemical Bank의 ATM서비스

전통적으로 금융기관, 특히 상업은행의 업무시간은 주 5일 월요일부터 금요일까지, 오전 9시부터 오후 5시까지였다. 따라서 은행을 이용하는 고객은 금요일 오후 5시 이후에는 금융거래를 할 수 없게 되어, 다음 주 월요일 은행 개장 시간까지 기다려야 하는 불편을 감수할 수밖에 없었다. 이러한 고객 불편함을 해소하기 위하여, Chemical Bank는 통신네트워크와 정보시스템을 기반으로 하는 ATM(automated teller machine)을 1962년 9월 2일에 미국 뉴욕 주의 Rockville Centre 지점에 설치하여 기본적인 금융거래가 주 7일 24시간 가능하도록 하였다. ATM서비스의 출현은 금융소비자들이 주 7일 시간 제약을 받지 않고 금융거래를 할 수 있도록 하였다는 점에서 혁신적이고 편리한 새로운 형태의 금융서비스였다고 할 수 있다.

Chemical Bank가 처음 설치한 프로토타입(prototype) ATM은 정해진 일정 금액만을 인출할 수 있도록 만들어진 제한된 기능의 서비스였지만, 그 때까지 금융 산업에서 볼 수 없었던 새로운 형태의 금융서비스였다. Chemical Bank가 첫 ATM을 소개한 그 날, Chemical Bank는 "On September 2, 1969, our bank will open at 9:00 A.M., and never close again." 이라는 기념비적인 신문광고를 게재함으로써, 금융 산업에 있어 새로운 변화가 도래했음을 알리는 신호탄을 쏘아 올렸다고 할 수 있다.

Chemical Bank의 초기 ATM은 비록 제한된 유형의 금융거래만 가능하게 하였지만, 통신네트워크와 정보시스템을 기반으로 하는 새로운 유형의 금융서비스였다는 점에서 금융업계의 주목을 끌기에 충분하였다. 그리고 이는 오늘날 일반적으로 금융소비자들이 편리하게 언제 어디서나 사용하고 있는 온라인 뱅킹서비스나 모바일 뱅킹서비스의 기초 역할을 했다고 할 수 있다. Chemical Bank는 주 7일, 하루 24시간 금융거래가 가능하게 한 통신네트워크와 정보시스템을 기반으로 하는 업계 유일의 ATM서비스 제공을 통해 차별화 전략을 효과적으로 실행하여 금융 업계에서 경쟁 우위를 확보할 수 있었다.

Progressive Corporation의 온라인 자동차보험 판매

최초로 자동차보험을 온라인에서 판매한 것으로 알려진 Progressive Corporation은 인터넷 초기 단계인 1995년에 자사의 웹페이지를 통하여 고객들이 인터넷 상에서 보험설계사를 통하지 않고 직접 자동차보험을 구입할 수 있게 하였다. Progressive Corporation의 이러한 새로운 보험 상품 판매 방식은 보험업계에 일대 혁명을 일으키기에 충분하였으며, 다른 보험회사들이 온라인을 통해 보험 상품을 판매하는 길을 개척한 선구자 역할을 한 것이라 하겠다.

전통적으로 자동차보험 상품을 구입하기 위하여 차량 소유자는 보험회사의 보험설계사에게 연락하거나 대면상담을 통하여 보험료와 보상범위 및 보상금액 등에 대한 정보(견적)을 수집한다. 차량 소유자는 이러한 노력을 수차례 반복하여 복수의 자동차보험 상품에 대하여 필요한 견적 관련 정보를 입수한 뒤, 이들 정보를 비교하여 최종적으로 자동차보험 상품을 선택하고 구입하게 된다. 이런 전통적인 보험 상품 판매 방식은 고객의 입장에서 보면 상당한 시간과 노력을 기울인 뒤에 구매 결정을 할 수 있는 다소 비효율적인 것이었다. 하지만 Progressive Corporation이 새롭게 선보인 온라인 자동차보험 상품 판매 방식은 고객이 보다 손쉽게 자동차보험의 보험료와 보상범위와 보상금액에 대한 정보를 얻는 것이 가능하게 하였으며, 보다 신속하게 구매 결정을 할 수 있게 하였다.

Progressive Corporation의 인터넷과 정보시스템을 기반으로 개발된 온라인 자동차보험 상품 판매 방식은 경쟁사의 오프라인 판매 방식에 비하여 차량 소유자들이 보다 편리하게 자동차보험 상품을 구매할 수 있게 해주었다. Progressive Corporation은 많은 차량 소유자들이 중요하다고 인식하는 측면인 구매의 편리성에 중점을 두고, 기존과는 다른 형태의 자동차보험 판매 서비스 제공을 통해 차별화 전략을 효과적으로 실행하여 경쟁 우위를 확보할 수 있었다.

UPS의 Package Tracking Service

UPS(United Parcel Service)는 미국의 시애틀에서 "best service and lowest rates"를 실현하고자 하는 창업정신을 바탕으로 한 소포 배달회사로서 1907년에 설립된 이래 꾸준한 성장을 통하여 오늘날 세계 최대의 육상 및 항공 소포 배달회사로 성장하였다. UPS는 고객서비스를 최우선시 하는 조직문화를 바탕으로 고객에게 보다 나은 서비스를 제공하고자 꾸준히 최신 정보기술에 대한 투자를 통한 업무 프로세스 개선을 추구하였다. 이러한 노력으로 인하여 UPS는 FedEx와 USPS(United States Postal Service), DHL 등과 같은 경쟁사의 강력한 도전에도 불구하고 소형 소포 배달서비스 업계에서 선구 기업으로서의 위상을 유지하고 있다.

UPS는 1990년에 DIAD(Delivery Information Acquisition Device) 도입을 시작으로 자사가 배달하는 소포를 전자적으로 추적·관리하기 시작하여, 소형 소포 배달서비스 업계 최초로 package tracking service를 제공하기 시작하였다. UPS는 자동화된 package tracking system을 통하여 소포를 배달하는 전 과정에 있어 소포들을 추적하고, 필요시 소포들을 다른 경로를 통하여 운송이 되도록 하였다. 구체적으로 UPS는 소포 배송 의뢰자로부터 수신자에 이러는 과정에 있어 여러 지점에서 바코드(bar code)기기를 사용하여 소포에 부착된 표식(label)에 있는 배송 정보를 추적하여 소포의 현 상태에 대한 정보를 중앙컴퓨터에 전송한다. UPS에 소포 배달을 의뢰한 고객은 모바일 앱이나 UPS의 웹페이지를 방문하여 추적번호(tracking code)를 입력하면 자신이 운송을 부탁한 소포의 상태에 대하여 실시간으로 검색이 가능하게 됨으로써, 소포 배송과 관련된 궁금증을 해소할 수 있다.

UPS는 소포 배달을 의뢰한 고객들이 소포의 상태에 대한 정보를 중요하게 인식하고 있다는 사실을 파악하였다. UPS는 이에 효과적으로 대응하기 위하여 고객서비스를 최우선시 하는 조직문화가 반영된 package tracking system을 개발하게 되었다. UPS가 package tracking service를 제공하기 시작한 시기에는 UPS가 유일하게 소형 소포 배달서비스 업계에서 이런 유형의 서비스를 제공하는 회사였다. 결국 UPS는 정보기술과 정보시스템 기반의 package tracking service를 제공함으로써 효과적으로 차별화 전략을 실행하여 경쟁 우위를 확보할 수 있었다.

3) 틈새시장 전략

틈새시장 전략은 업계 내에서 좁은 경쟁 범위를 선택하여, 해당 범위에 속하는 구매자의 특별한 수요 특성을 효과적으로 충족시켜줄 수 있는 제품이나 서비스를 제공해줌으로써 경쟁 우위를 확보하고자 하는 것이다. 아래의 사례는 정보기술과 정보시스템을 활용하여 틈새시장 전략을 효과적으로 실행하여 경쟁 우위를 확보한 기업들을 보여 주고 있다.

Merrill Lynch의 CMA(종합자산관리)서비스

금융자산가는 일반적으로 자신이 가지고 있는 금융자산의 수익성 향상을 위하여 상대적으로 높은 평균 연간 수익률(APY: annual percentage yield)을 낼 수 있는 금융상품에 투자하고자 한다. 미국을 예로 들면, 대부분의 금융자산가들은 전국 평균 연간 수익률이 약 0.47%인 전통적인 예금계좌의 연간 수익률에 만족할 수 없을 것이다. 따라서 이들 금융자산가들은 보다 높은 연간 수익률을 실현할 수 있는 금융상품을 찾게 되었고, Merrilly Lynch는 이들의 욕구를 효과적으로 충족시켜 주고자 종합자산관리(CMA: cash management account)서비스를 개발하고 이를 금융상품화하여 출시하였다. Merrilly Lynch의 CMA서비스는 예금계좌에 비하여 최대 10배에서 15배까지의 평균 연간 수익률(APY)를 낼 수 있는 것으로 알려져 있다.

Merrill Lynch의 CMA서비스는 정보시스템을 기반으로 컴퓨터 프로그램화 된 종합자산관리 서비스로서 1997년에 소개되었다. CMA서비스가 금융 산업에 있어 새로운 경쟁 우위의 원천으로서의 잠재적 가능성을 확인한 Merrill Lynch는 자사의 CMA서비스 응용소프트웨어(application software)에 대한 특허를 출원하여 7년 간 독점적 사용권한을 부여받았다. 이렇게 정보시스템을 기반으로 하는 새로운 금융서비스 상품을 개발하여 수익률이 높고 차별화 서비스를 제공함으로써 경쟁 우위를 확보할 수 있었다.

CMA서비스는 오늘날 지식경제사회에 있어 금융산업의 지식을 활용하여 금융상품을 개발하는 데 있어 정보 정보기술과 정보시스템이 도움을 준 좋은 사례이다. CMA서비스는 금융자산가들의 투자에 대한 고수익률이라는 특별한 수요 특성을 효과적으로 충족시켜주는 금융상품이라 할 수 있다. 따라서 CMA서비스는 Merrill Lynch가 금융자산가라는 좁은 경쟁 범위를 선택하고 여기에 속하는 구매자의 특별한 수요 특성을 충족시켜줌으로써 틈새시장 전략을 효과적으로 실행하는 데 정보기술과 정보시스템이 활용된 좋은 사례라고 할 수 있다.

NIKEiD(Nike By You)의 운동화 맞춤 주문 서비스

운동화 산업(sport shoes industry)과 같이 꾸준히 성장하고 역동적이며 경쟁이 심한 산업에서 기업들은 경쟁 우위를 유지하기 위하여 지속적으로 혁신적인 제품을 개발하고, 변화하는 고객의 추세(preferences)에 대응하고자 노력을 기울이고 있다. 운동화 산업에 있어 경쟁 우위를 결정짓는 요소로서 브랜드 인지도(brand recognition), 혁신(innovation), 디자인과 스타일(design and style), 가격(pricing), 유통경로(distribution channels), 고객 선호도(customer preferences), 서비스품질 등이 알려져 있다.

운동화 산업에 있어 선두 주자의 하나인 Nike는 상기에 언급된 주요 성공요인에 노력을 기울이는 것은 물론 정보시스템을 기반으로 개발된 차별화된 주문 서비스 제공을 통하여 경쟁 우위를 확보하고자 노력하고 있다. Nike는 1999년에 업계 최초로 정보시스템 기반의 NIKEiD 프로그램을 소개하였다. NIKEiD 프로그램은 최초에는 고객들이 자사의 운동화를 맞춤 주문할 수 있는 온라인 플랫폼(platform)으로 개발되었다. 이 프로그램은 업계 최초로 고객들이 맞춤화된 운동화 주문이 가능하도록 하였으며, 이후 운동용 의류와 액세서리(accessories)를 맞춤 주문할 수 있도록 발전되었다. NIKEiD 프로그램은 2019년에 Nike By You라는 브랜드로 명명되었으며, 원래의 NIKEiD가 제공했던 것처럼 맞춤화와 개인화 주문 기능을 제공하고 있다.

NIKEiD(Nike By You) 프로그램은 정보기술과 정보시스템을 활용하여 고객들이 하나밖에 없는(one-of-a-kind) 디자인을 만들 수 있게 함으로써 자신의 개성과 스타일을 표현할 수 있도록 해준 고유하고 혁신적인 맞춤화 및 개인화 주문 서비스였다. NIKEiD 프로그램은 개인화되고 맞춤화된 나이키 제품으로 남들과 구별되는 것을 원하는 운동선수, 운동화에 열성적인 고객, 패션에 민감한 고객들에 커다란 호응을 얻었다. 결국 Nike는 정보기술과 정보시스템을 기반으로 하는 차별화된 맞춤 주문 서비스를 업계 최초로 제공함으로써 자신의 개성과 스타일을 표현하는 데 관심이 있는 고객층을 공략하는 틈새시장 전략을 효과적으로 실행하여 경쟁 우위를 확보할 수 있었다.

Dell 컴퓨터의 고객 맞춤 주문 서비스

PC업계에서 델컴퓨터는 IBM과 같은 거대 기업에 비하면 상대적으로 후발주자였지만, 1996년부터 온라인 PC 판매를 시작함으로써 전화 및 인터넷을 통한 PC 판매의 개척자가 되었다. 이때까지 기존의 주요 PC 제조회사들은 맞춤화가 아닌 기성품 PC를 전자제품 판매점을 통하여 유통하고 판매하는 build-to-stock방식을 채택하고 있었다. 이런 생산 방식은 표준화된 PC의 대량 생산에는 적합한 방식이지만, 전문화되고 차별화된 수요 특성을 가진 power user의 수요 특성을 충족시켜 주는 데는 효과적이지 못하였다.

하지만 온라인 PC 판매에 주력하고 있던 델컴퓨터는 전통적인 PC 판매 모델이 아닌 인터넷과 정보시스템을 기반으로 하는 맞춤화된 PC 주문 서비스를 통한 build-to-order 주문 및 판매 방식을 개발하고 채택하였다. 이러한 맞춤화된 주문 및 판매 방식은 특히 PC에 관심이 많고 이를 전문적으로 활용하는 power user 고객들에게 매력적인 PC 주문 방식으로 인식되었고, 경쟁사에서는 볼 수 없는 차별화된 맞춤 주문 서비스를 제공할 수 있게 되어 델컴퓨터의 새로운 경쟁 우위의 원천 역할을 하였다. PC 맞춤 주문에 관심이 있는 고객은 델컴퓨터 웹사이트를 방문하여, 원하는 PC, laptop 컴퓨터 등을 선택한 후, 자신이 필요로 하는 그래픽카드, 메인 메모리(main memory), 스토리지(storage), 모니터, 색상 등을 선택하여 맞춤화된 주문을 할 수 있다. 결과적으로 정보기술과 정보시스템 기반의 맞춤 주문 서비스는 델컴퓨터가 고성능 사양을 갖춘 PC를 원하는 power user 고객층을 공략하는 틈새시장 전략을 효과적으로 실행할 수 있게 함으로써 경쟁 우위를 확보하는 데 도움을 주었다.

4장

비즈니스 전략 개념과 IT/IS 전략

오늘날 대부분의 기업은 정보시스템 전략은 더 광범위한 (포괄적인) 기업 및 비즈니스 전략 수립과 실행 과정의 맥락에서 설정되어야 한다는 것을 알고 있다. 나아가 기업(또는 조직)에 있어 정보기술과 정보시스템에 대한 투자는 기업의 목표와 계획 달성을 위하여 이루어져야 한다는 것이 강조되고 있다. 이러한 주장이 기업의 특정 전략을 성공적으로 실행하는 데 정보기술과 정보시스템이 유일한 수단이라는 것을 의미하지는 않는다. 하지만 과거에 정보기술과 정보시스템에 대한 많은 투자가 기업의 목표와 관계없이 이루어졌다. 이러한 현상이 정보기술과 정보시스템에 대한 투자로부터 발생될 수 있는 많은 잠재적 효익을 기업이 실현하지 못하였음을 설명해 주는 이유 가운데 하나라고 할 수 있다. 기업이 정보기술과 정보시스템을 성공적으로 관리한다는 것은 기업 내에서 정보를 취득하고, 처리하고, 활용하는 데 투자된 자원에 대한 수익을 극대화하고, 최대한 경쟁 우위를 확보하거나 경쟁적 위험을 감소시키는 것을 의미한다.

따라서 기업의 관리자들이 정보기술과 정보시스템 전략의 수립 과정에 참여하는 것이 매우 중요하다고 하겠다. 기업의 정보기술과 정보시스템 전략 수립은 기업의 주요 이슈와 관련지어져야 하며, 일반 관리자들이 잘 알고 있는 용어와 도구 및 기법을 사용하여 전략이 수립되어야 한다. 기업의 사업계획을 수립하는 공식적인 방법들은 1950년대부터 사용되었으며, 그 이후로 다양한 방법과 도구 및 기법이 개발되었다. 기업의 사업계획과 전략 수립에 사용되는 방법과 도구 및 기법은 점차 복잡해지고 빠르게 변화하는 기업 환경에 대처하기 위하여 지속적으로 진화하리라 예상된다.

1. 전략의 진화적 본성과 조직의 전략적 계획

모든 기업(또는 조직)은 암묵적이거나 또는 형식적인 전략을 가지고 있으며, 기업 전략의 본질은 미래의 경쟁 우위를 경쟁자보다 더 신속히 확보하는 데 있다고 하겠다. 오늘날 우리가 알고 있는 공식적인 전략적 계획은 상대적으로 최근의 현상이며, 2차 세계대전 기간에 프로그램 계획과 예산 개발의 산물이라고 할 수 있다. 그리고 1950년대에 미국의 하버드 경영대학에 의해 선도된 일련의 사고(a stream of thought)가 여러 기능 부서를 통합하기 위하여 전반적인 기업 전략을 수립하는 것이 중요하다고 강조하였다.

1970년대에 Ansoff 등 학자들이 후기 산업시대에 기업의 문제를 해결하기 위한 전략적 계획의 실패를 인식하기 시작하였다. 이들 학자들은 공식적인 계획이라는 것은 기업에 전략적 변화를 가져다주는 아주 복잡한 사회 역학적 과정(socio-dynamic process)의 한 구성요소에 지나지 않는다고 주창하였다.

Gluck과 동료들은 전략의 진화와 기업에서의 전략적 계획을 연구하고, 전략의 성숙도를 묘사하는 모델을 개발하였다. 1980년대 이래 산업계에 많은 변화가 있었지만 Gluck 등이 개발한 모델은 전략 개발과 실행에 대한 새로운 접근법의 필요성과 함께 핵심 이슈들이 어떻게 변해왔는가를 설명하고 있다.

Gluck 등의 전략적 경영 성숙도 진화(evolution of strategic management maturity) 모델에 따르면, 1단계의 주안점(focus)은 현금 흐름과 연간 재무계획에 있으며, 중기 예산안을 수립하기 위하여 상대적으로 간단한 기법들을 포함하고 있다. 이러한 실천(exercises)은 내부적으로 부서별로 행해지며 통합된다. 1단계에서 계획의 주안점은 예산을 맞추려는 재무적 이슈를 위해 모든 것을 절약하고자 하는 것이다.

2단계의 주안점은 과거의 성과 분석과 내부적 추세 및 경제와 시장 연구 데이터와 같은 외부 변수를 사용한 미래에 대한 예상을 참고로 하여 3~5년 기간 안에 발생할 가능성이 높은 것을 예견하고 전망하는 것이다. 즉 2단계의 주안점은 판매와 시장 성장을 전망하고, 수입과 지출에 대한 영향 및 대차 대조표에 대한 변화를 예측하는 것이다. 2단계에서, 목표로 하는 것과 가용한 자원 사이의 간극(gap)에 초점을 두면서 모든 계획은 아직 계량적(quantitative)이며 내부 지향적이다.

3단계에서 기업(또는 조직)은 잠재적인 위협을 평가하고 고려하여 경쟁 우위 확보를 위한 위치 선정을 위하여 기업이 속한 산업의 경쟁의 본질을 철저히 이해하기 위한 목적으로 외부 환경을 고려하여야 한다. 기업은 보다 매력적인 시장 분야에서 수요를 충족시켜 주기 위하여 제품 구성(portfolio)을 변경하거나, 기존의 제품과 서비스에 부가가치적인 기능을 추가하거나, 제품 단가를 현저하게 인하할 필요가 있다. 이런 각각의 상황들은 기업에 적합할 뿐 아니라 경쟁이 심한 시장의 압력과 요구를 충족시켜줄 수 있는 구매와 마케팅 방안을 통한 신제품 개발 필요성을 시사한다.

4단계에서 기업은 혁신에 의하여 주도되며, 적어도 어느 정도까지는 자신의 기업 환경을 창출할 수 있게 된다. 이 단계는 아직 기업의 제품과 경쟁적 입지가 매우 중요하지만, 이들이 오직 어느 한 시점에서만 중요하다는 것을 시사한다. 오늘날의 역동적인 비즈니스 환경에서 제품은 빠르게 진부하게(낡게)되며, 진정한 경쟁 우위의 원천은 신제품과 지속적으로 향상되는 경쟁력을 통하여 변화하는 시장에 지속적으로 대응하는 능력이라고 할 수 있다. 기업의 가치관, 문화, 그리고 조직 구조가 산업에서 선도적인 역할을 개발하고 지속할 수 있도록 하는 데 필요한 업무 프로세스와 핵심 역량을 강화시켜 자사의 운명을 상당히 통제할 수 있도록 할 것이다. 물론 이런 선도적인 역할을 지속적으로 유지하기 위해서는 끊임없는 혁신이 요구된다고 하겠다.

일부 기업은 최소한 중요한 사업 부문에서 진정으로 창조적인 전략을 수립할 수 있지만, 이들 기업도 경쟁 환경을 관찰하고 효과적으로 예상하며 연간 이익을 창출할 수 있어야 한다. 기업이 전략적 경영의 성숙도에 있어 3단계와 4단계로 나아가는 것은 1단계와 2단계가 효과적으로 잘 다루어졌다는 것을 시사하며, 전략적 사고가 필요한 재무적 결과로 전환될 수 있다는 것을 의미한다. 2단계에서 3단계로의 나아가는 큰 변화는 외부적인 관점을 수용하고, 기업이 무엇을 하며 경쟁 환경 하에서 이를 얼마나 잘하는가를 평가하는 데 필요한 새로운 지식을 획득하는 방향의 재설정을 반영하는 것이다. 전략적 경영 성숙도 진화(evolution of strategic management maturity) 모델은 시간 의존적이지 않다. 즉 일부 기업은 후속 단계로 진화해 가지 않고, 계속해서 1단계에 머물러 있는 경우도 있다.

전략적 경영 성숙도 진화(evolution of strategic management maturity) 모델을 바탕으로 아래와 같이 전략적 경영 이슈의 변화하는 본질에 대하여 몇 가지 살펴보는 것도 의미가 있다고 하겠다.

- 비록 좋은 의도로 하지만 정보시스템과 정보기술 전략 개발은 종종 비즈니스 전략 구축에 사용되는 접근법에 뒤처지는 경향이 있다. 기업이 전반적으로 3단계 또는 4단계에서 관리를 하는 것을 당연시 되지만, 정보시스템과 정보기술 전략에 대한 접근법이 실제로는 1단계(현재의 프로젝트 계획과 연간 IT 예산이 계획을 주도함) 또는 2단계(가능성이 높은 수요 예상에 근거하여 미래에 필요한 자원 계획을 세우는 IT 관리)에 머물러 있는 경우가 있다. 이런 현상이 일어나는 경우에 정보기술 부서는 기업에 있어 "다른 세상에 사는 존재"로 종종 비춰지며, 급격히 변화하는 환경에 효과적으로 대응할 수 없게 된다. 따라서 정보시스템과 정보기술 전략 수립 과정과 사고를 실제 환경의 압력 및 요구사항과 재정열하는 것이 중요하다고 하겠다.
- 1990년대 초반에 불황이 심화되자 많은 기업들이 실제적으로 성숙도 커브에서 회귀하여 단기 재무적 생존에 초점을 맞추도록 강요당하기도 했다. 예를 들면, 영국에서는 정부 정책이 국영기업의 민영화를 촉진하게 됨에 따라 많은 기업들이 연간 재무성과에 바탕을 둔 아주 단기계획을 수립하기도 하였다. 이에 따른 결과로 아마 장기계획을 수립했을 많은 국영 및 사기업들이 연간 단위로 재무적 성과 향상을 추구하기도 하였다. 이런 현상은 12개월 안에 종종 쉽게 가시적인 성과(향상)를 낼 수 없는 투자 계획에 영향을 미쳤다.
- 1990년대에 비즈니스 환경이 과거 어느 때보다 빠른 속도 바뀌면서 불확실성을 증대시켰으며, 비즈니스 환경에 대한 예상을 더욱 어렵게 만들었다. 상대적으로 안정적인 몇몇 산업을 제외하고, 과거를 미래의 추세에 대한 믿을 만한 지표로 이해하는 것이 더 이상 가능하지 않게 되었다. 1990년대는 역사상 가장 오랜 기간 동안 지속적인 경제 성장을 구가하였지만, 세계화의 확대, 빠른 기술적 발달과 점차 수준 높은 고객은 전략적 경영 성숙도 진화(evolution of strategic management maturity) 모델의 3단계와 4단계에 능숙하지 못한 기업은 몹시 어려움을 겪었다는 것을 의미한다. 미국의 Sears와 같은 기업도 소매 의류시장을 이해하고 예상하는 것이 점차 어렵다는 것을 깨닫게 되었다. 1980년대 이후로 주주들은 보다 확실하고 높은 수익을 요구하게 되었고, 미래의 예상에 대한 불확실성이 증대됨으로 인해 기업의 전략적인 계획 수립을 더욱 어렵게 만들었다. 따라서 이런 현상 역시 경영자들이 단기적 재무성과에 집중하고 보다 빈번하게 전략 수정을 하게 함으로써 계획

의 시간적 범위를 단축시켰다.

- 1990년대 후반에 인터넷의 상용화와 정보기술의 비용 감소는 기업들이 새로운 시장을 개척하고 신제품과 서비스를 제공하기 위한 "새로운" 전략을 수립할 수 있는 많은 기회를 제공하였다. 이러한 변화하는 환경에서 일반적으로 일어나는 현상이듯이 많은 기존의 대형 기업들이 보다 창조적이고, 위험을 감수하기 위하여 기업 전략을 수정하는 것이 쉽지 않았다. 대부분의 "신경제" 전개 상황은 기업 조직의 전통이나 방해할 수 있는 기존의 정보시스템과 정보기술이 없는 소위 닷컴(dot.coms)이라고 불리는 신생 기업에 의하여 시작되었다. 그렇지만 이들 신생 기업들은 1~3단계에서 습득할 수 있는 아주 경쟁이 치열한 시장과 산업에서 성공하기 위하여 필요한 충분한 조직적 역량을 갖추지 못하였다. 그러나 정보기술의 혁신적인 응용을 통하여 새로운 경쟁자가 빠른 속도로 출현하게 됨에 따라 많은 보수적인 기업들이 정보시스템과 정보기술에 대한 신속한 투자는 기업의 전략을 향상시킬 수 있거나, 적어도 정보시스템과 정보기술에 대한 투자가 부족하면 불리한 위치에 놓이게 된다는 것을 깨닫게 되었다. 전자상거래의 도래가 마침내 최고경영자들이 정보기술의 중요성을 깨닫게 하였다고 말하는 것이 너무 단순할지 모르지만, 2000년에 기업의 주가가 기업이 전자상거래 전략이 있는지 여부에 의하여 크게 영향을 받았다고 조사되었다.

1) 전략(Strategy)과 계획(Planning)

Mintzberg는 "전략적 계획"이 "전략적 사고"는 아니라고 주장한다. 그는 기업이 계획과 전략의 차이를 이해할 때 전략 수립 과정이 어떠해야 하는지로 회귀할 수 있다고 한다. 즉 관리자들이 다양한 원천으로부터 배우는 것을 자신의 것으로 만들며, 이러한 학습을 바탕으로 기업이 추구해야 할 비전의 방향을 제시할 수 있게 된다는 것이다.

Hamel은 계획은 발견이 아니라 프로그램(과정)이며, 전략 수립은 민주적이어야 하며 고위관리자들만의 영역이 아니라고 주장한다. 전략 수립의 창조적인 본성을 염두에 두고 Hamel은 기업이 정보시스템과 정보기술 전략을 수립하고자 할 때처럼 우리는 출발점에서 종착점을 볼 수 없다고 주장한다.

Porter는 많은 기업들이 운영의 효율성(operational efficiency)과 전략을 혼동하고 있다고 시사한다. 기업이 운영적 효과성(operational effectiveness)이 필요하다는 것을 부인하지는 않지만 그는 운영적 효과성이 기업의 성과 향상을 위한 필요조건이지 충분조건은 아니라고 주장한다. 운영적 효과성이란 유사한 활동을 경쟁사보다 더 잘 수행하는 것을 의미한다. 반대로 전략적 포지셔닝(strategic positioning)은 경쟁사와는 다른 활동을 하거나 다른 방법으로 유사한 활동을 수행하는 것을 의미한다. 이는 전략은 전략적 계획의 결과가 아니라 일단의 과정(processes)의 산출물이라는 것을 시사한다. 따라서 Porter는 전략을 장기적인 안녕과 경쟁사에 비하여 기업의 능력을 증가시키려는 목적의 통합된 행위로 정의하고 있다.

본질적으로 서로 밀접한 관계를 가진 세 개의 프로세스가 앞서 정의된 전략 수립에 기여한다고 하겠다.

- 전략적 사고(strategic thinking): 창의적이고 기업가 정신이 깃든 통찰력 배양
- 전략적 계획: 실천 계획을 수립하기 위한 체계적이고 포괄적인 분석
- 기회주의적인 의사결정: 예상치 못한 위협과 기회에 효과적인 대응

상기의 어느 하나 또는 모두를 습득하기 위하여 비즈니스 환경, 압력 집단, 이해당사자와 기업의 역량에 대한 철저한 이해가 요구된다. 응집력 있는 계획, 예리한 사고와 기민한 기회주의의 효과적인 결합이 아마도 전략적 경영(strategic management)을 가장 잘 표현하는 것이라 하겠다. 전략적 경영은 전략 수립뿐 아니라 전략의 실행과 적응을 포함한다고 하겠다.

상기의 주장에도 불구하고 기업은 전략 수립과 전략적 의사결정을 유도할 수 있는 프레임워크가 필요하다. 사실 도구와 기법들이 전략적 사고, 비전, 그리고 혁신전인 전략을 수립하는 데 필수적인 사고를 촉발시키는 데 유용하게 사용될 수 있다.

2. 전략적 프레임워크

경쟁사 분석, 기존 제품 구성의 강점 또는 다른 행동 방침의 상대적인 장점과 같은 특정 전략적 사안에 초점을 맞추기 위하여 많은 전략 수립을 위한 분석 기법이 사용되고 있다. 하지만 이러한 기법과 도구가 적용될 수 있는 상황인 "전략적 프레임워크"는 아주 광범

위하다고 하겠다. 전략적 경영 성숙도 진화(evolution of strategic management maturity) 모델의 3단계와 4단계에 속한 기업은 성공하기 위하여 "전략적 프레임워크"의 모든 측면을 고려하여야 한다. 전략적 프레임워크는 세 개의 계층(외부 환경, 압력 집단과 이해관계자, 내부 비즈니스 전략 수립 및 계획)에서 비즈니스 전략적 경영과 관련된 요소들을 고려하여야 한다.

- 외부 환경
- 압력 집단(pressure groups) 및 이해관계자(stakeholders)
- 내부 비즈니스 전략 수립과 계획

이들 요소들이 미치는 영향을 분석하고 적절한 전략을 수립하는 데 사용될 수 있는 접근법과 수단들을 설명하기 전에 이들 각각의 요소들에 대하여 아래와 같이 간략히 설명하고자 한다.

1) 외부 환경

기업은 광의의 외부 환경 속에서 운영되며, 기업 전략 수립의 초기 과정에서부터 외부 환경의 여러 측면이 철저히 분석되고, 이해되고, 해석되어야 한다. 지속적으로 중요성을 가지며 대부분의 산업과 기업에 관련이 있는 여섯 가지의 환경적 요소들이 여기에서 고려된다.

이들 여섯 가지의 환경적 요소들은 PEST(Political, Economic, Social and Technological) 분석을 사용하여 전략적 사고의 초기 단계에서 일반적으로 함께 고려된다. 일반적으로 표준 PEST 분석에 있어 법적인 요소들은 정치적 요소들에 포함되며, 생태 환경적 요소들은 사회적 요소들에 포함된다. 이들 여섯 가지 요소들은 이들이 변화하는 속도와 이들이 점차적으로 "글로벌" 비즈니스 시장에 끼치는 영향 때문에 매우 중요하다고 하겠다. 기업들은 이들 요소들을 신중하게 관찰함으로써 중요한 비즈니스 기회를 포착하거나 잠재적인 위협을 확인하고 늦지 않게 조치를 취함으로써 이들 위협의 영향을 줄일 수 있다.

(1) 경제적 요소

통화주의와 자유시장 경제로의 변화는 19070년대까지 예상되지 않았다. 하지만 이는 오늘날 서방세계뿐만 아니라 동유럽, 예전의 소련연방국가들, 중국 그리고 예전의 공산국가를 나타내는 특징으로 자리매김하고 있다. 아주 저렴한 비용으로 다른 국가들로부터의 원자재를 구매할 수 있는 기회가 증대되듯이 오늘날 기업들이 가지는 더 많은 무역(교역)의 기회들을 부정할 수 없다.

서방의 재정체계에 미치는 제3세계 부채의 영향과 커다란 무역수지 흑자를 내는 새롭게 산업화되고 있는 국가들의 활기에 넘친 성과는 서방 국가들이 극동지역 국가들에 그들의 관심을 집중하게 하였다. 하지만 1990년대에 아시아의 "호랑이" 경제들 가운데 몇몇 국가는 점증하는 자유무역의 요구에 효과적으로 적응하지 못함으로 인해 야기되는 재정과 통화 문제 때문에 심각한 침체기(불황)을 겪기도 하였다. 이들 여러 국가의 자국 시장에서의 보호무역주의는 초기에 진정한 경쟁력이 부족한 것을 잘 감출 수 있도록 하였다. 이러한 결과로 정치적 안정으로 인하여 새로운 시장 및 원재료 공급처로서 기업들이 동유럽에 기대를 걸고, 점차 라틴아메리카를 매력적인 곳으로 고려하게 되었다.

다른 통화(화폐)의 상대적 강세, 물가상승률(inflation rates), 금융시장 이자율(money market rates), 그리고 세금 제도는 글로벌 비즈니스를 하는 데 점차 복잡한 난제들을 제시하고 있다. 이들 요소들이 기업이 어디에 투자를 할 것이며, 어디에 새로운 시장을 개척할 것인지, 그리고 어디에서 이익을 창출할 것인가에 대한 의사결정에 영향을 미친다.

인터넷의 상용화와 산업의 재편으로 인하여 "구경제(old economy)"의 논리는 더 이상 설득력이 없으며 경제의 "법칙(rules)"이 변화되고 있다고 일부 학자들이 주장하였다. 하지만 일부에서는 이러한 현상은 "새 천년의 도취감(new millennium euphoria"에 기인한 것이며, 실체적인 증거나 분석에 의한 것은 아니다 라고 주장하기도 하였다. 하지만 신경제 주식에 대한 투자는 하이텍(high-tech) 회사의 일시적인 인기를 초래하기도 하였다. 일부 투자자들은 고위험(high-risk) 선물에 과도한 투자를 하여 어려움을 겪기도 하였다. "3세대" 이동통신 서비스를 위하여 통신회사들에 의하여 지불된 라이센싱 요금(licensing fees)으로 인하여 이들 회사들은 기존의 서비스로부터의 수입이 줄어들게 됨에 따라 많은 부채에 시달리기도 하였다. 예들 들면, 영국의 통신 및 기술회사인 Marconi는 예상했던 폭발적인 성장이 실현되지 않음으로 인한 참담한 결과로 인하여 자사의 비즈니스를 "구경제" 활동으로부터 "신경제" 활동으로 재편성하기도 하였다.

(2) 사회적 요소

사회적 환경은 기업의 전략과 전략적 선택에 커다란 영향을 끼칠 수 있다. 예를 들면, 노령 인구의 증가, 1인 가구의 증가 등과 같은 사회적 현상 등은 기업에 여러 가지 문제점과 기회들을 제공하고 있다. 늘어가는 국민의 수명으로 인하여 연금이나 노인건강관리 서비스에 대한 수요가 증대되고 있다. 일부 학자들은 1988년에 서유럽에서 태어난 어린이들 가운데 많은 비율이 100세까지 살 수 있을 것이라고 예상하기도 한다. 이와 마찬가지로 우리나라에서도 100세 수명시대가 먼 미래의 이야기가 아니라고 공공연히 얘기되고 있으며, 이러한 장수시대 현상의 영향은 상당히 클 것으로 예상된다. 따라서 정부는 과세대상 노동력이 줄어듦에도 불구하고 많은 수의 은퇴자를 부양해야하는 책임과 맞서 싸워야 한다.

반면에 기업의 입장에서는 노령 인구의 취향에 맞는 여가와 소비자 소매업의 기회가 있기도 하다. 정보의 원천(information source)과 의사소통의 통로(channel of communication)로서 개인의 인터넷 접근(사용)에 여부에 따른 사회적 소속(social inclusion) 또는 사회적 배제(social exclusion)라는 측면에서 정보기술은 그 자체로 "사회적 요소"가 되어버렸다. 경영철학자 Caharles Handy는 정보 소유자("information haves")와 정보 미소유자("information have-nots") 그리고 점차 주변으로 밀려나는(marginalized) 집단에 대한 사회적 시사점을 얘기하고 있다. 오늘날 많은 기업들이 기업의 사회적 책임에 대한 전략을 가지고 있다. Vodafone 그룹의 최고경영자는 자사의 고객층을 확대하고, 지역적으로 확장하고 혁신적인 서비스를 개발함으로써 전 세계적 책임감을 감당할 수 있는 global reach라는 목표를 달성할 수 있다고 말한다. 또한 그는 "우리의 고객들에게 우수한 서비스를 제공하는 것처럼 우월성을 추구하는 우리의 열정을 쫓는 것은 최고 수준의 사회적 책임을 다하는 것이다" 라고 말하고 있다.

(3) 법률적 요소

정보기술의 영향에 직접적인 대응으로서, 많은 국가에서 기업이나 국가기관이 개인의 정보를 개인의 이익에 반하여 부적절하게 사용하지 못하도록 하기 위하여 여러 가지 형태의 데이터 보호 또는 사생활 보호법을 제정하였다. 그렇지만 이들 사생활보호법이 다루는 범위가 국가에 따라 상당한 차이가 나고 있다.

인터넷이 웹사이트 방문자들의 정보 검색과 소비 행태를 분석하는 데 있어 전례 없는 기회를 제공하여 주기 때문에 인터넷은 사생활 보호와 관련된 여러 가지 사안을 야기하였다. 예를 들면, 미국에서 가장 규모가 큰 인터넷 광고회사 가운데 하나인 DoubleClick사가 은밀하게 사람들의 웹서핑과 구매 습관(행태)에 대한 대량의 개인정보를 축적하는 행위에 대하여 사생활 보호 옹호자들이 이를 공개하라고 격렬히 항의하기도 하였다. 이는 아직도 많은 기업들이 자사가 수집한 데이터에 대한 활용에 있어 법적인 한계가 있다는 것은 알지 못하고 있다는 것을 보여 주는 것이라 하겠다.

전자상거래를 통한 “전자적 거래(paperless trading)”의 법률적 지위(status)와 타당성(validity)은 각기 다른 국가의 법률이 해결해야 할 과제이며, 보다 더 일관성을 유지해야 할 부분이라고 하겠다. 인터넷 기반의 전자상거래는 소유권의 이전 시점, 구매에 따른 세금을 어디에 누가 지불하여야 하는 것인가에 관한 새로운 법률적 문제를 야기하였다. 또한 음반 산업은 인터넷 상에서 판매되는 물건(material)에 대한 지적재산권(intellectual property)과 로얄티(loyalties) 같은 보다 더 민감해지는 사안들을 해결하기 위하여 법에 호소한(“go to court“) 첫 번째 산업이 되었다. 컴퓨터를 기반으로 하는 사기행위가 빈번하게 발생하고 있으며, 개인과 기업에 엄청난 금액의 손실을 입히고 있는 것이 현실이다. 하지만 이러한 컴퓨터 기반의 사기행위를 발견하는 것이 어려울 뿐만 아니라, 많은 경우에 성공적으로 이들 사기행위를 기소하는 것이 거의 불가능 하다고 알려져 있다. 또한 최근에 소개된 인공지능 기반의 ChatGPT 서비스는 사용자에게 필요한 정보와 지식을 편리하고 손쉽게 제공해 효과가 있지만, 창작물에 대한 지적재산권 문제와 관련된 법률적인 우려를 낳고 있기도 하다.

(4) 생태학적 요소

환경 보호를 위한 로비(lobby)는 전 세계적으로 점차 목소리를 높여가고 있다. 서유럽 국가에서 “녹색”운동과 녹색정당의 출현은 환경을 보호할 필요가 있음을 점차 인식하고 있다는 명확한 신호이기도 하다. 이러한 현상은 상업포경(commercial whaling)과 원자력발전에서 수력발전으로의 회귀 같은 다양한 활동에 커다란 영향을 미쳤다. 그리고 최근에는 지구온난화의 영향으로 인해 기존의 화석연료 기반의 전력 발전을 지양하고, 대체 전력공급원(sources of power)으로서 풍력발전과 태양광발전 같은 신재생에너지로의 전환을 모색할 것을 강조하기도 하였다.

1990년대에 보다 더 급진적인 환경보호론자들인 소위 “생태-전사”들은 자신들의 활동 영역을 확대하여 사회, 경제적 이슈들에 대하여도 언급하기 시작하였다. 또한 Reclaim of the Streets 운동은 경제적인 목표를 추구함에 있어 정부와 기업의 환경과 사람에 대한 경시를 강조하기 위하여 도심에서 시위를 주도하기도 하였다. 수많은 시위자들이 세계무역기구 정상회담(the World Trade Organization summits)과 글로벌 포럼(the Global Forum) 회의에서 글로벌 기업들에 의한 환경 파괴와 개발도상국 사람과 자원에 대한 착취를 중단할 것을 요구하기도 하였다. 시위자들을 동원하고 데모를 준비하기 위하여 인터넷이 사용되기도 하였다. 어떤 측면에서는 인터넷과 같은 정보기술이 세계 곳곳에서 조직적인 운동을 교묘히 획책할 수 있는 시위 활동을 가능하게 하였다. 예를 들면, 문자메시지가 유행했던 필리핀과 같은 국가에서는 정보기술이 전직 Joseph Estrada 대통령을 타도하는 데 사용되기도 하였다. 그리고 2010년대 초반에 중동과 북아프리카의 튀니지, 리비아, 이집트 등에서 일어났던 민주화 물결 역시 인터넷을 이용한 정보의 빠른 확산 및 전파를 통해서 가능했다고 보도되기도 하였다.

기업에게 제약을 부과할 수도 있지만, 앞서 언급된 압력들이 기업의 연구와 개발 활동의 증대뿐 아니라 새로운 사업 기회를 야기할 수도 있다고 하겠다. 세계가 환경보호를 더욱 의식함으로써 수많은 일자리 창출과 함께 "지구를 구할 수 있다"라고 환경 단체들은 주장하고 있다.

(5) 기술적 요소

일반적으로 기술적 환경은 과거 어느 때보다 더 빠르게 변화하고 있으며 혁신적인 제품과 서비스를 창출하고, 새로운 방식으로 사업을 할 수 있는 것을 가능하게 하였다. 이러한 변화의 과정에서 "옛"제품은 보다 빠르게 쓸모없게(시대에 뒤떨어지게) 된다. 지난 수십 년 간에 일어난 정보기술의 커다란 변화들을 살펴보도록 하자.

① 광섬유, 인공위성과 무선 네트워크 등 통신에서의 변화는 통신망의 대역폭(bandwidth)이 증가함에 따라 기업과 대중이 예전에 비하여 훨씬 빠르고 광범위하게 의사소통을 할 수 있도록 하였다. 이러한 현상은 비즈니스 활동의 강도(intensity)와 속도를 증가시켰으며, 효과적인 정보 교환과 사용을 가능하게 하였다.

② 컴퓨터와 소프트웨어의 가격대비 성능이 지속적으로 향상된다는 것은 누가나 다양한 정보자원에 손쉽게 접근할 수 있으며, 취득한 정보를 처리할 수 있는 능력이 있다는 것을 의미한다고 하겠다. 이러한 현상은 개인들에게 효

과적으로 힘을 부여하여 주는 것이며, 개인들이 과거에 비하여 훨씬 더 다양한 일들을 수행할 수 있으며, 보다 많은 사람들과 의사소통을 할 수 있도록 도와준다는 것을 시사하고 있다. 적절히 이용한다면 이러한 개인의 향상된 힘(능력)은 기업 또는 조직의 전략적 능력을 향상시킬 수 있으며, 노동력의 민첩성을 창조할 수도 있다. 반대로 이러한 능력이 잘못 관리되면 조직에 혼란을 초래할 수 있으며, 조직의 자원과 시간을 오용하는 결과를 초래할 수도 있다.

③ 컴퓨터가 점차 소형화되고 휴대성이 용이하게 됨에 따라 개인 사용자들이 컴퓨터 사용에 있어 점진적으로 책상에 국한되지 않고 있으며, 일부 기업이나 조직은 사무실의 필요성에 대하여 의문을 제시하기도 한다. 많은 기업에서 전통적인 사무실 개념이 단지 네트워크에 접속하고(plug-in) 다른 사람을 만나는 장소로 새로이 정의되고 있다. 특히 코로나-19 사태를 겪으면서 전 세계적으로 많은 기업들이 정보시스템과 네트워크를 바탕으로 원격 근무를 새로운 근무 형태로 채택하기도 하였다. 나아가 코로나-19 사태가 종식된 지금 여전히 많은 기업들이 정보시스템과 네트워크 기반의 원격 재택근무를 “뉴노멀”로 받아들이고 있다.

④ 고객으로서 개인들이 대체재의 원천을 찾는 능력과 수많은 고객들의 구매요구를 종합적으로 모으는 온라인 구매 집단의 출현은 분명히 여러 산업에서 구매자의 협상력을 증대시켰다.

⑤ 정보기술과 정보시스템을 기반으로 하는 e-Government의 출현은 정부기관이 주민(시민) 또는 사기업에 제공하는 서비스에 있어서도 다양한 선택권을 제공하게 되었다. 따라서 주민은 정부기관에서 발행하는 각종 서류를 정보기기를 사용하여 손쉽게 편리하게 발급 받을 수 있게 되었다. 또한 사기업은 정부가 발주하는 사업에 입찰하거나 물품을 제공하기 위한 입찰에 있어 예전에 비해 보다 편리하고 간편하게 참여할 수 있게 되었다.

⑥ 최근 정보통신기술 분야에서 많은 기업과 개인들의 관심을 불러일으킨 것 가운데 하나는 사물 인터넷이다. 사물 인터넷(IoT: Internet of Things)은 각종 사물에 센서와 통신 기능을 내장하여 인터넷에 연결하는 기술을 의미한다. 여기서 사물이란 가전제품, 모바일 장비, 웨어러블(wearable) 컴퓨터 등 다양한 내장형(embedded) 시스템이 된다. 사물 인터넷에 연결되는 사물들

은 자신을 구별할 수 있는 고유한 아이피(Internet Protocol: IP) 주소를 가지고 인터넷으로 연결되어야 하며, 외부 환경으로부터의 데이터 취득을 위해 센서를 내장할 수 있다. 사물 인터넷에 연결된 모든 사물이 해킹의 대상이 될 수 있어 사물 인터넷의 발달과 보안의 발달은 함께 갈 수밖에 없는 구조라고 할 수 있다.

정보기술 연구 및 자문회사 가트너에 따르면 2009년까지 사물 인터넷 기술을 사용하는 사물의 개수는 9억 개였으나, 2020년에 이 수가 260억 개 정도였을 것으로 파악하고 있다. 이와 같이 많은 사물이 연결되면 인터넷을 통해 방대한 데이터가 모이게 되는데, 이렇게 모인 데이터는 예전의 기술로 분석하기 힘들 정도로 방대해진다. 이것을 빅 데이터(Big Data)라고 부르며, 빅 데이터를 분석하는 효율적인 알고리즘을 개발하는 기술의 필요성이 사물 인터넷의 등장에 따라 함께 대두되었다. 최근에 점증하는 빅 데이터를 효율적이고 효과적으로 처리하기 위한 새로운 기술로 데이터웨어하우스, Hadoop, In-Memory-Computing 등이 활용되고 있다.

외부 환경으로부터의 신호는 지속적으로 관찰되어야 하며, 이러한 신호는 기업이 미래에 공격적 또는 방어적 자세를 취할 수 있도록 신속하게 이해되어야 한다. 기업은 경영자들이 이러한 신호를 탐지하고, 이들 신호의 시사점을 이해하는 데 도움을 주기 위한 확실한 데이터와 지금까지 설명된 여러 가지(경제적, 사회적, 법적, 생태학적, 기술적) 요소들에 대한 논평을 제공해주는 많은 공적 데이터베이스(public databases)와 온라인 정보 원천(information sources)을 이용할 수 있다. 이와 관련하여 기업이 직면한 커다란 문제는 적절하고, 최신의, 신뢰할 수 있는 정보를 위한 적절한 정보의 원천(information sources)을 찾는 것이다.

일부 예외적인 경우를 제외하면 개별 기업은 단지 외부 환경에 반응(또는 대응)을 할 수 있지만, 자체적으로 외부 환경을 통제하거나 변화시킬 수 없다. 하지만 동일한 산업에 있는 다른 기업과 또는 공통의 관심사를 가진 다른 기업과 함께 집단을 형성하여 표준이나 프로토콜(protocol)의 제정과 같은 직접적인 행동 또는 간접적으로 동업조합(trade association)을 통한 효과적인 로비활동을 통하여 법률과 규정을 수정하거나, 법률과 규정에 영향을 미칠 수도 있다. 어떤 경우에는 대기업이 자사에 유리하게 사실상의(de facto) 표준을 제정함으로써 중요하고, 지속가능하고, 장기적인 경쟁 우위를 확보할 수 있도록 외부 환경을 조성할 수도 있다.

2) 압력 집단과 이해관계자

기업은 외부 환경이라는 상황 하에서 활동을 하며 압력 집단과 이해관계자라는 두 세력의 직접적인 영향을 받고 있다.

압력 집단은 기업 또는 조직에 대한 수요 창출로 특징지어질 수 있다. 압력 집단은 기업이 그들의 존재와 그들이 기업에 영향을 미칠 수 있다는 것을 인식하기를 기대한다. 또한 압력 집단은 자신들의 독특한 관심을 충족시켜주기 위하여 기업이 적절한 반응(대응)을 하여줄 것을 기대한다. 압력 집단이 잘못 다루어지면 기업 또는 조직에 잠재적인 위협이 되지만, 반대로 이들이 기업 또는 조직이 활용할 수 있는 잠재적인 기회를 제공하기 때문에 기업은 개별 압력 집단과의 접점을 지속적으로 관찰하여야 한다.

이해관계자들은 기업에 대하여 직접적인 재무적 이해관계를 가지고 있으며, 기업이 창출한 부에 대하여 공정한 지분(몫)을 요구한다. 모든 이해관계자는 기업의 성공에 대하여 어떤 형태로든 물질적 그리고 재무적 혜택을 기대한다. 과거의 사례들을 볼 때, 가장 성공적인 기업들은 자사의 노력에 대한 보상을 더 많은 배당의 형식으로 이해관계자에게 나누어 줄 뿐 아니라, 크게는 지역사회, 기업의 고객, 공급업자, 그리고 종업원에게 혜택을 나누어 주는 특징을 보여 주었다. 기업의 이해관계자들에 대한 공정한 대우를 통하여 그들의 권익이 보호받을 수 있도록 하기 위한 법률이나 정부 정책이 점차 많이 도입되고 있다. 이는 최근에 정부에서 많은 금액의 유보금을 쌓아놓고 있는 기업들이 배당 형식을 통하여 투자자, 협력업체 등에게 기업의 성과를 나누어줄 것을 권고한 것에서도 잘 나타나고 있다.

주주, 고객 및 종업원과 같은 일부 집단은 압력 집단과 이해관계자 둘 다 될 수 있다는 것을 아는 것이 중요하다. 정교하고 발달한 계획수립 체계는 각각의 압력 집단을 충분히 고려하며, 계획 수립 당시의 외부 상황에 따라 압력 집단들의 생각이 다를 수 있고 때로는 서로 상충되는 요구사항이 있을 수 있다는 것을 기업은 인식하여야 한다. 경쟁이 치열한 환경 하에서는 외부 관계자의 요구사항을 이해하고 이에 대처하거나, 효과적으로 요구사항을 예상하는 기업은 궁극적으로는 성공할 수 있을 것이다. 이들 외부 관계자들은 점차적으로 그들의 관심사와 관련 있는 보다 많은 정보를 기업이 그들에게 제공하여 주며, 보다 책임감 있게 되기를 요구하고 있다. 이와 마찬가지로 민영화 이후에 많은 공기업들 역시 외부 압력 집단과 이해관계자들의 요구를 수용해줄 것을 요구받고 있다.

3) 비즈니스 전략 수립과 계획 과정

외부 환경에서 오는 신호 압력 집단에 의해 야기된 위협과 기회를 고려한 후, 기업은 자사가 추구하고자 하는 전략을 찾고, 평가하고, 그리고 결정하여야 한다. 일단 전략을 수립하였으면, 기업은 필요한 활동들을 계획하고 효과적인 자원의 확보 및 사용을 통하여 어떻게 이들 전략을 잘 실행할 수 있을지 세부계획을 세워야 한다. 비즈니스 계획 수립의 주요 요소들과 그들 사이의 관계는 아래에 설명되어 있다. 계획 수립 과정은 상당히 구조적이고 절차적인 특징을 가지고 있으며, 무엇이 행하여져야 하는지를 이해하는 데 도움을 주기 위한 것이다.

어떠한 유형의 전략 수립이던지 주요 이슈 가운데 하나는 그 범위를 결정하는 것이다. 예를 들면, 조직 또는 기업 전체를 다루는 전략을 수립해야할지, 또는 일관성 있는 전략과 계획을 수립하기에 보다 적절하고 용이한 전략적 사업 부문(SBU: strategic business units)을 다루는 전략과 계획을 수립할지를 결정을 하는 것이다.

대부분의 주요 기업들은 기능적 조직을 위한 전략 및 계획을 수립하지 않고 사업 부문(business units)을 위한 전략 및 계획을 수립하는 것이 최근의 추세라고 할 수 있다. 전략 수립에 있어 전략적 사업 부문 접근법(the SBU approach)은 앞서 언급된 4단계 성숙도 모델의 중요한 측면인 창의성(creativity)과 혁신을 강조하는 것과 관련이 있다. 일반적으로 이런 접근법은 기업이 시장에 보다 효과적으로 대응할 수 있게 하고, 더 큰 운영적 융통성(operational flexibility)을 가져다주며, 결과에 대하여 보다 명확하게 책임 소재를 밝힐 수 있게 한다.

분명한 것은 전략을 유도하고 수립하는 데 있어 기업 전체와 개별 사업 부문을 모두 고려하는 것이 중요하다고 하겠다. 이는 전략적 사업 부문의 기여를 통하여 기업의 목표를 달성하는 것이 기업의 전략 수립에 있어 기본 전제가 된다는 것을 의미한다. 즉 기업의 전략 수립 과정은 기업과 전략적 사업 부문, 그리고 전략적 사업 부문 간의 관계를 잘 반영하여야 한다는 것이다.

(1) 목표

비즈니스 계획 수립 과정에 있어 주요 요소 가운데 하나는 사업 부문 또는 기업의 목표를 설정하는 것이다. 이런 목표의 설정은 일반적으로 수익률, 성장률, 시장점유율, 고객 만족도, 신제품 개발, 고용, 사회적 책임 등과 연계하여 표현된다.

기업의 목표는 단순히 그냥 설정되는 것이 아니라 기업, 경영자, 그리고 주요 이해관계자들이 추구하는 가치(values)를 반영하는 것이라 하겠다. 이러한 가치는 종종 기업의 사명(mission)에 표현되어 있으며, 사명은 일반적으로 기업의 장기적인 목적(aims)과 명분(purposes)을 진술한 것이라 하겠다.

기업의 사명 또는 비전(vision)은 일반적으로 기업의 이해관계자들의 관심사가 바뀔 때까지 오래 동안 지속되는 경향이 있다. 하지만 기업의 목표는 매년 변화될 수 있으며, 일정 기간 동안에 상당히 변화될 수 있다. 기업의 목표(objectives)는 주어진 기간에 달성되어야 할 구체적이고 측정 가능한 대상(targets)을 설정한다. 일반적으로 아래에 설명될 "상황 분석(situation analysis)"를 실시한 후에 목표를 설정하는 것이 논리적일 것으로 생각되지만, 많은 기업에 있어 목표가 먼저 설정되고 난 후에 이들 목표에 비추어 상황이 분석(검토)되기도 한다. 만약 설정된 목표가 달성할 수 없을 것처럼 또는 너무 쉽게 달성될 수 있을 것처럼 예상되면, 추후에 이들 목표가 수정되기도 한다. 하지만 이들 목표가 부적절함을 시사하는 증거가 있음에도 불구하고 종종 이들 목표가 수정되지 않는 경우도 있다.

(2) 상황 분석

"우리 기업이 현재 어디에 위치하고 있나?"라는 질문은 두 개의 본질적으로 요소로 이루어져 있다고 볼 수 있다. 첫 번째 요소는 기업의 내부에 초점을 맞춘 것이고, 두 번째 요소는 기업 외부에 초점을 맞춘 것이라 하겠다. 첫 번째 요소는 기업의 현재 전략과 기업의 장·단점에 대한 이해와 관련이 있다고 볼 수 있다. 즉 첫 번째 요소는 다음과 같은 분야의 철저한 분석으로 이루어졌다고 하겠다.

① 기존 및 개발 중인 제품과 서비스를 만들 수 있고 제공할 수 있는 능력이라는 측면에서 조직 내의 가용 자원
② 부채, 유동성(liquidity), 자산에 대한 기업의 재무적 건강 상태
③ 기업의 종업원, 종업원의 기술 수준, 훈련, 경험, 동기 부여 및 이에 따른 비즈니스 역량
④ 물리적 자산, 자산의 연령, 사용 중인 기술, 기술의 유용성(usefulness)
⑤ 연구 및 개발, 매출액 대비 신제품 개발 및 새로운 시장 개척에 재투자되는

금액의 비율, 개발을 기다리고 있는 신제품의 숫자, 과거 연구 및 개발 실적의 질

⑥ 기업, 기업의 조직 구조 및 조직 간의 관계, 종업원의 태도와 기업문화, 운영적 그리고 관리적 공정(processes)의 효과성(effectiveness), 변화하는 상황에 적응하는 능력

두 번째 요소는 기업이 아주 명확하게 시장에서 자사의 위치와 미래에 가능한 전략적 선택(options)을 확인할 수 있도록 경쟁 환경에 대한 분석을 포함하고 있다. 경쟁 환경에 대한 분석은 아래의 부문에 대하여 이루어져 있다.

① 시장점유율 향상, 전체 시장 규모 증대, 또는 개별 시장 표적 찾기 등을 위한 방법의 확인을 통한 전체 시장 가운데 개별 시장과 시장점유율 분석
② 성숙기 또는 쇠퇴기에 접어든 제품, 수요가 아직 증대되고 있으며 연구 및 개발 관점에서 볼 때 중요도가 높은 제품, 제품의 생명주기가 단축될 필요가 있거나 연장될 수 있는 제품 등을 고려한 제품 생명주기에 있어 기업의 위치
③ 현재 또는 미래의 잠재적 전략, 그리고 제품, 서비스, 마케팅, 재무, 인력과 공정(processes) 측면에서 경재사의 강점 및 약점을 이해하기 위한 모든 현재 및 미래 경쟁사들에 대한 조사
④ 잠재적 대체재를 출시하기 위하여 일어날 수 있는 미래의 경쟁적 행동에 대한 분석, 현재 환경이 자사가 선택한 시장에 신규 진입자 출현 가능성에 대한 분석

상기의 내용은 일반적으로 SWOT(Strengths, Weaknesses, Opportunities, Threats)분석이라고 한다. 또한 브레인스토밍(brainstorming)과 같은 보다 창조적인 생각(또는 방법)을 통하여 기업은 자사의 약점을 인지하면서 위협에 대하여 잘 방어를 할 수 있을 뿐 아니라, 비즈니스 기회를 잡기 위하여 자사의 강점을 활용할 수 있는 방법을 찾을 수 있을 것이다.

(3) 미래 전략

무엇을 성취하려고 하는가를 목표라는 방법으로 충분히 이해를 하고, 자사의 현재 강

점 및 약점, 그리고 경쟁 상황에 대한 분석을 했으면, 기업은 불리한 것을 회피하고 유리한 것들을 창출하기 위한 미래의 전략을 확인(수립)하여야 한다. 역사적으로 볼 때, 미래의 전략 확인(수립)은 과거의 경험을 바탕으로 조직 내 구성원의 지식으로부터 유래된다. 하지만 이러한 현상이 최근에는 점차 제한적으로 이루어지고 있다. 최근에는 많은 기업들이 "불연속성(discontinuity)"을 확인하고 잠재적인 시사점을 예측하기 위하여 시나리오 계획법(scenario planning)을 사용하거나, "획기적인 생각(breakthrough thinking)"을 촉진하기 위하여 외부 전문가를 초빙하여 미래의 방안들을 찾으려고 한다.

가장 유익하고 가장 실행 가능성이 높은 방안이 선택될 수 있도록 기업은 몇 가지 기준을 사용하여 미래의 전략(방안)들을 평가하여야 한다. 예를 들면, 아래와 같은 기준들을 사용하여 미래의 전략들을 평가할 수 있다.

① 재무적 및 관리적(managerial) 위험, 그리고 주요 경쟁사의 예상되는 대응
② 공세를 취하고자 할 때 요구되는 새로운 능력의 필요성 정도 및 보다 방어적 태세를 취하는 데 요구되는 통제력 향상의 정도
③ 의도하는 전략을 실행하는 데 있어 현재의 조직 구조의 적절성 또는 대규모의 조직 개편이 전제 조건으로서의 필요성
④ 역량(competence), 자원, 공정(processes)과 조직 문화의 측면에서 기업의 전략 실행 능력
⑤ 전략의 여러 가지 측면이 다른 비즈니스 주체의 의도와 역량에 의존적이기 때문에 전략이 고객과 다른 거래 기업(trading partners)에 대하여 가지는 시사점
⑥ 전략을 실행 가능하게 하거나 안전하게 실행하는 데 있어 기업이 전략적 제휴를 맺거나 합작회사를 설립할 필요성의 여부

당연한 것처럼 느껴지지만, 전략(방안)들을 평가하는 데 있어 우선순위를 설정하는 것이 매우 중요하며, 어떤 전략(방안)이 추구되지 않을 것인지 결정하여야 한다. 많은 전략들이 바람직하지 않은 행동 방침(courses of action)을 명시적으로 방지하지 못하기도 한다. 때로 많은 전략들이 매우 모호해서 기업 내부적으로 "과도한 새로운 전략(initiative overload)"을 야기하여 전략의 여러 가지 중요한 요소들을 제대로 실행하지 못하는 경우도 있다.

이상적인 세계에서는 앞서 설명된 전략 프레임워크가 기업 또는 조직의 모든 계층과

모든 기능부서에서의 계획 수립의 필요성을 다루는 데 사용하기에 충분하리라 여겨진다. 하지만 전략 수립 프레임워크는 아마도 이런 접근법에 암시된 고도의 형식적인 행위 때문에 널리 사용되지 않고 있다. 전략 수립 프레임워크는 관료적이거나 규범적일 필요는 없으나, 개별 요소들이 모두 다루어져야 한다. 많은 기업들이 여러 가지 다른 전략 수립 도구 또는 방법들을 사용하지만, 종종 종합적인 프레임워크가 없을 경우 여러 유형의 분석과 과정(processes)에서 야기되는 결과물들을 적절하지 않게 합성하기도 한다.

3. 전략 실행

전략은 기업이 실행을 통하여 성취하고자 하는 목적을 위한 수단에 불과하다. 따라서 전략을 통한 기업의 목적 달성을 위해서는 적절한 자원이 확보되어야 하며, 효과적으로 배분되어야 한다. 즉 적절한 조직과 책임이 적소에 있어야 하며, 조직의 구성원들이 전략의 성공적인 실행을 위하여 공헌할 수 있도록 충분한 동기부여가 되어야 한다.

전략이 실행되어감에 따라, 성과를 관찰하고 행하여지는 활동들이 전체적인 목표 달성을 지향하는 구체적인 결과를 초래할 수 있도록 통제하는 것이 중요하다. 이러한 성과 측정의 결과는 전략이 잘 실현되었는지 여부에 관계없이 기업(또는 조직)의 목표를 가다듬기 위한 피드백 루프에 사용된다.

어느 한 시점에 기업은 의도하는 전략을 구상하고 실행 계획을 수립하기 위하여 자사가 가지고 있는 모든 지식과 경험을 사용한다. 하지만 현실은 기업이 예상한대로 되지 않을 수도 있다. 예상치 못한 제약조건 또는 새로운 방안이 생겨날 수도 있다. 또한 경쟁사의 행동으로 인하여 전략이나 실행 계획에 변화가 불가피할 수도 있다. 그리고 예상하지 못했던 새로운 기회가 생겨날 수도 있으며, 전략의 일부가 성공적으로 실행되지 못할 수도 있다. 이러한 과정을 거치면서 기업은 원래의 전략과는 다소 다르지만 실행 가능하고 현실적인 전략을 수립하며 이를 실행하게 된다. 원래 전략의 어느 부분이 실현 가능하지 않을 때, 기업은 이 전략을 더 이상 추구하지 말아야 된다는 것을 의식적으로 받아들여야 한다. 특히 대기업에서 이러한 상황을 수용한다는 것이 행동보다는 말이 쉬울 수 있다. 이러한 방식으로 변화하는 상황에 적응할 수 있는 전략관리 과정을 가지고 있다는 것이 최초의 전략적 분석과 계획을 대신할 수는 없으며, 이는 단지 전략을 보다 더 성공적으로 실행하는 방법의 하나임을 의미한다. 아마도 이런 접근법이 소규모의 고위 경영진에 의하여 수립된 전략을 실행하는 데 조직 구성원의 재능을 사용하는 것보다 그들의 재능을 전략 수립과 실행에 효과적으로 활용할 수 있게 하는 방법일 것이다.

4. 전략 수립 도구와 기법

전략 수립에 있어 여러 가지 도구와 기법이 실제로 사용된다. 여기에서는 Gluck 등이 개발한 전략적 경영 성숙도 진화(evolution of strategic management maturity) 모델의 3단계(외부 지향적 계획)와 4단계(전략적 경영)에서 가장 널리 사용되는 도구와 기법을 소개한다. 대부분의 이들 기법들은 상업과 산업 환경의 불확실성과 복잡성에 대응하여 1960년대 이래 개발된 것들이다. 실제로는 3단계와 4단계에 적용하는 대부분의 기법들은 분석(analysis)과 종합(synthesis)뿐만 아니라 창의성이 요구되기도 한다. 하지만 기업 또는 조직의 실제 상황과 별다른 관련이 없는 영감이나 창의성은 아마도 기회를 제공하기보다는 문제를 야기할 수 있다.

아래에 여러 가지 기법들을 고려하는 가운데, 정보기술과 정보시스템 전략 수립에 관한 시사점이 도출되고 논의될 것이다. 만약 사고 과정(thinking processes)이 의도된 비즈니스 전략을 도출하는 과정의 최대한 이른 단계에서 밀접하게 연계가 된다면 비즈니스 전략과 정보기술 및 정보시스템 전략의 효과적인 정렬(alignment)이 보다 손쉽게 이루어질 것이다.

1) 포트폴리오와 계획 매트릭스(Matrices)

보스턴 매트릭스(Boston Matrix)는 포트폴리오 믹스 기법을 사용한 초기의 예 가운데 하나이다. 보스턴 매트릭스 모델은 제품의 생명주기와, 시장점유율과 수익성 사이의 관계에 바탕을 두고 있다. 또한 이 기법은 어떤 물건이 더 많이 제조될수록 제조 공정의 지속적인 향상과 규모의 경제 달성으로 인하여 제조비용이 감소할 것이라는 경험곡선효과(experience curve effect)*의 논리적 근거를 반영하고 있다. 경험곡선효과는 서비스 산업보다는 제조업에 관련성이 높다고 하겠다.

---

* 경험곡선효과란 사업 규모, 생산량, 경험 등의 증대가 단위 원가의 하락 효과를 나타내는 곡선을 의미한다.

보스턴 매트릭스 모델은 여러 종류의 제품과 다양한 산업에 적용되지만, 어떤 환경에서는 적용되지 않는다. 예를 들면, 일부 생필품 시장에 있어 인위적인 통제를 통하여 시장을 왜곡하려는 정부의 간섭이 심할 경우 보스턴 매트릭스 모델이 적용되지 않는다.

(1) 제품생명주기 모델

제품생명주기 모델(그림 4-1)은 특정의 제품이 오랜 기간 동안 시장에서 고객의 수요에 따라 제품에 대한 수용을 "시험"하는 것으로부터, 성장과 성숙(saturation or maturity)을 거쳐 궁극적으로 쇠퇴기에 이르기까지 어떻게 변화되어 가는지를 설명한다. 유사한 방식으로 제품생명주기의 각기 다른 단계에서 제품을 구입하는 고객의 유형이 시간의 흐름에 따른 개별 제품들에 대한 시장세분화 전략을 수립하는 데 활용될 수 있다. 모든 제품이 동일한 주기(cycle)을 따르는 것은 아니다. 따라서 일부 제품은 논의 단계에서 더 이상 나아가지

<그림 4-1> 제품생명주기 모델과 정보시스템의 활용

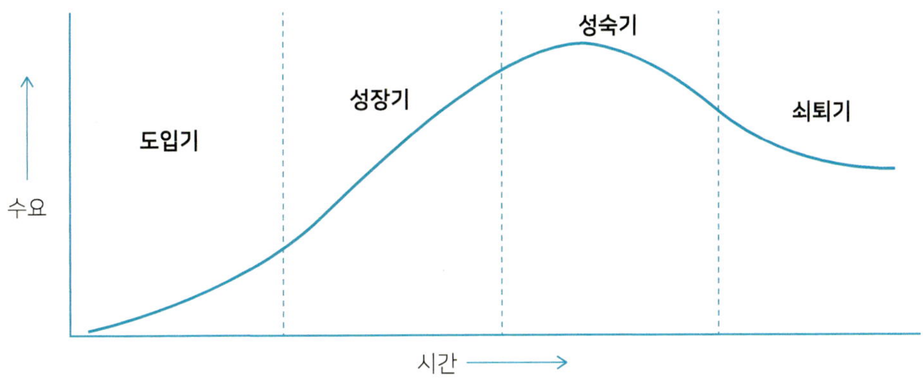

도입기:
- 제품명세서
- 고객 요구 사항
- 프로세스 디자인
- 시장 연구와 예측
- 물류 계획
- 비용 결정

성장기:
- 제품 품질 향상
- 고객 서비스
- 생산시설 확충과 활용
- 유통경로 확대
- 가격 설정과 이익률 관찰
- 고객 기반 확충을 위한 프로모션
- 경쟁사의 위상 확인

성숙기:
- 제품 다양화
- 고객 세분화
- 제품 생산 비용 절감
- 부품 조달(제조 또는 구매 결정)
- 완제품 재고관리
- 제품가격 유연성
- 가치분석 및 비용 절감
- 특정 경쟁사 공략

쇠퇴기:
- 재고 수준 감소와 서비스 비용 최적화
- 판매 예측
- 하청계약 — 공급업자 통제
- 일부 생산시설의 다른 용도 사용
- 유통경로 합리화
- 행정 비용 절감

못하기도 하고, 다른 제품은 시장에서 전혀 수용되지 않기도 한다. 개별 제품의 생명주기도 그 기간에 있어 아주 다양하다. 위스키와 같은 제품은 출시된 지 100년이 넘었지만 아직까지도 시장에서 성공적으로 판매되고 있다. 반면에 1990년대에 시장에 소개된 휴대전화는 10여년 이상 빠른 성장을 하였으나, 2000년대 초반에 시장이 포화상태에 이르게 되었다. 그 후 2007년에 Apple사에 의해 스마트폰의 효시라 할 수 있는 iPhone G2가 발표되면서 휴대전화는 쇠퇴기를 맞게 되었다. 장난감을 포함한 일부 제품들은 수개월 안에 전체 제품생명주기를 경험하기도 한다. 제품생명주기 모델은 고객들의 일시적인 유행에 의해 좌지우지되는 산업에 있어서는 아주 짧은 생명주기를 야기하기도 한다. 일부 선진국에서 쇠퇴기에 있는 제품(예를 들면, 전자제품)에 대하여 새로운 시장이 열리기도 하지만 대부분의 산업에 있어 제품은 도입기(emergence or introduction), 성장기(growth), 성숙기(maturity), 그리고 쇠퇴기(decline)를 거치게 된다.

(2) BCG 매트릭스 모델

제품생명주기를 시장 위치(position)와 결합하면 시장 성장성에 대비하여 상대적인 시장점유율을 보여 주는 2x2 매트릭스를 보여 준다. 매트릭스에 있는 네 개의 셀들은 제품생명주기의 두 단계인 성장기와 성숙기 및 경쟁 상품과 비교하여 특정 상품의 상대적인 성공을 반영하고 있다. 이 매트릭스는 절대적인 시장점유율이 아니라 상대적인 시장점유율을 나타내 준다는 것을 명심하여야 한다. 성장성이 높은 시장에서는 수요가 공급을 초과하며, 초과가격(price premium)에 상품을 파는 것이 가능하다. 고성장의 시장은 많은 경쟁자를 유인하게 되므로, 상대적으로 높게 책정할 수 있는 제품 가격으로 인하여 상대적으로 시장점유율이 낮음에도 불구하고 많은 기업들이 수익성 있는 제품을 가질 수 있다. 시장이 성숙되어감에 따라 공급이 수요를 초과하기 때문에 제품 가격이 하락하게 되며, 상대적으로 성공적이지 못한 기업들은 시장을 떠나게 된다. 그리고 낮은 제조비용으로 인하여 가격 경쟁을 할 수 있거나, 고객들이 가치를 인정하는 기능들을 제공할 수 있는 기업만이 지속적으로 성공할 수 있을 것이다. 실제 시장점유율 증대에 의한 상대적으로 높은 시장점유율을 유지하는 것이 제품에 대한 고객의 인식과 필수적인 규모의 경제를 달성하는 데 있어 아주 중요하다. 〈그림 4-2〉의 매트릭스에서 특정 제품 또는 전체 비즈니스의 위치는 적절한 미래 전략을 나타내 준다.

<그림 4-2> BCG 매트릭스 모델

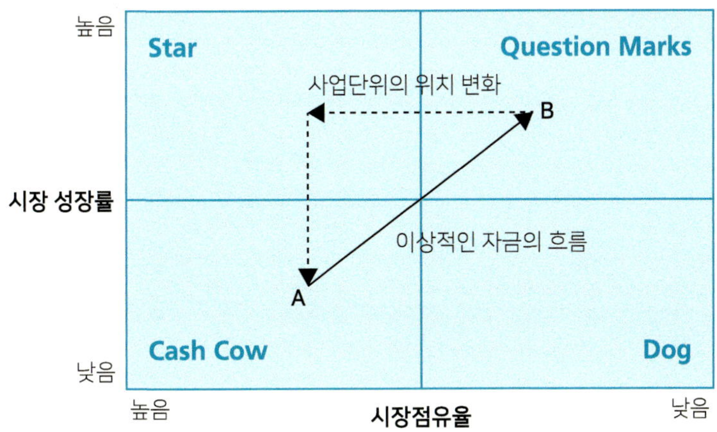

Star:

높은 시장점유율을 달성할 수 있다면, 수요 성장성이 높으며 최고의 잠재적 수익성을 가진 제품들이 "Star"에 속한다. 즉 시장 성장률과 상대적인 시장점유율이 모두 높은 제품들이 "Star"에 속하는 사업이다. 수익이 높고 성장 가능성도 기대된다는 점에서 기업 입장에서는 핵심 사업이 된다. "Star"에 속하는 제품들은 상당한 매출을 창출하지만, 시장에서 확고한 위치를 차지하고, 생산 및 서비스 제공 능력을 유지하기 위하여 지속적이고 상당한 투자를 필요로 한다. (높은 시장 성장률 x 높은 시장점유율)

Cash Cow:

해당 시장의 성장률이 낮은 대신 상대적으로 그 시장에서 높은 점유율을 보이고 있는 제품들을 "Cash Cow"에 속하는 사업이라고 한다. 기업 입장에서는 꾸준한 수입과 이미지를 창출하는 효자 사업이라 할 수 있다. "Star"에 속하던 제품 또는 사업이 시장 성장률 둔화에 따라 "Cash Cow"에 속하기도 한다. 따라서 해당 시장 안에서의 선도적인 위치를 유지하기 위해 많은 노력이 필요한 제품 또는 사업이라고 할 수 있다. "Cash Cow"에 속하는 제품 또는 사업은 다른 제품 또는 사업에 투자하기 위한 기반으로 활용되기도 한다. (낮은 시장 성장률 x 높은 시장점유율)

Question Marks:

시장 성장성은 높으나 현재의 시장점유율이 낮은 사분면에 속하는 제품 또는 사업은 "Question Marks"라고 부른다. 여기에 속하는 제품들은 상당한 투자를 필요로 하나 기대되는 현금 수익이 상대적으로 적다고 할 수 있다. 하지만 이 사분면에 속하는 제품 또는 사업은 기업의 경영 전략에 따라서 "Star" 또는 "Dog"가 될 수도 있다. 즉 기업은 "Question Marks" 사분면에 속하는 일부 제품들이 시장점유율이 증대되고 가까운 장래에 "Star"와 "Cash Cow"에 속할 수 있을 것이라는 기대를 가지고 "Cash Cow" 사분면에 속하는 제품들로부터 창출된 현금을 "Question Marks"에 속하는 일부 제품들을 개발하고 판매촉진을 하는 데 사용하기도 한다. 그러나 기업은 "Question Mark"에 속하는 다른 제품들은 "Star"로 전환될 가능성이 없고, 곧 "Dogs" 사분면에 속할 위험이 있다고 판단되면 손해를 입기 전에 이들 제품이나 사업에 대한 투자를 줄이거나 철수하는 것이 좋다. (높은 시장 성장률 x 낮은 시장점유율)

Dog:

해당 시장의 성장률과 상대적인 점유율 모두가 낮은 제품이나 사업이 "Dog" 사분면에 속한다. 이 사분면에 속하는 제품이나 사업의 경우에는 손실을 최소화하기 위하여 빨리 철수하는 것이 좋다. (낮은 시장 성장률 x 낮은 시장점유율)

시장이 성숙기에 접어들어 제품에 대한 수요가 감소할 때 그 제품은 시장에서 확고하게 자리를 잡게 된다. 소수의 새로운 고객이 그 제품을 구매하지만, 그 제품은 반복 판매의 양상을 띠게 된다. 이 시점에 앞서 "Star" 사분면에 속하는 제품들에 대한 투자는 줄어들게 되며, 높은 시장점유율로 인하여 상당한 흑자 현금 흐름(positive cash flow)을 야기할 수 있다. 이러한 제품들 또는 사업을 "Cash Cow"라고 부른다. 이 기간 동안 기업은 제품과 서비스의 질을 일정 수준으로 유지하고 자사의 시장점유율을 지키기 위하여 충분한 마케팅 노력을 기울이게 된다. 그리고 기업은 가능한 한 오래도록 순현금(net cash) 창출을 유지하기 위하여 원재료, 생산 및 유통 비용을 낮추려는 노력을 하게 된다.

만약 자사의 제품이 새로운 제품이나, 품질이 더 좋거나 저렴한 제품, 또는 유행의 영향으로 인하여 대체됨에 따라 수익성 있는 시장점유율을 확보할 수 없거나 시장점유율이 잠식당한다면 그 제품은 쓸모없는 제품이 되며, 기업은 결과적으로 수익률이 저하되는 제품에 투자하는 것에 신중을 기하여야 한다. 이러한 제품들은 "Dog" 사분면에 속하게 되며, 이상적으로는 이들 제품에 대한 투자를 거두어들이거나 아직 수요가 있는 시장 분야를 보다 정확하게 겨냥하여야 한다.

BCG 매트릭스는 전략에 있어 다음과 같은 몇 가지 주요 사안들을 강조하고 있다.

- 기업 내부 요소가 아니라 시장의 기회와 압력에 따라 제품을 관리할 필요성
- 지속적인 수입원을 확보할 수 있는 미래의 제품에 순현금 유입을 재투자할 필요성
- 장기적으로 기업이 번창하기 위하여 완전하고 균형 잡힌 제품 구성(portfolio)의 필요성

배당금(dividends)의 형태로 기업 이익의 더 많은 부분을 배분해 줄 것을 요구하는 점증하는 이해관계자의 압력이 성공적인 기업에게도 문제점을 야기할 수 있으며, 이러한 현상은 이들 기업이 미래의 제품과 서비스에 투자할 수 있는 능력을 약화시키고 있다.

BCG 매트릭스 모델은 현금 흐름, 시장점유율 및 산업(시장)의 성장성과 같은 주요 사안에 초점을 맞추고 있기 때문에 분석 및 계획에 유용한 모델이지만, 이 모델은 사업의 성공과 관련된 여러 가지 요소들 가운데 일부를 지나치게 단순화했다는 단점이 있다. 그리고 제조업에서 유래된 BCG 매트릭스 모델의 논리적 근거가 미국과 서유럽 기업의 많은 비율을 차지하는 서비스 산업에 있어 그 타당성이 상대적으로 약하다고 하겠다. BCG 매트릭스 모델은 시장의 성장률과 시장점유율을 산업의 매력도와 경쟁적 지위를 결정하는 두 가지 측면으로 규정하고 있으나, 보다 많은 변수들이 고려될 필요가 있다고 하겠다.

BCG 매트릭스 분석 기법은 기존의 사업(또는 제품)을 분석하는 것에 그치고 있어 미래 사업을 계획하는 데에는 명확한 기준을 제시해주지 못한다. 또한 각 전략 사업 단위(strategic business unit)가 가진 시장 성장률과 시장점유율을 계산할 때 오차가 발생할 수 있기 때문에 모든 경우에서 신뢰도를 가진 방법은 아니라고 할 수 있다.

2) 정보기술과 정보시스템에 대한 시사점

제품생명주기 모델(그림 4-1)은 특정 제품의 생명주기에 따른 단계별로 보다 효과적인 정보기술 및 정보시스템의 사용을 통하여 향상될 수 있는 주요 비즈니스 활동들을 보

여 주고 있다. 산업들도 생명주기를 가지고 있는 것으로 고려할 수 있으며, 대부분의 산업은 어느 특정 시점에 네 단계 가운데 어느 한 단계에 있는 것으로 묘사될 수 있다. 예를 들면, 자동차 산업은 성숙기에 있고, 모바일통신 산업은 성숙기에 있으며, 바이오테크놀로지(biotechnology) 산업은 성장기에 있다고 할 수 있다. 기업의 전략은 도입기, 성장기, 성숙기, 그리고 쇠퇴기에 있는 산업에 있어 다를 수 있는 것처럼, 다른 투자와 마찬가지로 정보기술과 정보시스템에 대한 투자도 다르게 목표가 설정하여야 한다. 특정 제품에 대하여 제품생명주기의 각각의 단계별로 상품 촉진, 유통 경로, 생산 능력에 대한 투자는 다른 목적을 가지고 이루어져야 하며, 자사의 제품 또는 사업이 시장에서 처한 위치에 따라 다르게 행해져야 한다.

① "Question Marks" 사분면(높은 시장 성장률 x 낮은 시장점유율)에 속하는 제품들이 궁극적으로 성공할 수 있는 방법은 전체적인 시장의 혁신(innovation) 또는 효과적으로 공략할 수 있는 시장의 특정 부분(niche market)에 집중함으로써 가능하다고 하겠다. 따라서 정보기술 및 정보시스템 전략은 제품과 프로세스 개발에 집중하거나, 잠재적 고객의 확인, 고객 유형의 세분화에 초점을 맞출 가능성이 높다고 하겠다. 따라서 이들 전략은 정확한 서비스 내역과 제품에 대한 고객의 요구사항을 파악하기 위하여 선택된 고객층과 관련된 제품과 서비스에 대한 효과적인 정보 교류 및 분석을 지원한다.

② "Star" 사분면(높은 시장 성장률 x 높은 시장점유율)에 속하는 제품과 사업은 회사에서 선도적인 역할을 하고 있음을 시사한다. 시장이 성장함에 따른 매출 성장을 위하여, 경쟁사보다 앞서 또는 최소한 경쟁사와 보조를 맞추어 고객의 수요를 창출하고 경쟁력 있는 제품 및 서비스를 제공하는 것이 성공이 있어 매우 중요하다. 실제 또는 잠재적인 경쟁사보다 수요에 대한 이해를 더 잘 하기 위하여, 정보기술과 정보시스템의 사용이 고객과 그들의 요구사항을 확인하는 데 집중된다. 또한 정보시스템은 사업의 성장 지원, 증가하는 주문량, 다양한 제품 믹스(product mixtures), 또는 고객서비스 유형 처리 등을 목표로 사용되기도 한다. 주요 강조점은 시장(또는 고객)의 요구사항을 만족시키고 시장에서 기업을 차별화시키기 위한 비즈니스 혁신에 있다. 따라서 정보시스템에 대한 투자의 초점은 자사의 제품에 가치를 부가시키고 성장을

지원하는 데 맞추어져야 한다.

③ "Cash Cow" 사분면(낮은 시장 성장률 x 높은 시장점유율)에 속하는 제품과 사업은 경쟁사에 비하여 비용을 낮게 가져가거나 최소한 경쟁사의 수준으로 비용을 유지하고, 최적의 방법으로 고객의 수요를 충족시킴으로써 현재의 위치를 방어하면서 수익을 창출할 수 있다. 기업이 생산 능력을 최대한 활용하기 위하여 자원과 공정(processes)을 구성하듯, 수요와 공급량의 세밀한 대응(matching)이 고객들을 만족시키는 데 있어 아주 중요하다. 시장에서의 지위를 방어하기 위하여 비즈니스 생산성 및 고객과 공급업자에 대한 통제가 기업의 주요한 목표이며, 정보시스의 사용은 혁신보다는 비즈니스 관계와 활동을 통제하는 데 초점을 맞추게 된다. 즉 "Cash Cow" 제품을 가진 기업의 목표는 경쟁사가 우위를 점하지 못하도록 하는 데 정보시스템을 활용한다.

④ "Dog" 사분면(낮은 시장 성장률 x 낮은 시장점유율)에 속하는 제품과 사업은 이들 제품과 사업이 시장점유율의 증가와 실현 가능한 이익 증대가 명확히 예상되지 않으면 큰 규모의 투자액을 이끌어낼 가능성은 희박하다. 결국 기업이 "Dog" 사분면에 속하는 제품에 대한 투자를 회수하는 것이 궁극적인 목표일 수 있다. 따라서 종종 기업이 정보시스템 전략을 다른 비즈니스 전략과 통합 또는 정렬을 고려하는 것이 바람직하지 않다. 그 대신에 기업은 제품 및 시장의 세분화를 통하여 틈새 시장을 개척할 수도 있다. 일반적으로 정보기술과 정보시스템에 대한 투자는 비즈니스 방향을 따라야 한다. 즉 정보기술과 정보시스템에 대한 투자는 비용 절감 또는 고객 확보를 통한 수익성 향상을 기대할 수 있는 선택적이고, 강력하게 재무적으로 정당화될 수 있는 부분에 이루어져야 한다. "Dog" 사분면에 속하는 제품에 대하여 혁신적인 정보시스템 및 정보기술의 사용은 거의 기대할 수 없다고 하겠다.

BCG 매트릭스가 명확한 투자 지침이 아니기 때문에 상기에 설명된 지침(또는 제안)들은 다소 일반화된 것처럼 보인다. 즉 이들 지침들은 상황을 이해하는 데 도움을 주는 방법들로서, 다른 평가 방법들이 가능하다는 것을 시사한다. 〈그림 4-3〉에서 보듯이 산업의 변화 주기가 진행되어 감에 따라, 시장성장률을 촉진하고 증가시키기 위하여 기업의 사업 주안점이 고객으로부터 제품으로, 그리고 또다시 고객 등으로 바뀌어 간다. 어느 시점에 있어 제품 또는 고객 기반이 상대적으로 안정되어 있다면, 성장은 보다 더 효과적으로 관리될 수

<그림 4-3> 비즈니스 성장의 관점

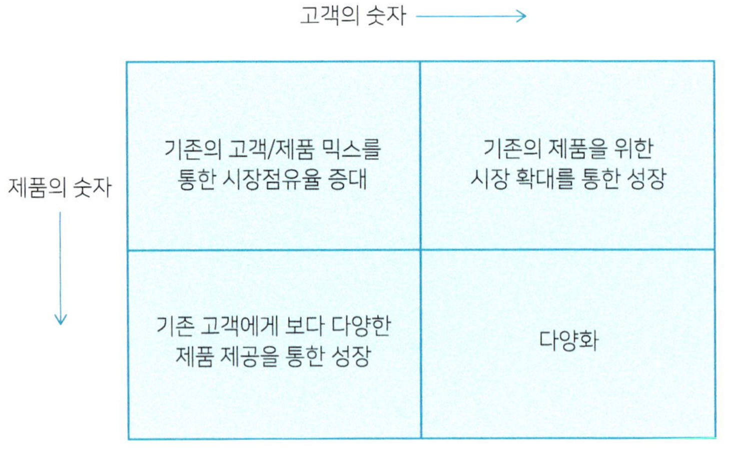

있다. 기업의 성장은 기존의 제품이 보다 넓은 시장(고객) 기반을 바탕으로 거래되거나, 새로운 제품(제품의 다양성을 통한)이 기존 고객의 다양한 수요를 충족시켜줄 때 가능할 수 있다. 정보시스템의 주안점은 이러한 패턴을 따라 잠재적인 새로운 고객을 유인하고, 이들을 위한 유통 경로를 확보하며, 이들을 위한 물류 서비스를 지원하는 데 사용되어야 한다. 또한 정보시스템은 기존 시장과의 연계를 통한 성장을 위하여 새롭고, 더 양질의, 또는 더 저가의 제품 또는 서비스를 개발하고 제공하는 데 사용되어야 한다. 각각의 단계에서 다른 요소들도 간과되어서는 안 되나, 어느 특정 시점에 있어 제품 또는 고객 "개발"이 강조되어야 한다.

〈그림 4-3〉에 제 3의 요소로서 유통 경로를 추가할 수도 있지만, 단지 제품과 고객만을 나타내고 있다. 인터넷은 최종소비자를 포함한 모든 유형의 고객들에게 전자적인 유통 경로를 제공하여 주었다. 대상 고객 집단을 응대하고, 제품이나 서비스를 배송하여 주는 데 있어 적절한 유통 경로를 선택하는 것은 중요한 전략적 의사결정이라 할 수 있다. 고객 접점으로서 콜센터와 인터넷은 정보기술과 정보시스템에 기반을 두고 있으며, 이와 같이 고객 접점을 개발하고 운영하는 것은 비즈니스 전략과 정보기술 및 정보시스템 전략의 필수적인 부분이라 하겠다. 예를 들면, 여러 지점이 있는 은행이 콜센터와 온라인 뱅킹 등 유통 경로(접점)의 다각화(mix)를 관리하는 것은 개별 유통 경로를 통한 서비스 제공 방법을 고객의 필요에 맞게 조화를 이루는 문제일 뿐 아니라, 은행이 제공하고자 하는 상호 교차하는 유

통 경로의 통합 정도에 대한 의사결정을 요구하기도 한다.

분명한 것은 제품이나 고객층이 확대되면 기업이 감당하는 영역이 변하게 된다. 이미 알고 있는 시장을 위하여 보다 다양한 제품을 개발할 경우, 기업은 예전에 비하여 보다 넓은 시장을 가지게 된다는 것을 의미한다. 마찬가지로 제한된 제품 구성에 대하여 보다 넓은 시장이 확보된다는 것은 기업이 보다 다양한 수요가 있다는 것을 알게 되는 것이며, 이들 수요가 경제적으로 충족될 수 있다는 것이다. 따라서 기업은 제품에 대한 추가적인 투자를 정당화할 수 있다.

역사적으로 보면 새로운 제품을 새로운 고객에게 소개하는 다각화(diversification) 전략은 앞서 설명된 단계(기존 제품을 위한 시장 확대를 통한 성장, 기존 고객에게 보다 다양한 제품 제공을 통한 성장)들이 달성되지 않으면 대게 성공적이지 못하였다. 그러나 Virgin과 Nike 같은 "superbrands" 확립이 브랜드 "umbrella"의 영향 하에 기업이 새로운 제품 개발과 새로운 시장 부분을 겨냥할 수 있게 하였다. 또한 HSBC와 Prudential 같은 금융사들은 별도의 새로운 사업부를 신설하여 전통적으로 자사가 상대적으로 취약했던 고객층에게 오직 인터넷 기반의 금융 상품만을 판매하고 있다. 이들 사례에서 보듯이 정보기술과 정보시스템 전략이 구체적으로 특정 사업부를 지원하고자 하는 것이며, 다른 비즈니스 전략과는 연계되지 않는다.

3) 경쟁세력 및 경쟁 우위 전략

앞서 설명된 포트폴리오 모델은 1960년대와 1970년대에 전략적 분석에 사용된 주된 도구였으나, 오늘날에도 기업에서 유용하게 사용되고 있다. 기업의 전략 수립에 커다란 영향을 미친 모델 가운데 하나는 Porter가 개발한 경쟁세력(competitive forces model) 모델이다.

기업은 한 산업 내에 존재하며, 기업이 성공하려면 자사가 속한 산업 내에 존재하는 경쟁세력(competitive forces)들을 효과적으로 다루어야 한다. 예를 들면, 바이오테크놀로지 또는 유전자공학(genetic engineering)과 같은 신생 산업의 경쟁세력은 레저 또는 금융서비스와 같은 성장기에 놓인 산업, 또는 성숙기 또는 쇠퇴기에 있는 자동차 산업이나 광업의 경쟁세력과는 상당히 다르다 할 수 있다. 그리고 소프트웨어 산업에 속한 기업이 세계적인 관점에서 대응해야할 필요를 느끼게 하는 압력들은 국제 경쟁이 아주 제한적이거나 아주 미미한 국지적인 산업에 속한 기업이 느끼는 압력과는 상당히 다를 수 있다.

<그림 4-4> 전자상거래와 경쟁세력모델

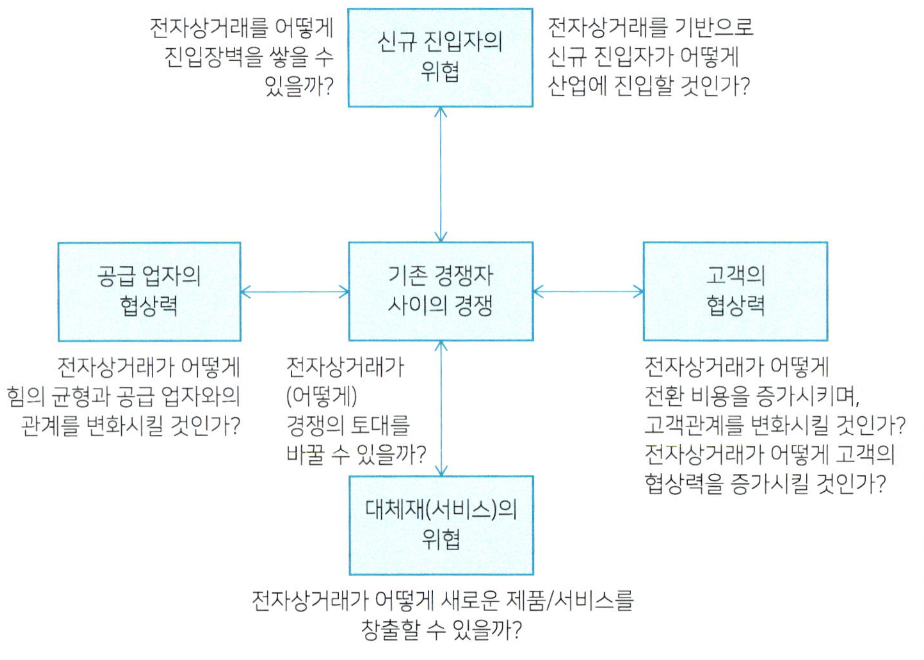

기업은 자사의 고객, 공급업자, 그리고 경쟁사와 상호작용한다. 그리고 기업은 특정 경쟁 시장에 진입하려는 잠재적인 신규 진입자와 대체재 및 대체 서비스의 출현 가능성을 잘 살펴보아야 한다. 이러한 환경에서 생존하고 번창하기 위하여 기업은 어떻게 하면 불리한 것을 피하고, 경쟁 우위를 확보할 수 있는 기회를 포착하기 위하여 이들 상호작용과 시사점을 이해하는 것이 매우 중요하다. 〈그림 4-4〉는 다섯 개의 경쟁세력(고객, 공급업자, 신규 진입자, 대체재 및 대체 서비스, 기존의 경쟁사)을 보여 주고 있으며, 이들 경쟁세력에 대한 전자상거래의 잠재적 영향에 관한 일반적인 질문들을 나열하고 있다.

어느 한 시점에 하나 또는 복수의 경쟁세력이 경쟁사에 특정의 압력을 행사하게 된다. 기존의 경쟁사들은 가격 전쟁 또는 신제품과 새로운 서비스의 제공, 또는 광고 공세를 통하여 격렬하게 경쟁한다. 그리고 경우에 따라 외부의 위협을 피하기 위하여 경쟁사들이 서로 협력하기도 한다. 고객과 공급업자는 기업과 기업의 직접적인 경쟁사들이 누릴 수 있는 이익의 많은 부분에 대하여 협상할 수 있을 정도로 힘을 갖게 되었다. 특히 전자상거래에 있어 판매자와 구매자 사이의 정보의 비대칭 현상이 과거에 비하여 거의 사라졌기 때문에 고객의 협상력이 많이 향상되었다. 하지만 고객과 공급업자에게 전환비용을 증대시키거나, 사업적 관계를 변경하는 데 비용이 많이 발생하게 함으로써 고객 또는 공급업자의 협상력을 줄일 수 있다. 전자상거래는 오프라인상거래에 비해 상대적으로 낮은 진입 장벽 때문에 신설 회사가 산업에 신규 진입자라는 측면에서 위협이 된다. 대체재(대체 서비스)는 기존의 제품 또는 서비스를 대신할 수 있다는 측면뿐만 아니라 고객들이 자신들의 돈을 사용할 수 있는 대안이라는 측면에서 위협이 된다.

만약 모든 경쟁세력들이 동시에 강한 압력을 행사한다면, 기업은 심각한 문제에 직면하게 된다. 그렇지만 기업이 경쟁세력들이 기업에 미칠 수 있는 현재 그리고 미래의 잠재적인 영향에 따라 효과적으로 대처한다면, 기업은 경쟁사보다 더 나은 입지를 확보할 수 있다. 〈그림 4-4〉는 정보기술과 정보시스템이 경쟁세력에게 영향을 줄 수 있는 몇 가지 방법들을 제시하고 있다. 〈표 4-1〉은 경쟁세력이 비즈니스에 커다란 영향을 미칠 수 있을지를 결정하는 요소들의 유형을 요약하고 있다.

(1) 정보기술 및 정보시스템에 대한 시사점

일부 학자들이 정보기술과 정보시스템의 잠재적 영향을 고려하는 근거로서 경쟁 환경 하에서 기회, 위협, 그리고 전략을 분석하는 데 경쟁세력모델을 사용하였다. Parson, McFarlan, Cash 등의 학자들이 정보기술과 정보시스템이 어떻게 특정 산업에 영향을 미치며, 개별 기업이 그 산업에서 처한 위치와 비즈니스 전략에 따라 어떻게 영향을 받는지를 연구하였다. Porter는 인터넷이 기업과 산업에 미치는 영향을 조사하는 데 경쟁세력모델을 적용하였다. 이들 연구의 결과는 부분적으로 정보기술과 정보시스템의 역할 그리고 산업 내의 경제적인 상황과 경쟁 구도 때문에, 정보기술과 정보시스템이 가져다 줄 수 있고, 야기할 수 있는 기회와 위협은 시간이 흐름에 따라 한 산업 내에서도 다를 수 있다는 것을 시사하고 있다. 그러나 제품 혁신처럼 정보기술과 정보시스템의 혁신은 새로운 산업의 성장 또는 일부 산업의 쇠퇴를 촉진할 수 있다. 예를 들면, Amazon.com의 출현은 전통적인 서적 소매업에 중대한 영향을 미쳤으나, 오히려 전체적인 서적의 판매 금액은 큰 폭으로 증가되었다. 어떤 경우에는 정보기술과 정보시스템의 영향이 즉각적이며 명확하다. 그러나 일부 경우에는 정보기술과 정보시스템의 영향이 부수적이며 경제 상황 또는 사회적 행동의 변화가 동반되어야 하거나, 정보기술과 정보시스템이 충분히 효과적이기 전에 다른 분야에서 유사한 변화가 있어야 가능하다. 예를 들면, 온라인 식료품 산업의 경우 정보기술과 정보시스템의

<표 4-1> 경쟁세력의 영향을 결정하는 요소

신규 진입자를 억제하는 요소: • 자본 요건 • 특허 또는 특별한 기술의 필요성 • 유통 경로의 이용성 • 규모의 경제 • 기존 경쟁사의 수와 규모, 경쟁 강도 • 차별화와 브랜드 확립도 및 충성도 • 원자재 및 주요 자원에 대한 확보
대체재 및 대체 서비스를 억제하는 요소: • 소비자가 사용하는 돈의 가치에 대한 민감도, 소비자의 제품/서비스 비교 능력 • 고객의 기존 충성도 • 제품 또는 서비스를 차별화할 수 있는 기업의 능력
기존 경쟁사와의 경쟁을 심화시키는 요소: • 시장 성장 속도의 완만함 또는 시장 성장성 약화 • 규모가 비슷한 소수의 경쟁사에 의한 시장 지배 • 높은 고정 비용/모든 경쟁사들에 대한 높은 퇴출 장벽 • 과잉 생산 능력 • 생필품과 같은 비차별화된 제품
구매자의 협상력을 증대시키는 요소: • 많은 물량(금액)의 제품을 구입하는 집중된 소수의 구매자의 존재 • 낮은 전환비용 • 높은 가격 민감도 및 다수의 대체 공급원의 존재 • 낮은 브랜드 정체성(제품 차별화가 어려움) • 낮은 진입 비용으로 인한 구매자의 후방 통합(backward integration) 능력
공급자의 협상력을 증대시키는 요소: • 제한적인 숫자의 공급업자 • 낮은 대체 공급업자의 출현 가능성 • 공급자의 전방 통합(forward integration) 능력 또는 우회를 통한 고객 접근 능력

예상되는 영향은 고객들이 온라인에서 정보를 검색하고 구매할 수 있는 능력보다는 유통 비용과 쇼핑 선호도와 습관에 달려있다는 것이다.

(2) 산업 분석

산업 분석은 경영자가 정보기술과 정보시스템이 아래와 같은 '산업의 본질적인 요소에 어떻게 영향을 미칠 수 있는가?'에 관한 질문에서 시작하여야 한다.

- 제품 또는 서비스
- 시장, 유통 경로, 그리고 고객의 행동
- 생산, 유통, 그리고 서비스 제공의 경제성

만약 정보기술과 정보시스템이 상기의 어느 요소에 커다란 영향을 미친다면, 모든 경쟁사에 대하여 의미 있는 시사점을 제시한다는 것이다. 따라서 경영자는 보다 심층적으로 아래의 질문들에 대하여 생각해 보아야 한다.

① 정보기술과 정보시스템이 어떻게 제품 또는 서비스의 본질과 가치, 그리고 생명주기에 영향을 미치는가?

- 키움증권, 신한은행과 같은 증권회사와 금융기관들은 인터넷을 기반으로 HTS(home trading system)서비스와 온라인 뱅킹 서비스 등을 제공하고 있다. 이들 기업은 정보기술과 정보시스템을 기반으로 오프라인 지점이 없이 또는 최소한의 오프라인 지점을 유지하면서 고객들에게 다양한 형태의 서비스를 제공한다.
- 온라인 저널 또는 신문이 빠른 속도로 인쇄된 저널과 신문들을 대체하고 있다. 정보기술과 정보시스템을 기반으로 하는 디지털 저널과 신문은 맞춤화가 용이하며, 하이프링크(hyperlinks)를 통하여 다양한 주제와 간행물로의 연결이 가능하게 한다. 또한 정교한 알고리즘(algorithm)을 기반으로 하는 검색엔진은 독자의 질문에 신속하게 답을 제공하기도 한다.
- 보험회사들은 정보시스템을 사용하여 고객에게 직접 보험, 연금 상품 등 을 판매하고 있으며, 새로운 보험, 투자, 연금 상품의 개발 아이디어에서부터 시장에 출시까지 소요되었던 시간을 수개월에서 수주일로 단축시키고 있다. 따라서 이런 현상은 오래된 보험 상품이 빠르게 경쟁력을 잃도록 만들어서, 오래된 보험 상품의 지원을 위한 장기적인 헌신(commitment)을 확보하는 것을 어렵게 만들었다.
- 최근에 많은 구인, 구직 서비스가 전적으로 인터넷을 통하여 이루어지고 있다. 구직 광고가 전통적인 매체에 게재되더라도, 기업이 입사지원서를 인터넷을 통하여 전자적으로만 접수하기도 한다. 또한 지원자에 대한 초기 응대 또는 선별 작업이 사람이 하는 것이 아니라, 정보시스템을 통하여 이루어지기

도 한다. 예를 들면, JOBKOREA(www.jobkorea.co.kr)는 자사의 웹페이지를 통하여 각종 구직, 구인 관련 정보서비스를 제공하고 있다.

- OpenAI가 최근에 소개한 ChatGPT서비스는 기존의 Google 검색서비스 등과는 다른 인공지능을 기반으로 사용자의 질문에 답을 제시하는 새로운 유형의 검색서비스이다. 기존의 검색서비스가 사용자가 제시하는 키워드나 질문에 대하여 관련 웹사이트 목록을 제시하는 것과는 다르게, ChatGPT는 사용자의 질문에 답을 제시하는 획기적이고 혁신적인 검색서비스로서 검색서비스의 본질과 가치에 근본적인 변화를 가져왔다고 할 수 있다.

일반적으로 기업은 정보기술과 정보시스템이 제품 또는 서비스의 본질 및 생명주기와 관련하여 다음과 같은 질문을 할 수 있다. 정보기술과 정보시스템이 새로운 제품 또는 새로운 사업을 창출할 수 있을까?, 정보기술과 정보시스템이 구매의 근거(basis)를 변경할 수 있도록 고객이 인식할 수 있는 추가적인 부가가치 기능 또는 서비스가 가능하게 할 수 있는가? 만약 기존의 제품이 정보 콘텐츠(content)를 많이 가지고 있으면, 앞선 질문에 대하여 정보기술과 정보시스템이 적절하게 기업에서 활용될 수 있다.

② 정보기술과 정보시스템이 어떻게 제품과 서비스의 수요에 영향을 미칠 수 있으며, 시장 세분화를 보다 효과적으로 할 수 있으며, 지리적으로 시장을 확대할 수 있으며, 또는 시장에 접근하기 위한 새로운 유통 경로를 제공할 수 있는가?

- 영국의 Egg는 인터넷과 전화를 바탕으로 온라인을 통해서만 소비자들에게 금융 상품을 제공하는 회사였으며, 지점과 중간 매개체의 필요성 없이 고객의 금융 거래가 가능하게 하였다. 영국의 Egg, 한국의 카카오뱅크, 토스와 같은 인터넷 은행들은 전통적인 경쟁 은행에 비하여 커다란 비용 우위를 확보할 수 있으며, 정보시스템을 바탕으로 고객과 관련된 정보를 보다 용이하게 수집하고, 이렇게 수집된 데이터의 분석을 통하여 고객의 필요를 더 잘 이해할 수 있다. 핀테크(FinTech)는 금융(Financial)과 기술(Technology)의 합성어로, 금융과 ICT(Information & Communication Technology)의 결합을 통해 새롭게 등장한 산업 및 서비스 분야를 뜻한다. 최근에 정부와 산업계는 핀테크가 미래의 유망한 먹거리 사업 가운데 하나로서 기업에게 새로운 비즈

니스 기회를 제공할 수 있다고 한다.

- Amazon.com은 가장 널리 알려진 온라인 소매상으로 알려져 있으며, 정보시스템을 이용하여 고객관련 데이터를 수집하고, 이를 분석하여 고객들의 과거 구매 행태를 파악한 후, 신간 도서를 알려주는 효과적인 온라인 마케팅을 하고 있다. 또한 델컴퓨터(Dell.com)은 맞춤형 온라인 제품 구성(configuration) 및 주문 서비스뿐만 아니라, 기업 고객들에게 맞춤형 지원서비스를 제공하고 있다. Nke는 Nike By You라는 프로그램을 개발하여 고객들이 자신의 개성을 표현할 수 있는 운동화 주문을 가능하게 하는 맞춤 주문 서비스를 제공하고 있다. 이런 정보기술과 정보시스템을 기반으로 하는 새로운 서비스를 통하여 Nike는 개성을 중시하는 젊은 고객층을 유인하고 있다.
- 인터넷과 정보시스템이 경매 기반의 시장에 혁명을 가져왔다. 또한 정보시스템이 주식, 유가증권, 그리고 외환시장에 미친 영향은 잘 알려져 있다. 즉 예전에 지역에 머물렀던 시장이 정보시스템으로 인하여 세계화되었으며, 이들 시장에서 거래를 하는 기업들이 전문가 또는 자격증을 가진 트레이드에 더 이상 의존하지 않아도 된다. 이들 시장에서 상당 부분의 거래가 컴퓨터에 의하여 이루어지며, 이는 어떤 의미에서 정보시스템이 시장의 변화된 행동을 야기한다는 것을 시사한다.

인터넷과 정보시스템은 소비자와 기업에게 새로운 유형의 경매가 가능하게 하였으며, 정보 기반의 제품뿐만 아니라 다른 유형의 제품과 서비스를 위한 거래 프로세스를 변화시켰다. 예를 들면, 옥션(www.auction.co.kr)과 프라이스라인(www.priceline.com)은 온라인 경매와 역경매 서비스를 제공하여 일반 대중이 다양한 유형의 물건 또는 서비스의 경매에 참여할 수 있게 하였다. 또한 대부분의 산업에서 전자시장 또는 트레이딩 허브(trading hubs)가 존재하며, 이들이 미래에는 더 많은 비율의 거래를 처리하리라 예상된다.

기업은 정보기술과 정보시스템이 제품 또는 서비스의 수요, 시장 세분화, 그리고 유통경로 등과 관련하여 다음과 같은 질문을 할 수 있다. 정보기술과 정보시스템이 기업이 보다 많은, 보다 적절한 고객에게 접근할 수 있게 하는가? 정보기술과 정보시스템이 기업의 다양한 제품과 서비스를 고객에게 보다 적절하게 대응시켜줄 수 있을까? 정보기술과 정보시스템이 기업의 제품과 서비스를 새로운 방법으로 유통시킬 수 있을까? 정보기술과 정보시스템이 기업이 중간매개자를 거치지 않고 시장에 보다 가까이 다가가는 것을 가능하게 하는가?

③ 정보기술과 정보시스템이 어떻게 산업의 주요 프로세스의 비용 기반에 영향을 미치며, 유연성과 표준화 사이의 균형에 변화를 줄 수 있는가?

- 출판 산업에서 저자의 원고 준비에서부터 마지막 인쇄 공정까지 정보기술과 정보시스템의 사용은 신문, 저널, 잡지, 그리고 서적 생산의 경제학을 근본적으로 변화시켰다. 신문 생산의 혁신적인 방법은 널리 알려졌다. 기자는 멀리 떨어져서 원고를 작성하고, 이를 전자적으로 본사에 전송한다. 전송된 원고들은 데스크탑(desktop) 출판시스템에 의해 조판이 완성되며, 완성된 조판은 필요한 지역에 인쇄를 위해 전송된다. 더 나아가 정보시스템과 인터넷을 기반으로 하는 디지털 버전의 온라인 신문은 전자적으로 전 세계 어디라도 배달이 가능하며, 하루에도 수시로 업데이트된 뉴스 서비스를 제공할 수 있는 장점이 있다. 정보기술과 정보시스템에 의한 신문은 생산 비용의 기반을 변화시켰을 뿐 아니라, 신문의 유통 비용도 획기적으로 줄였다. 또한 전자책의 출판과 판매 및 배송도 전통적인 종이 서적에 비하여 생산 경제학에 커다란 변화가 생겼다. 디지털 형식의 전자책 원판 생산은 전통적인 종이 서적에 비하여 비용이 많이 발생할 수 있으나, 추가적인 부수의 발행에 대한 한계 비용이 거의 "0"에 가깝기 때문에 추가적인 부수의 판매량이 증가할수록 출판사의 수익성이 크게 향상될 수 있다.
- 실제 상품을 물류와 재고관리시스템에 연동시키는 창고자동화시스템은 도매회사가 보다 다양한 제품의 재고를 유지할 수 있게 하며, 고객의 주문에 보다 신속하게 대응할 수 있게 하고, 수요의 변화를 조기에 예상할 수 있게 한다. 또한 기업은 정보시스템을 활용하여 배송 경로와 주문의 수익성을 최적화할 수 있다. 그리고 추적시스템(tracking systems)은 운송회사가 언제라도 위탁물의 정확한 위치를 파악할 수 있도록 도와주며, 고객에게 보다 정확한 배송 관련 정보를 제공할 수 있게 한다. 또한 UPS(United Parcel Service)와 같은 택배회사는 고객이 배송 관련 정보를 자사의 웹사이트를 통하여 직접 확인할 수 있도록 패키지트래킹 서비스를 제공하기도 한다.
- 문서와 이미지의 디지털화는 보험과 같은 정보 집약도(information-intensive)가 높은 산업의 많은 배후(back-office) 프로세스의 자동화가 가

능하게 하였다. 작업흐름(workflow) 기술과 결합되면, 문서관리시스템(document management system)은 새로운 비즈니스 지원서와 승인 및 지급 청구서(claims)를 처리하는 데 있어 생산성과 고객서비스의 질을 향상시킬 수 있다. 이러한 정보시스템은 비용 절감 효과뿐만 아니라, 기업이 예전에 상상도 할 수 없었던 많은 양의 업무를 처리할 수 있도록 한다.

앞서 소개된 내용은 기업이 정보기술과 정보시스템을 업무 프로세스 등에 활용한 일부의 사례에 지나지 않으며, 기업은 다음과 같은 질문과 관련하여 정보시스템의 활용을 고려할 수 있다. 정보기술과 정보시스템이 제품과 서비스를 보다 경제적으로 생산할 수 있을까? 정보기술과 정보시스템이 생산과 물류를 통합하여 자원의 사용을 보다 유연하게 할 수 있을까? 정보기술과 정보시스템이 전통적인 방법에 비하여 보다 양질의 제품과 서비스를 보다 저렴한 가격으로 고객에게 제공하는 것이 가능하게 할 수 있을까?

위에 언급된 내용은 산업에서 정보기술과 정보시스템이 가지고 있는 잠재력이 제품 또는 서비스, 시장, 그리고 경제학(비용적인 측면)에 미칠 수 있는 영향에 대하여 다루고 있으며, 기업이 정보기술과 정보시스템에 대하여 가질 수 있는 방안들을 고려해 보았다. 그리고 상기의 내용은 정보기술과 정보시스템을 활용하여 새로운 제품과 서비스를 개발하고, 판매하거나, 고객의 수요를 효과적으로 충족시켜주기 위한 새로운 유통 경로를 찾고자 하는 신생 기업과 잠재적 신규 진입자에게 시사점을 제시한다는 측면에서 매우 중요하다.

(3) 정보기술과 정보시스템의 기회와 위협을 포착하기 위한 경쟁세력 분석

오늘날 지식사회에서 기업이 생존하고 번창하기 위해서는 기업은 정보기술과 정보시스템이 산업의 본질과 미래에 영향을 미칠 수 있는지, 또는 이들이 경쟁사 사이의 힘의 균형에 어떻게 영향을 미칠 것인지에 대하여 검토한 후, 효과적인 전략을 수립하고 실행하여야 한다.

제품(서비스)의 특성으로 인하여 정보기술과 정보시스템은 항공 산업의 모든 경쟁세력에게 상당한 영향을 미치고 있다. 즉 항공권의 판매(구매), 거래가 완료되기 위하여 필요한 정보의 교환 등이 모두 정보시스템의 사용을 통하여 이루어지며, 이러한 정보시스템의 사용은 경쟁세력 사이의 힘을 균형에 영향을 미치게 된다. 항공 산업에서 정보기술과 정보시스템의 사용은 모든 경쟁세력들에게 〈표 4-2〉에 서술된 것처럼 영향을 미치고 있다.

<표 4-2> 정보기술과 정보시스템이 어떻게 경쟁세력에 영향을 주는가? — 항공 산업

1. 정보기술과 정보시스템이 어떻게 진입 장벽을 쌓을 수 있나?	• 예약시스템에 대한 정보기술(정보시스템) 진입 비용을 증대시킴 • 여행사 등을 통한 유통 경로의 결합 • 전략적 제휴 또는 시스템 통합을 통한 운송 능력과 발권 비용 공유
2. 정보기술과 정보시스템이 어떻게 고객에게 전환 비용을 부가할 수 있나?	• 고객 관련 간접비 절감을 위하여 구매와 지불(송금)시스템의 통합 • 단편적 구매를 억제하기 위한 할인/단체 상품 제공
3. 정보기술과 정보시스템이 어떻게 경쟁의 기준(토대)를 바꿀 수 있나?	• 비용 절감: 항공기당 수익률 제고(최적화) • 차별화된 서비스 제공: 수요에 따른 항공기 좌석 수/등급 변경 • 고수익률 고객층 집중 공략 • 여행사를 우회한 직접 예약에 대하여 과잉서비스가 없는 저비용/저가 항공권 판매
4. 정보기술과 정보시스템이 어떻게 공급업자 및 고객과의 관계에서 힘의 균형을 변화시킬 수 있나?	• 여행사가 지속적으로 경쟁 항공사의 좌석의 여유가 있음을 앎 • 항공사가 사전에 선택된 여행사를 통하여 미판매 좌석을 홍보하거나, 판매 패턴에 따라 온라인 예약을 통하여 고객에게 다양한 가격에 직접 판매
5. 정보기술과 정보시스템이 어떻게 새로운 제품 또는 서비스를 창출할 수 있나?	• 여행사를 우회하여 비행거리가 많은 고객에게 통합된 여행 상품을 판매

금융서비스와 출판 산업과 같은 경우는 제품(서비스) 자체가 정보라는 관점에서 정보 집약적 산업이라 할 수 있으며, 이들 산업에서 비즈니스 거래를 완료하는 데 정보시스템이 필수적인 요소로서 사용되고 있다. 항공, 여행, 금융서비스, 그리고 출판 산업에 비하여 상대적으로 경쟁의 토대가 정보에 의존하는 정도가 약한 산업에서도, 하나 또는 복수의 경쟁세력이 경쟁 우위를 확보하려고 아주 의도적으로 정보기술과 정보시스템을 사용하는 기업에 의하여 크게 영향을 받는다.

식료품을 취급하는 슈퍼마켓들이 구매와 물류시스템에 연계되어 있는 전자판매시스템(Electronic Point of Sale Systems)을 통하여 진입 장벽을 구축하였다. 즉 이들 정보시스템의 구축과 운용에 대규모의 투자와 공급사슬(supply chain)에 대한 통제가 필수적이기 때문에 이들이 잠재적인 신규 진입자를 억제하는 효과가 있다. 소매기업은 로얄티 프로그램(loyalty program)의 도입을 통하여 고객의 구매 행태에 대한 중요한 정보를 수집할 뿐만 아니라 고객의 전환비용을 증가시켰다. 이렇게 로얄티 프로그램을 통하여 수집된 정보의 분석을 바탕으로 소매회사는 고객의 수요 특성을 반영한 상점 내 상품 진열과 지역 시장에 적합한 효과적인 제품 구성을 할 수 있다. 그리고 이들 소매회사는 기존의 정보시스템 기반시설을 바탕으로 온라인 소매업에 손쉽게 진출할 수 있으며, 이러한 전략은 고객에게 물품 구매에 있어 선택의 폭을 넓혀주는 것이며, 발판을 마련하고자 하는 신규 진입자와 대체재 및 서비스의 영역을 제한하는 효과가 있다.

인터넷은 여러 산업에서 경쟁 지형을 바꾸었으며, 다양하고 새로운 비즈니즈 모델의 출현이 가능하게 하였다. 일반적으로 대부분의 산업에서 인터넷으로 인한 세 가지의 영향이 관찰된다. 포탈(portals)과 검색 엔진으로 인하여 온라인에서 보다 많은 선택의 대안이 생겨남에 따라 구매자의 협상력이 증대되었다. 그리고 공통의 관심을 기반으로 한 구매 집단이 생겨났으며, 이들은 개별적인 구매보다는 공동 구매를 한다. 또한 산업의 공급사슬(supply chain) 또는 가치사슬(value chain)을 통한 소비자와 구매자의 직접 거래(disintermediation) 추세와 구매자와 판매자를 연결하여 정보 기반의 서비스(reintermediation)가 생겨났다. 앞서 언급된 것처럼 거래중심(trading hub), 경매 사이트, 전자시장 등은 판매와 구매 과정(process)에 커다란 영향을 미치고 있으며, 일부 산업에서는 이들 과정의 구조 조정을 야기하고 있다. 따라서 온라인 거래의 범위가 전 세계적이기 때문에 실제 그리고 잠재적 경쟁자들은 더 이상 지리적인 제약을 받지 않는다. 이러한 변화는 기업들이 다양한 경쟁 관련 이슈들에 대하여 고민하여야 한다는 것을 시사하고 있다. 많은 경우에 신규 진입자의 출현에 대한 대응책은 전환 비용을 증대시키고, 신규 진입자가 뚫고 들어올 수 있는 틈을 방지하기 위하여 정보 공유를 통한 판매자와 고객 사이의 연계를 강화하는 것이다.

Porter와 Millar, 그리고 일부 학자에 따르면, 기업이 어떤 산업에 속하던지 다음의 두 가지 질문에 대한 답을 찾아야 한다고 주장한다. 첫째, 어떤 경쟁세력이 산업의 미래와 기업의 잠재적인 성공을 결정하는가? 둘째, 누가 우리의 산업을 지배하고 있으며, 어떤 전략을 사용하고 있는가? 즉 기업은 경쟁이 치열한 오늘날의 기업 환경에서 경쟁 우위를 확보하기 위하여 다음과 같은 구체적인 질문에 대한 답을 구하려고 노력하여야 한다.

- 누가 우리 산업에 진입할 수 있을까? 왜 진입하려고 할까? 진입 시 어떤 영향이 있을까?
- 어떤 대체재가 기존 제품의 시장에 영향을 미칠 수 있을까?

- 우리는 현재 어떤 기준(토대)으로 경쟁하고 있으며, 이는 어떻게 변할 것인가?
- 주요 자원에 대한 통제가 성공에 어떻게 영향을 미치는가?
- 구매자(고객)는 어느 정도의 힘과 결정권(구매 재량)이 있으며, 그들이 가진 힘과 결정권이 시장(제품)의 발전 가능성에 영향을 미칠 수 있는가?

〈그림 4-4〉에서 언급된 변화들을 야기할 수 있는 정보기술과 정보시스템의 잠재력이 경쟁세력 분석에 있어 점차 중요해지고 있다. 하지만 상기에 나열된 질문들은 비즈니스적인 측면에서 고려된 것들이며, 실제로 어느 특정 시점에 오직 하나 또는 두 개 정도의 경쟁세력이 결정적으로 영향을 미친다. 따라서 기업에 영향을 미칠 구체적인 경쟁세력이 확인되면 구체적인 정보기술 및 정보시스템 관련 질문이 기회 포착 또는 위협 제거(또는 감소)에 관한 방안을 찾는 데 초점이 맞춰져야 한다. 다음 단계에서 정보기술과 정보시스템이 상대적으로 덜 중요한(영향이 적은) 경쟁세력들의 중요성(영향)을 미래에 바꿀 수 있을지 여부를 검토하여야 한다.

5장

정보시스템 계획

1. 정보시스템 계획의 필요성과 중요성

포괄적이고 효과적인 정보시스템 계획은 조직에서 정보시스템 성공의 비결이라고 할 수 있으며, 좋은 계획은 효과적인 정보시스템 관리를 하는 데 있어 하나의 기초가 될 수 있다. 일반적으로 기업의 관리 계층은 전략적, 관리적, 그리고 운영적 계층으로 구분될 수 있으며, 이들 계층에서 각각 장기(전략) 계획, 중기 계획, 그리고 단기 계획을 수립한다. 조직에서 정보시스템 부서도 자신의 통제 하에 있는 여러 가지 자원의 효과적이고 효율적인 사용을 계획하여야 하는 여러 계층의 관리자들로 구성되어 있다는 점에서 다른 기능부서와 유사하다고 하겠다.

정보시스템 부서의 관리자는 아래와 같은 여러 가지 중요한 이유 때문에 사전에 계획을 세운다.

1) 기술의 급격한 변화

기술의 급격한 변화는 정보시스템 개발에 대한 다양한 방법을 제시한다. 기술이 변화함에 따라 기업이 자신도 모르게 호환성이 없는 시스템에 투자하는 실수를 범하지 않도록 하기 위하여 계획은 점차 중요하게 된다.

2) 경험이 많은 정보시스템 전문가의 희소성

기업이 정보시스템 계획을 수립하는 데 있어 정보 분석가,

프로그래머, 시스템 디자이너, 프로젝트 관리자 등의 역할이 중요하다. 그러나 이들 전문가의 공급이 충분하지 않아 기업이 효과적인 정보시스템 계획을 수립하는 데 어려움을 겪고 있다.

3) 조직 자원의 제약

일반적으로 기업은 한정된 재무적, 인적, 물적 자원을 가지고 있다. 따라서 기업의 정보시스템 역시 한정된 자원을 확보하기 위하여 다른 투자 기회들과 경쟁하여야 한다. 따라서 정보시스템 부서는 효과적인 계획 수립을 통하여 정보시스템에 대한 자원을 보다 효과적으로 확보할 수 있다.

4) 조직의 정보시스템에 대한 의존성

전자상거래 기업을 포함한 많은 기업에서 새로운 전략의 실행은 정보시스템에 크게 의존하고 있어 조화를 이룬 계획이 요구된다.

정보시스템 계획 과정은 조직의 전반적인 계획의 필수적인 부분이 되어야 하며, 정보시스템 부서는 변화하는 자원에 대한 필요성을 지속적으로 극복하여야 한다. 기업이 변화하는 환경에 대처하기 위하여 사업 계획 수립에 자원을 사용하는 것처럼, 정보시스템 부서도 환경 변화에 효과적으로 대응할 수 있도록 계획 수립에 자원을 투자하여야 한다. 기업의 사업 계획과 정보시스템 부서의 계획이 범위와 관점에서는 다르지만, 정보시스템 계획은 기업의 사업 계획과 상호 밀접한 관계를 맺고 있다. 이들 계획들은 각 기업의 고유한 특성에 맞게 수립되어야 하며, 마찬가지로 정보시스템 계획도 각 기업이 처한 상황에 맞게 수립되어야 하며 환경이 변함에 따라 수정되어야 한다.

2. 정보시스템 계획의 계층 구조

일반적으로 정보시스템 계획은 후속적인 계획 수립의 기본 틀이 되는 전략적 계획의 수립으로부터 시작된다. 각각의 계획 수립 단계는 이전 단계의 계획을 보다 상세하게 서술하는 것이라고 할 수 있다. 정보시스템 계획은 전략적(strategic), 장기적(long-range), 중기적

(medium-range) 그리고 단기적(short-range) 계획으로 이루어진 계층 구조를 형성하고 있다고 할 수 있다.

1) 전략적 정보시스템 계획

전략적 정보시스템 계획은 정보시스템 부서의 목표, 목표 달성을 위하여 필요한 자원, 그리고 자원의 획득, 사용 및 처분에 관한 방침을 정하는 과정이라고 할 수 있다. 전략적 정보시스템 계획은 아래와 같은 순서에 의해 수립될 수 있다.

① 정보시스템 부서의 임무 또는 헌장 설정.
② 정보시스템이 기업에 가져다줄 수 있는 기회, 위협, 위험 등을 파악하기 위한 공식적 환경 평가 실시.
③ 기업의 전략적 목표와 연계하여 정보시스템 부서가 달성하여야 할 바람직한 정보시스템 부서 목표의 설정.
④ 정보시스템 부서의 목표가 어떻게 달성될 수 있는지를 개략적으로 기술한 행동 지침인 정보시스템 전략의 개발.
⑤ 전략을 수행하는 데 사용될 지침으로서 정보시스템 부서의 정책의 정의를 바탕으로 정보시스템 부서는 정책 수립에 있어 노력의 체계화, 한정된 자원의 효과적인 할당, 예산 수준의 책정 등을 특히 중시함.
⑥ 정보시스템 부서의 목표, 전략, 정책을 장기, 중기, 단기 계획으로 구체화함.
⑦ 계획의 실행, 계획 대비 실행 진척도 측정, 적절한 계획 수립 과정의 반복적 재사용.

정보시스템 계획 수립에 있어 우선적으로 해야 할 것은 조직에서의 정보시스템 부서의 헌장(임무)을 정의하는 것이며, 이는 조직 전체의 목표(목적)을 바탕으로 이루어져야 한다. 정보시스템 부서의 헌장을 제정하고 이를 조직 전체에 알리는 것은 최고경영층의 의무라고 할 수 있다.

조직에서 정보시스템 부서의 광범위한 임무를 설정한 후, 정보시스템 부서에 부과된 환경과 제약 조건들이 고려되어야 한다. 조직의 목표, 전략, 정책, 조직 내 사용자 부서와 그들의 정보 요구 사항 그리고 현재와 미래의 정보처리 기술 등이 이들 제약 조건이 된다.

정보시스템 부서의 임무 설정과 환경 평가를 한 다음, 정보시스템 부서의 목표들이 정의되고, 이들 목표를 달성하기 위한 전략이 수립되어야 한다. 또한 이들 전략을 수행하기 위한 지침들이 정보시스템 정책이 된다. 이들 구체적인 정책들은 예산, 인력, 소프트웨어, 하드웨어 등의 자원 할당과 사용, 조직 내에서 정보시스템 부서의 구성과 감독 등에 관한 내용을 다루고 있다.

앞서 설명된 것처럼 전략적 정보시스템 계획의 틀(framework)이 완성되면, 전략적 계획 과정이 실행 계획으로 넘어가게 된다. 즉 포괄적이고 조직 전반적인 목표와 전략이 장기, 중기, 단기 실행 계획으로 옮겨지게 된다. 실행 계획이라고 하는 것은 좀 더 상세하고, 구체적이며, 명확한 계획을 의미한다.

때때로 전략적 계획과 장기 계획을 구분하기 어려울 때도 있을 수 있다. 하지만 전략적 정보시스템 계획은 최고경영층의 주도 하에 의하여 수립되고, 장기와 중기 계획은 전략적 계획을 바탕으로 수립된다고 구분을 하면 된다. 즉 전략적 목표는 다른 정보시스템 계획에 부과되는 제약 조건이라고 이해할 수 있다. 따라서 계획들 사이에는 제약의 계층을 이루고 있다고 할 수 있다. 다시 말하면, 장기 계획의 목표는 중기 계획의 목표를 제약하게 되고, 중기 계획은 단기 계획의 목표를 제약하게 되며, 단기 계획 목표는 개별 프로젝트의 제약 조건이 된다. 그리고 각각의 계획 단계에서 보다 많은 자원이 정보시스템 부서에 할당된다고 할 수 있다. 첫째, 전략적 계획에 초점을 맞춤으로써 기업은 계획의 계층 구조를 따라 보다 구체적인 계획으로 나아가면서 자원의 비효율적 배분 위험을 줄일 수 있게 된다.

2) 장기적 정보시스템 계획

장기적 정보시스템 계획은 구체적인 프로젝트 또는 일련의 프로젝트를 다루지 않고 정보시스템 사용자들의 정보 필요성 또는 서비스 유형을 다루는 계획이다. 이점이 장기적 정보시스템 계획과 중기적 정보시스템 계획의 주된 차이점이다. 5년에서 10년의 시간 범위를 가진 장기 개념적 계획은 전략을 수행하기 위한 일반적인 행동 방침과 광범위한 자원의 종류와 관계가 있다. 계획의 시간적 범위는 구체적인 조직의 정보시스템 자원의 필요성(needs)과 조직의 정보시스템 기능에 달려있다.

장기적 정보시스템 계획에는 프로젝트 개발 일정이나 우선순위가 구체적으로 정해지지 않으며, 단지 필요한 자원의 개략적인 추정치만 표시된다. 장기적 정보시스템 계획은 전략적 계획에 의해 부과된 제약 하에서 매년 갱신되어야 한다. 그리고 정보시스템에 대한 필요성(needs)과 소요 자원은 매년 계획을 갱신할 때 변화될 수 있고 변화되기도 한다고 일반적으로 가정할 수 있다. 구체적인 애플리케이션에 대한 논의는 없지만 장기적 정보시스템 계획은 조직의 장기 우선순위에 따라 개발되고, 구축하여야 할 애플리케이션의 주요 특성과 정보처리 분야의 일반적인 추세를 다루어야 한다. 장기적 정보시스템 계획을 수립하는 데 투자하여야 하는 시간과 노력은 전략적 계획을 준비하는 데 투자하여야 하는 시간과 노력보다는 많지만 중기적 계획을 수립하는 데 필요로 하는 시간과 노력에 비하면 상대적으로 적다고 할 수 있다. 장기적 정보시스템 계획은 고위 관리자와 조직의 정보시스템 위원회에 의하여 수립되고 최고경영층의 승인을 받아야 한다.

장기적 정보시스템 계획은 ① 배경(background)정보 수집, ② 전반적인 정보시스템 자원의 필요성(needs) 분석, ③ 장기적 계획 문건 작성의 세 단계를 거쳐 수립된다.

① 배경 정보 수집: 장기적 정보시스템 계획 수립을 위하여 정보기술 부서는 정보시스템에 대한 조직(기업)의 전략적 목표, 미래의 하드웨어 및 소프트웨어의 특성, 컴퓨터 기술과 사회·경제적 변화에 의하여 미래에 영향을 받을 인적자원이 가지는 특성, 법률·규정 등으로 인한 잠재적 외적 압력, 시스템 사용자들이 예측하는 향후 5~10년 동안의 정보서비스의 포트폴리오(종류), 사용자와 정보시스템 관리자 측면에서 본 현재의 주요 문제점들에 대한 정보를 수집한다.

② 전반적인 정보시스템 자원의 필요성 분석: 배경 정보 수집을 바탕으로 장기적인 관점에서 인력·하드웨어·소프트웨어 자원에 대한 수요를 유형(type), 용량(capability), 수량(quantity) 그리고 시기에 관하여 최소한 개념적으로 분석해야 한다. 미래의 인력·하드웨어·소프트웨어 자원에 대한 전반적인 수요는 현재 사용 가능한 자원을 고려하여 미래의 정보서비스 요구를 충족시켜줄 수 있는 지를 생각하여 결정한다. 예를 들면, 향후 5년 뒤에 조직(기업)의 활동이 해외시장으로 확대될 것으로 예상된다면 보다 많은 국경 간 데이터 전송 시설의 필요성이 강조되어야 한다.

③ 장기계획 문건 작성: 전반적인 정보시스템자원의 필요성 분석 결과의 개요와 이들이 정보시스템 기능과 조직(기업)에 대한 시사점을 서술한다. 장기계획 문서는 정보시스템 사용 목적, 미래 추세에 대한 예측, 자원 계획, 조직에 대

한 영향, 정보시스템의 규모와 구조, 잠재적 위험과 기회 등을 기술한다.

장기적 정보시스템 계획 문서에 포함되는 항목들은 목표 서술, 미래 정보시스템 환경에 대한 예측, 미래 사용자 환경의 예측, 미래 산업 환경의 예측, 정보시스템 전략 및 평가에 대한 대안, 시스템개발 계획, 인적자원 계획, 예산 계획, 시설물 계획, 조직 계획, 교육 계획, 하드웨어 계획, 실행 계획, 정보시스템 평가 계획, 정보시스템 부서원의 장·단점 요약 등이다.

장기적 정보시스템 계획과 중기적 정보시스템 계획의 차이는 크지 않으며, 다만 각각의 계획이 다루는 내용과 시간 범위가 다를 뿐이다. 장기적 정보시스템 계획은 상대적으로 간결하고 덜 상세한 필요성, 자원, 일정, 목표 등을 다루고 있다.

3) 중기적 정보시스템 계획

중기적 정보시스템 계획의 산출물은 조직(기업)이 현재 필요로 하는 정보를 제공하여 줄 수 있는 정보시스템을 개발하기 위한 종합계획(master plan)이다. 종합 계획은 우선순위에 따라 구축해야 할 프로젝트의 포트폴리오, 하드웨어와 소프트웨어 구매 계획, 다년간 진행될 프로젝트 및 개발 활동을 위한 예산과 인력수급 계획 등을 포함한다. 중기적 정보시스템 계획은 관리적인 측면에 초점을 맞추어야 하며, 구체적인 프로젝트와 활동에 의해 달성될 수 있는 중기적 정보시스템 목표를 고려하여야 한다. 또한 정보기술 부서는 종합 계획을 통하여 ① 프로젝트 포트폴리오 개발, ② 프로젝트에 대한 우선순위 결정, ③ 선택된 프로젝트에 대한 소요 자원 및 실행 계획 정의, ④ 종합계획 문서 작성 등을 한다.

① 프로젝트 포트폴리오 개발: 정보시스템 부서는 프로젝트 포트폴리오를 통하여 조직(기업)에 도움을 줄 수 있는 사용자 응용프로그램 또는 유틸리티 프로그램 개발 및 현재 사용하고 있는 시스템 운영체계의 향상과 같은 내부 정보시스템 프로젝트를 확인할 수 있다. 프로젝트 포트폴리오는 현재의 상태와 상관없이 중기적인 관점에서 사용자 또는 정보시스템 부서에서 예측하는 모든 프로그램의 목록이라고 할 수 있다. 프로젝트 포트폴리오에 속하는 프로젝트 유형으로 는 현재 개발이 진행 중인 응용프로그램, 개발이 승인되었으나 아직 개발이 시작되지 않고 지체되고 있는 응용프로그램, 장기적 정보시스템 계획에 포함되어 있는 프로젝트, 사용자 요청사항, 기존 시스템에 대

한 대대적인 수정 프로젝트, 새로운 정보기술 또는 경영전략에 따른 정보의 필요성으로 인하여 새롭게 개발하려는 프로그램 등이다. 이런 여러 가지 유형의 프로젝트들은 최고경영층, 사용자 부서, 정보시스템 부서, 그리고 경쟁자나 소프트웨어 개발업체, 컨설턴트 등에 의해 발의될 수 있다.

② 프로젝트에 대한 우선순위 결정: 모든 조직(기업)은 다수의 잠재적인 정보시스템개발 프로젝트를 가지고 있다. 그러나 조직이 가지고 있는 자원이 한정되어 있어 모든 정보시스템 프로젝트를 동시에 개발하고 실행할 수 없다. 어떤 프로젝트는 조직 전체를 위한 것이며, 어떤 것은 기능 부서를 위한 것이고, 또 어떤 것은 정보시스템 부서에서 요청하는 것일 수 있다. 따라서 기업은 어떤 기준을 가지고 이들 프로젝트들을 개발하여야 하는데 이들의 우선순위를 정하는 것이 결코 쉬운 일은 아니다. 이들 프로젝트들은 자기들끼리 경쟁하는 것뿐만 아니라 현재 개발 중인 정보시스템, 지체되어 있는 프로젝트, 기존 정보시스템을 향상시키는 프로젝트, 그리고 주요한 기존 응용프로그램 수정 프로젝트 등과 경쟁하여야 한다. 따라서 프로젝트 포트폴리오의 우선순위를 결정하기 위한 기준으로서 기업의 자원배분 정책 또는 조직의 목표 등이 사용될 수 있다. 일반적으로 정보시스템 사용자 대표, 최고경영층과 정보시스템 부서의 대표가 참여하는 정보시스템 위원회가 프로젝트들의 우선순위를 결정하도록 하는 것이 매우 중요하다고 하겠다. 그리고 프로젝트들의 우선순위에 대한 이유를 명시한 문서를 작성하여 이를 중기적(종합) 정보시스템 계획의 일부분으로 보관하여야 한다.

조직에서 프로젝트의 우선순위를 평가하는 데 있어 계량적인 기준뿐만 아니라 정성적인 기준도 사용되므로 프로젝트의 우선순위를 정하는 것이 결코 쉬운 일은 아니다. 하지만 기업은 아래와 같은 평가기준들을 적용하여 프로젝트의 우선순위를 평가할 수 있다.

- 프로젝트 개발을 하는 데 있어 어떤 논리적인 순서를 따라야 한다. 즉 특정 프로젝트(정보시스템)이 다른 애플리케이션에 선행되어야 하는가? — 시스템 개발 시퀀스
- 조직이 개발하려는 정보시스템을 충분히 소화할 수 있고 사용할 수 있는가? — 조직의 타당성 평가

- 정보시스템 개발에 대한 일정은 어떠한가? — 시간적 제약 조건
- 정보시스템 개발에 얼마만큼의 인적·물적 자원이 필요한가? — 자원 수요
- 개발하려는 정보시스템이 조직의 주요 문제를 해결하거나 핵심 업무를 다룰 수 있는가? — 문제 해결 또는 기회 포착
- 개발하려는 정보시스템이 조직의 수익성에 미치는 직·간접적인 영향은 무엇인가? — 경제적 타당성 평가
- 정보시스템을 개발하는 데 필요한 기술이 이용 가능한가? — 기술적 타당성 평가
- 개발하려는 정보시스템이 조직의 전반적인 목표 및 전략에 부합하는가?
- 개발하려는 정보시스템이 현재 사용 중이거나, 개발 중이거나, 계획 중인 정보시스템과 어떠한 관계가 있는가?
- 개발하려는 정보시스템이 유사한 조직에서 구축하여 사용 중인 정보시스템과 어떻게 비교가 되는가?
- 개발하려는 정보시스템의 홍보적인 가치는 무엇인가? 즉 개발하려는 정보시스템이 정보시스템 부서에서 제공하는 서비스에 대한 최종사용자와 경영층의 신뢰를 향상시킬 수 있는가?

위에 나열된 대부분의 프로젝트 평가기준들은 무형적인 요소들을 반영하고 있다. 따라서 프로젝트의 우선순위를 사용자 부서의 관리자, 최고경영층, 그리고 정보시스템 부서 관리자가 합동으로 결정하는 것이 아주 중요하다고 하겠다. 또한 프로젝트의 우선순위가 결정된 것에 대한 이유를 문서에 명시하는 것이 아주 중요하다. 이 문서는 정보시스템 종합계획서(master plan)의 일부분이 될 수 있으며, 주기적으로 검토되고 갱신되어야 한다.

③ 정보시스템개발 계획 수립(소요 자원 및 실행 계획): 프로젝트 포트폴리오가 확정되고 나면 각각의 프로젝트에 대한 세부적인 개발 계획을 수립하여야 한다. 이들 계획들은 각각의 프로젝트와 관련하여 필요한 자원과 작업일정을 명시하여야 한다. 작업일정은 가까운 미래의 작업일정은 아주 꼼꼼하고 상세하게, 먼 미래의 작업일정은 다소 일반적으로 작성되어야 한다. 또한 각각의 프로젝트는 개발 및 운용의 주요 단계별로 세분화되어야 하며, 각각의 주요 단계별로 일정이 확정되어야 한다. 그리고 다양한 정보시스템을 지원하기 위

하여 필요한 하드웨어, 소프트웨어 기술, 시설, 그리고 인력을 결정하여야 한다. 또한 지원활동을 수행하기 위하여 필요한 자원은 계량적으로 일정과 함께 구체적으로 표시되어야 한다.

④ 정보시스템 중기적 계획(master plan) 문건(종합계획 문서 작성): 중기적 계획 과정은 중기적 계획 문건을 작성함으로써 종결되며, 중기적 계획 문건은 단기적 계획 과정 및 정보시스템 계획에 필요한 상세한 정보를 제공하는 토대가 된다. 따라서 중기적 계획은 개별 프로젝트의 시작과 종결 사이에 있을 수 있는 유휴 인력과 장비가 발생하는 것을 방지해 주는 다년 간 작업 계획이라 할 수 있다. 중기적 계획 문건은 장기적 계획 문건의 시스템 개발 계획 부분에 포함되어 있는 정보와 중기적 계획 수립 과정에 실행된 활동에 근거하여야 한다.

중기적 계획 문건은 일반적으로 세 부분으로 구성되어 있다. 첫 번째 부분은 현재의 정보시스템 상황을 묘사하고 분석하며, 문제점과 필요한 사항들을 도출해 낸다. 두 번째 부분은 애플리케이션 포트폴리오를 나열하고, 개별 프로젝트의 우선순위를 결정하고, 중앙 집중적 애플리케이션과 분산형 애플리케이션을 구분한다. 세 번째 부분은 두 번째 부분에서 언급된 애플리케이션의 시사점을 정보시스템과 관련된 실체들 간의 조직적 구조, 인적 자원 배분, 훈련, 예산 등과 관련하여 논의한다. 전형적인 중기적 계획 문건은 아래의 목록으로 구성되어 있다.

- 소개와 경영종합보고: 이 부분은 보고서의 목적을 기술하고, 중기 계획 프로젝트 구축 방법론과 이에 투자되는 자원을 서술하며, 주요 발견점과 권고사항을 요약한다.
- 현재 정보시스템 상황: 이 부분은 조직의 하드웨어 배치, 소프트웨어, 애플리케이션 인력, 그리고 조직의 정보시스템과 관련된 비용을 구체적으로 묘사한다.
- 현재 상황에 대한 진단: 이 부분은 현재 상황에 대한 분석과 현재의 상황에서 파생되는 문제점들과 필요한 사항을 서술한다.
- 원칙: 이 부분은 조직의 전략과 장기계획에 근거하여 공용의 데이터베이스, 정보시스템의 분산화 또는 집중화, 최종사용자 컴퓨팅 등과 관련된 장래계획을 강조하는 원칙들을 명시한다.

- 애플리케이션 포트폴리오: 이 부분은 미래에 개발할 애플리케이션들에 대한 우선순위와 이들에 대하여 간략하게 서술한다.
- 분산화 또는 집중화 부분: 많은 조직에 있어 정보시스템 자원과 노력의 중앙 집중화 또는 분산화가 매우 중요한 문제점으로 부각되고 있다. 이 부분은 분산화 정책에 대한 기준을 설정하고, 관련 이해당사자 간에 포트폴리오에 제시된 애플리케이션을 일관성 있게 할당한다.
- 조직에 대한 시사점: 이 부분은 사용자 부서 안에서 요구되는 기능들을 포함하여 조직 내에서 정보시스템과 관련된 주체들의 조직적 구조를 논의한다.
- 정책: 이 부분은 인력채용과 승진, 훈련, 내부 소프트웨어 개발, 하드웨어와 소프트웨어 취득, 최종사용자 컴퓨팅, 정보시스템, 그리고 정보센터 등과 관련된 주요 정책들을 설명한다.
- 예산: 이 부분은 정보시스템의 하드웨어, 소프트웨어, 인력의 개발과 유지로 구분하여 미래의 투자와 비용에 대한 예상 금액을 보여 준다.
- 계획 및 개발에 관한 절차: 이 부분은 연간 단기계획을 수립하기 위하여 필요한 절차를 묘사하고 있으며, 만약 조직의 프로젝트 개발 기준이 명확하지 않다면 정보시스템 생명주기에 대한 원칙을 제시한다.
- 실행 계획: 이 부분은 중기적 계획 문건의 마지막 부분으로서 중기적 계획의 권고사항을 이행하기 위하여 경영층이 하여야 할 구체적인 행동들을 명시한다. 실행 계획은 다양한 활동(조치)들에 대한 책임자의 역할을 분명히 하여야 하며, 각 활동들의 완성 일정표를 구체적으로 명시하여야 한다.

⑤ 중기 계획 수립 참여자: 중기계획의 수립과 승인에는 일반적으로 정보시스템 부서, 사용자 부서, 정보시스템 위원회(기능부서의 최고경영자와 정보시스템 부서의 최고책임자로 구성), 그리고 최고경영층이 참여한다.

최고경영층과 정보시스템 위원회가 조직의 목표, 그리고 정보시스템 부서의 목표와 역할을 정의한다. 정보시스템 부서는 현재 상황에 대한 정보를 제공하며, 사용자 부서는 정보시스템 부서 및 정보시스템 위원회와 함께 각각의 프로젝트들을 확인하고 우선순위를 정한다. 정보시스템 부서와 해당 사용자 부서들이 구체적인 프로젝트 개발 일정과 요구사항들을 제시하며, 정보시스템 부서는 중기 계획 문건을 작성한다. 정보시스템 위원회는 중기 계획을 승인하거나 중기 계획의 수정을 요구할 수 있다. 정보시스템 부서는 중기 계획이 승인될 때까지 수정안을 조정한다. 최고경영층은 중기 계획(master plan)을 검토한 후 승인하거나 수정을 위하여 전단계로 돌려보낼 수도 있다. 중기 계획을 수립하는 데 있어 강조되어야 하는 점은 사용자 부서와 정보시스템 부서가 함께 문건 작성 작업에 참여, 정보시스템 위원회의 관여, 그리고 최종 중기 계획에 대한 최고경영층의 승인과 확고한 지원이다.

전략적 계획, 장기 계획, 중기 계획, 그리고 단기 계획 가운데 많은 조직에 있어서 중기 계획이 가장 중요한 단계로 인식되고 있다. 이러한 이유는 전략적 계획과 장기 계획은 너무 광범위하고, 정보기술이 빠르게 변화하기 때문에 조직이 5년 이상을 예견하는 것이 어려우므로 전략적 계획과 장기 계획은 다소 불확실성이 많기 때문이다.

많은 조직들이 중기 계획을 수립하는 데 있어 외부 전문가 또는 자문회사를 고용하는 것을 선호한다. 조직들이 이렇게 하는 이유는 첫째, 내부 자원이 일반적으로 현재 진행 중인 프로젝트에 묶여 있을 경우가 많이 있어, 중기 계획과 같은 과중한 프로젝트를 수행할 수 있을 정도로 전적으로 자유로울 수 없기 때문이다. 둘째, 모든 조직이 조직 전체를 이해할 수 있고, 조직적인 사안과 정보시스템 쟁점을 집약할 수 있는 지적 역량이 요구되는 중기 계획을 다룰 수 있을 정도의 능력 있는 인적 자원을 가지고 있지 못하다는 것이다. 셋째, 중기 계획을 수립하는 데 있어 고도의 객관성이 요구되기 때문이다. 즉 내부 구성원들은 대게 선입견이 있을 수 있으나, 외부 자문위원들은 좀 더 객관적이고 내부의 정치적인 문제에 영향을 덜 받는 경향이 있기 때문이다.

따라서 다음의 두 가지 선결조건이 충족된다면 외부 자문위원을 고용하는 것이 권장된다. 첫째, 운영위원회가 임명되어 외부 자문위원의 중간 및 최종 보고서를 검토하고 감시할 수 있어야 한다. 둘째, 기술전문가인 연락담당자가 있어 외부 자문위원이 조직 내부에서 프로젝트를 수행하는 데 어려움이 없도록 도와줄 수 있어야 한다.

4) 단기적 정보시스템 계획

단기 운영 계획은 단기적인 목적 달성을 위한 성과 목표와 구체적인 업무, 일정, 예산과 관련이 있으며, 단기 운영 계획은 일반적으로 일 년 또는 이 년에 걸친 정보시스템 계획을 다룬다. 하지만 많은 조직(기업)에서 단기 운영 계획은 일반적으로 정보시스템 연간 계획이라고 할 수 있다. 중기(종합) 정보시스템 계획에 있어 가장 우선순위가 높은 프로젝트들이 차기 년도의 단기 계획에 포함된다. 단기 정보시스템 계획은 중기 정보시스템 계획보다 정보시스템 프로젝트에 대하여 보다 상세하게 기술하고 있다.

단기 운영 계획은 새로운 시스템의 개발뿐만 아니라 기존 정보시스템의 향상 또는 유지와 관련된 프로젝트들을 포함하고 있으며, 일반적으로 매년 한 번씩 갱신된다. 단기 정보시스템 계획 수립 과정에는 주로 정보시스템 부서의 구성원들인 정보시스템 부서의 장, 프로젝트 매니저 그리고 시스템 운영, 프로그래밍, 시스템 디자인 및 기술 지원 부문의 매니저 등이 참여한다. 하지만 단기 정보시스템 계획의 최초 단계에는 정보시스템 사용자의 목표와 정보시스템 서비스에 대한 필요성을 결정하기 위하여 일반적으로 사용자 부서 관리자들의 적극적인 참여가 요구된다.

단기 운영 계획의 최종 산물은 정보시스템 부서의 연간 예산 계획과 운영 계획이며, 이들 계획들은 당해 연도에 행해질 활동들과 이를 실행하는 데 필요한 자원을 개략적으로 기술하고 있다. 일반적으로 단기 운영 계획에 다음과 같은 항목들을 포함시킬 수 있다.

① 정보시스템 서비스의 목표와 개요: 이 부분은 단기 운영 계획 작성 시 고려한 가정들을 나열하고 당해 연도의 정보시스템 부서의 목표를 명시한다. 그리고 이 부분은 단기 운영 계획의 후속 부분으로서 전반적으로 필요한 자원, 총 비용, 취득해야 할 주요 하드웨어와 소프트웨어 등을 요약하여 보여 준다.

② 응용프로그램 개발과 유지 계획: 이 부분은 당해 연도에 개발될 모든 응용프로그램들을 묘사하며, 각각의 응용프로그램을 목표, 필요한 자원(인력, 컴퓨팅 시간, 예산), 스케줄 및 주요 날짜 측면에서 보여 준다. 또한 이 부분은 정보시스템 유지 활동에 필요한 자원의 수요에 대하여 기술한다.

③ 운영 계획: 이 부분은 각각의 기능 부서에서 사용하는 주요 응용프로그램별 데이터 입력, 연산, 출력물 품질관리, 데이터 저장 및 전송과 같은 작업량(work load)을 기술한다. 또한 이 부분은 각각의 응용프로그램들이 작업량을 감당하는 데 필요로 하는 인력, 장비, 자재 등의 자원을 보여 준다.

④ 기술지원 계획: 이 부분은 응용프로그램 개발, 시스템 유지 및 운영 활동을 지원하기 위하여 필요한 활동과 자원을 설명한다. 또한 이 부분은 컴퓨터 성과 평가, 당해 연도의 컴퓨터 장비 설치, 소프트웨어 설치, 데이터베이스 관리, 통신 네트워크 관리, 시스템 조정과 시스템 사용자, 응용프로그램 개발

또는 시스템 운영 인력에게 제공하는 기타 기술적 지원의 세부 계획으로 나누어질 수 있다.

⑤ 표준화 실행 계획: 이 부분은 시스템 디자인, 프로그래밍, 데이터, 보안, 그리고 시스템 감사에 적용하는 표준화 작업을 실행하는 데 필요한 주요 날짜와 자원을 기술한다.

⑥ 직원 채용 및 편제 계획: 이 부분은 미래의 활동을 위하여 필요한 정보시스템 부서의 주요 조직 구조의 변화를 보여 준다. 또한 이 계획은 총 인력 수요, 직종 별, 각 부서별, 프로젝트별, 그리고 활동별 인력 수요를 요약하여 보여 주며, 이들 필요한 자원을 획득하기 위한 실행 계획의 개요를 서술한다.

⑦ 교육 및 훈련 계획: 이 부분은 기존 및 신규 직원에게 정보시스템 사용에 필요한 기술을 개발시키기 위한 실행 계획의 개요를 서술한다.

⑧ 시설 계획: 이 부분은 장비와 인력 같은 자원을 어떻게 수용할 것인가에 대한 전체적인 계획을 다룬다.

⑨ 재정 계획: 이 부분은 당해 연도에 정보시스템을 개발·운용·유지·향상시키는 데 필요한 비용과 정보시스템과 관련된 활동으로부터 야기되는 수입에 대한 내용을 다룬다. 즉 재정 계획에 있어 운영 예산은 각각의 정보시스템과 부서에 분산된 비용으로 표시되며, 정보시스템 사용과 관련하여 예상되는 모든 수입이 명확히 기술되어야 한다. 만약 비용이 최종사용자에게 부과된다면 운영 예산은 예상되는 분배원칙에 의해 최종사용자에게 배정되어야 한다.

포괄적인 정보시스템 계획 과정의 마지막 단계는 연간 운영 계획(단기 정보시스템 계획)의 점검 및 갱신이라고 할 수 있다. 원래 정보시스템 계획은 특정 시점에 정보시스템 부서와 관리자가 정보시스템 또는 정보시스템 서비스와 관련하여 어디에 위치해야 한다고 동의한 것을 말해주고 있다. 그러나 정보시스템과 관련된 주변 환경이 변하고, 이는 지속적으로 정보시스템 계획에 영향을 미치고 있기 때문에 정보시스템 계획의 갱신을 위한 첫 번째 단계는 계획된 자원을 가지고 지금까지 무엇을 달성했는가를 아는 것이다. 이러한 지속적인 정보시스템 계획의 갱신이 이루어지지 않는다면 정보시스템 계획은 쓸모없는 것이 될 것이다. 결론적으로 말하면 연간 운영 계획에 대한 적절한 점검 및 갱신이 효과적인 정보시스템 계획의 필수조건이라 할 수 있다.

3. 정보시스템 개발 전략

기업(조직)은 다양한 정보시스템 개발 전략을 이용하여 정보시스템을 개발하고 있다. 어떤 정보시스템 개발 전략은 정보시스템을 개발하는 데 있어 적절하고 효과적인 반면에 어떤 전략은 적절하지 못할 수 있다. 기업에서 흔히 사용하는 적절치 못한 정보시스템 개발 전략과 적절한 정보시스템 개발 전략은 아래와 같다.

1) 적절치 못한 전략

(1) 임시 변통적인(Ad Hoc) 방법

임시 변통적인 방법은 사전계획 없이 정보시스템 개발을 실행할 때 채택하는 방법이다. 따라서 종합적인 정보시스템 개발 계획 없이, 개별 정보시스템의 통합에 대한 고려를 하지 않고 정보시스템을 개발하는 방법이다. 이런 방법을 조직(기업)이 채택하였을 경우 각각의 고립적인 정보시스템(islands of information systems)을 초래하게 된다. 임시 변통적인 방법은 조직(기업)이 급속한 변화를 겪을 때만 정당화될 수 있는 정보시스템 개발 전략이라고 할 수 있으며, 조직이 안정되면 이들 정보시스템들은 일반적으로 새롭게 설계되어야 한다.

(2) 데이터-수집(Data-Collection) 방법

데이터 수집 방법은 정보시스템에 사용되는 모든 데이터를 확보한 후에 정보시스템이 가장 잘 개발될 수 있다고 가정하는 방법이다. 즉 데이터 수집 방법은 조직(기업) 내에서 유통(사용)되는 모든 종류의 데이터의 대표 표본이 수집된 후에 정보시스템을 개발하는 접근법을 말한다. 이는 모든 관리계층과 운영계층에서 필요로 하는 아주 상세한 데이터를 저장하는 커다란 데이터베이스의 구축 및 유지를 필요로 하는 데이터베이스 접근법과 유사하다고 하겠다.

이 방법은 기업이 일반적으로 모든 필요한 정보를 사전에 예측할 수 없기 때문에 정보시스템을 개발하는 유일한 방법은 조직에서 생성되는 모든 데이터를 저장하고 이들 데이터를 추출하고 처리할 수 있는 도구를 제공함으로써 가능하다는 논리에 근거를 두고 있다. 하지만 이 방법은 조직 내의 모든 데이터를 수집·저장·갱신(update)하는 것과 시스템 사용자가 정보가 필요할 때마다 특별한 데이터 처리를 한다는 것이 불가능하기 때문에 커다란 실제적 어려움이 있다.

(3) 조직도(Organizational Chart) 방법

조직도 방법은 조직 내의 정보시스템은 일반적으로 조직의 라인을 따른다는 것을 가정하고 있다. 정보시스템 간의 상호 정보교환은 불규칙하게 일어나지만 조직의 여러 기능에 중요한 기본적인 거래 데이터는 각각의 기능 부서 중심의 정보시스템에 의하여 반복적으로 분리되어 이루어진다고 볼 수 있다. 이 방법은 기업에서 많이 사용되고 있으며 이론적으로도 그럴 듯 하지만 실제적인 문제점을 야기할 수도 있다. 예를 들면, 각각의 응용프로그램을 독립적으로 개발하게 되면 상당량의 중복된 시스템 디자인 노력을 초래할 수 있다. 그리고 데이터처리와 조직의 정보 수요는 기존의 조직 경계와 늘 일치하는 것은 아니다. 예를 들면, 판매 거래는 판매, 유통, 외상매출금, 완제품 재고, 그리고 일반 계정원장과 관련하여 직접적으로 활동을 촉발시킬 뿐 아니라, 생산과 구매 시스템에 간접적으로 활동을 촉발시키게 된다.

조직의 경계를 엄격히 지키는(조직의 경계와 일치하는) 정보시스템은 부서 간의 활동을 지원하는 데 어려움이 있다. 공통된 코딩(coding) 계획을 사용하도록 하여 부서 간 정보교환을 할 수 있도록 하는 규정이 제정되어 있지 않으면 조직 내에서 기존의 라인(부서)이 아닌 다른 라인에 속하는 정보를 획득하기가 어렵다.

2) 적절한 전략

(1) 하향식(Top-Down) 방법

하향식 방법은 사용자들이 필요로 하는 정보가 결정되면 이들 정보를 제공할 수 있는 정보시스템이 디자인될 수 있다는 것을 가정하고 있다. 이 방법은 정보시스템의 개발을 필요로 하는 부서(조직)의 목표를 정의하는 것으로부터 시작한다. 그리고 정보시스템을 사용할 부서의 활동들을 확인한 후에 이들 활동들을 수행하는 데 필수적인 의사결정들을 구체적으로 명기한 후, 이들 의사결정에 필요한 주요 정보들이 결정된다. 다음으로 추후에 시스템 통합을 염두에 두고 세부 시스템들을 정의하고 이들의 개발 우선순위를 결정한다. 흔히 사용되는 하향식 시스템개발 방법은 IBM에서 개발한 비즈니스 계획 방법(business planning method)이다.

하향식 방법의 핵심은 조직의 전반적인 정보 요구사항의 확인과 이를 바탕으로 한 정보시스템 개발이다. 정보시스템을 개발하기 전에 정보 요구사항(필요한 정보)의 확인을 강조함으로써 다양한 정보시스템의 통합을 용이하게 할 수 있다.

(2) 상향식(Bottom-Up) 방법

상향식 방법은 종합적인 개념적 프레임워크 안에서 운영적 정보를 생성하는 하부 정보시스템(subsystems) 개발을 시작으로 하여, 관리적 정보를 생성하는 하부 시스템을 추가하는 방식이다. 상향식 방법을 바탕으로 하는 중기적 계획은 사용자의 정보 요구에 부응하기 위한 필요한 세부 시스템을 순차적으로 개발하고 통합할 수 있도록 계획을 수립한다.

상향식 시스템 개발은 조직의 실제적 정보 필요성에 대응하여 확장된다. 상향식 방법의 단점은 조직의 전반적인 정보 필요성을 사전에 추정할 수 없다는 것이다. 따라서 다양한 정보시스템의 통합의 최적화를 이루기가 쉽지 않다는 것이다. 즉, 정보시스템이 확장됨에 따라 초기의 정보시스템 디자인이 미래의 정보시스템 규모를 충분히 감당할 수 없기 때문에 정보시스템이 새롭게 디자인 되어야 한다.

(3) 점진적(Evolutionary) 방법

점진적 또는 모듈 방식은 상향식 방법의 극단적인 형태로서 조직의 전체적인 모델이 정의되어 있지 않다. 그러나 상향식 방식과 달리 점진적 방식은 정보시스템의 전체적인 프레임(틀) 조차도 정의하지 않는다. 점진적 방식은 운영적 정보 필요성이 대두될 때마다 정보시스템을 개발할 뿐만 아니라, 정보시스템의 통합 필요성이 제기될 때마다 정보시스템을 통합하는 방식이다.

하지만 점진적 방법은 임시 변통적인(Ad Hoc) 방법처럼 완전히 임의적으로 정보시스템을 개발하는 것이 아니라 장기적, 중기적, 그리고 단기적 계획이라는 방법을 바탕으로 정보시스템 개발이 추진된다.

(4) 병행적(Parallel) 방법

병행적 정보시스템 개발 방법은 상향식 방법과 하향식 방법의 단점을 최소화하는 반면에 이들 방법들의 장점을 구현하려는 시도이다. 병행적 방법은 첫 단계로 운영적 정보시스템(operational information systems)과 관리적 정보시스템(management information systems)을 독립적으로 개발하고 운용한다. 운영적 정보시스템과 관리적 정보시스템이 개발되어감에 따라 운영적 정보시스템에서 생성된 정보가 가능한 한 많이 관리적 정보시스템의 투입물(input)로 사용될 수 있도록 하는 노력이 필요하다. 동시에 이미 개발된 운영적 정보시스템에서 생성된 정보를 활용할 수 있도록 관리적 정보시스템을 개발하여야 한다. 병행적 방법이 일관성 있게 잘 수행된다면 운영적 정보시스템과 관리적 정보시스템이 함께 묶여질 수 있으며 궁극적으로는 하나의 통합된 정보시스템으로 발전할 수 있다.

병행적 방법은 운영적 정보시스템과 관리적 정보시스템의 개발이 독립적으로 시작되지만, 이들 정보시스템들이 통합을 추구하여 서로를 향하여 통제된 진화(변화)과정을 거치기 때문에 outside-in 방법이라고 불리기도 한다.

(5) 중심-외부(Middle-Out) 방법

중심-외부 방법은 프로토타이핑과 design-by-using에 의존하여 정보시스템을 개발하는 방식이다. 중심-외부 방법은 정보시스템 개발의 각 단계에서 일반화(상향식)과 구체화(하향식)의 순환적 과정을 바탕으로 하고 있다.

전통적으로 하향식 방법이 환경에 대한 전체적인 관점을 바탕으로 정보시스템 개발을 하는 데 비하여 중심-외부 방법은 환경에 대한 전체적인 관점을 크게 염두에 두지 않고 정보시스템을 개발한다. 중심-외부 방법은 의사결정지원시스템을 개발하는 데 많이 사용되며, 개발하려고 하는 정보시스템이 목표하는 문제해결을 위하여 중요하지만, 전체적인 문제해결로부터 분리될 수 있는 프로토타입(prototype) 시스템을 빠른 시일 내에 개발하고, 이를 전체적인 문제해결과 관련 있는 부분에 사용하도록 한다.

(6) 최적의 정보시스템 개발 전략은?

앞서 다양한 정보시스템 개발 방법이 제시되었다. 따라서 어떤 정보시스템 개발 방법이 최상의 것일까 하는 의문이 생길 수 있다. 각각의 정보시스템 개발 방법은 장·단점을 가지고 있기 때문에 정보시스템과 관련된 여러 가지 이슈들과 마찬가지로 모든 조직에 최적인 방법은 존재하지 않다고 할 수 있다. 정보시스템 마스터플랜을 실행하는 데 있어 조직의 상황을 고려하여 상기에 제시된 어떤 정보시스템 개발 방법을 사용하여도 무방하다고 할 수 있다. 하향식 방법과 상향식 방법이 대안으로 제시되었지만 결코 이 두 가지 방법이 상호 배타적이지 않으며, 병행적 방법은 본질적으로 하향식 방법과 상향식 방법을 혼합한 형태로 볼 수 있다.

하향식 방법은 정보시스템 개발이 조직의 중요한 미션이어야 하며, 정보시스템 개발은 조직의 목표와 전략에 반영되어야 한다는 것을 강조하는 학자들이 일반적으로 선호하는 정보시스템 개발 방법이다. 반면에 상향식 방법은 일반적으로 실무자들이 선호하는 정보시스템 개발 방법이며, 현실에 있어 보다 흔히 사용되는 방법이라고 할 수 있다. 하지만 조직 환경에 맞게 사용된다면 상기에 설명된 각각의 정보시스템 개발 방법이 성공적인 정보시스템 마스터플랜을 위한 토대가 될 수 있다고 하겠다. 즉 조직에서 사용하려고 하는 정보시스템 개발 방법은 조직의 구조, 조직구조의 복잡성, 조직의 규모, 조직 환경, 경영자의 경영철학, 정보시스템 계획 및 개발 과정에 있어 최고경영층의 참여도, 그리고 정보시스템에 대한 조직의 경험 등을 고려하여야 한다.

4. 애플리케이션 포트폴리오 관리

조직의 환경이 변함에 따라 정보시스템 사용자들이 필요로 하는 정보도 변하게 된다. 결국 조직의 정보시스템은 일반적으로 시간이 흐름에 따라 가치가 떨어진다고 할 수 있다. 따라서 조직은 정기적으로 기존의 정보시스템이 사용자들의 정보 욕구를 잘 충족시켜주고 있는지 검토할 필요가 있다. 만약 정보시스템이 사용자들이 필요로 하는 정보 수요를 효과적으로 충족시켜주지 못할 경우 정보기술 부서는 기존의 정보시스템의 향상 또는 새로운 정보시스템의 개발을 통하여 사용자의 정보 수요를 충족시켜 주어야 한다.

기업(조직)은 한정된 자원을 가지고 정보시스템 사용자들의 정보 수요를 충족시켜주어야 하므로 기존의 정보시스템과 새로운 정보시스템 개발 사이에 균형잡힌 예산 배분 및 집행을 하여야 한다. 따라서 조직은 정보시스템 포트폴리오를 구성하는 데 있어 ① 만족도 분석, ② 전략적 및 운영적 분석, ③ 비용·효익 분석 등의 체계적인 방법을 사용하여 포트폴리오 구성을 하여야 한다.

1) 만족도 분석(Satisfaction Analysis)

만족도 분석의 첫 단계는 정보시스템 포트폴리오를 구성하는 모든 애플리케이션에 대하여 만족도 분석을 실시하는 것이다. 이를 위하여 사용자 부서와 정보시스템 부서는 개별 애플리케이션에 대하여 만족도 등급표를 작성한다. 만족도 분석은 사용자 부서와 정보시스템 부서에서 중요하다고 생각하는 요인들에 초점을 맞추어야 하며, 이들 요인들에 대하여 정서적인 인식 정도를 계량화한다.

사용자 부서에서 일반적으로 만족도에 영향을 미친다고 생각하는 중요한 요소들은 바람직한 기능, 정보시스템의 사용 용이성, 사용자를 위한 문서, 건전한 비용/효익 비율, 바람직한 정보시스템 설계 등이다. 반면에 정보시스템 부서에서 만족도에 영향을 미친다고 생각하는 중요한 요소들은 잘 작성된 문서, 최신의 프로그래밍 언어로 작성된 소프트웨어, 정보시스템 운용의 용이성, 정보시스템의 상대적 무고장 정도, 프로그램 구성의 효율성 등이다.

만족도 분석을 위하여 조직은 각각의 애플리케이션에 대하여 상기에 제시된 요소들에 대하여 "0(불만족)"에서 "10(만족)"까지의 등급을 표시하고 이들 등급을 합산한다. 다음으로 "X"축은 정보시스템 부서의 만족도, "Y"축은 사용자 부서의 만족도로 하여 2차원의 그래프를 만들어 각 애플리케이션에 대한 만족도 등급 합산 점수를 아래의 같이 그래프에 표시할 수 있다.

〈그림 5-1〉은 3개의 애플리케이션에 대한 만족도 분석 결과를 보여 주는 것으로서 "A" 애플리케이션은 새로운 애플리케이션이며, "B" 애플리케이션은 개선 작업이 필요하거나 제한적인 효용성이 있는 애플리케이션이고, "C" 애플리케이션은 개발한 후 일정기간이 지난 애플리케이션으로서 대부분의 조직에서 절대 다수를 차지하고 있는 전형적이고 평균적인 애플리케이션을 보여 주고 있다고 할 수 있다. 일반적으로 새롭게 개발한 애플리케이션은 처음에는 그래프에서 "A"의 위치에 있다가 점차 시간이 흐름에 따라 조직에서의 정보 필요성이 변화함에 따라 효용가치가 감소하게 되어 "C"의 위치를 지나 "B"의 위치로 이동하게 된다.

만족도 결과에 따라 조직은 어떤 애플리케이션에 추가적인 자원 지원을 할 것인가 등의 의사결정을 할 수 있다. 또한 조직이 어떤 애플리케이션에 대하여 추가적인 자원 지원을 할 필요성을 느끼지 못할 경우 이들 애플리케이션은 유효성이 상대적으로 떨어진다고 판단하여 추가적인 정보시스템 개선 노력을 기울일 대상에서 제외시킬 수 있다.

<그림 5-1> 사용자 만족도 분석

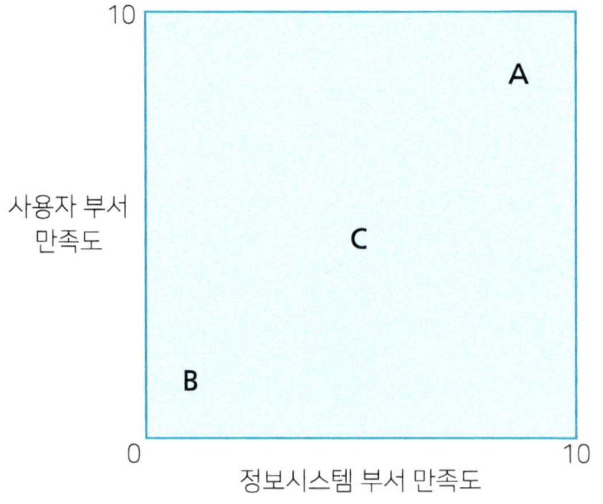

만족도 분석 결과 그래프

2) 전략적 및 운영적 분석(Strategic and Operational Analysis)

어떤 애플리케이션에 추가적인 자원을 투자할 것인가를 평가하기 위하여 관리자들은 정보시스템의 전략적(장기적) 또는 운영적(단기적) 가치를 평가하기도 한다. 달리 말하면, 조직의 고위관리자, 정보시스템 부서의 책임자, 그리고 사용자 부서의 관리자가 각각의 정보시스템의 현재 가치 및 현재부터 미래까지의 잠재적 가치를 신중히 평가하여야 한다. 이러한 평가를 위하여 관리자들이 각각의 정보시스템에 대하여 전략적 중요성과 운영적 중요성에 대하여 "0(낮음)"에서 "10(높음)"까지의 점수로 평가한 후에 이를 "X"축은 운영적 가치, "Y"축은 전략적 가치로 하여 아래와 같이 2차원의 그래프 상에 표시할 수 있다.

〈그림 5-2〉의 1번에 속하는 전형적인 애플리케이션으로는 급여관리 시스템, 미지급금 관리시스템 또는 자동인출기 시스템 등으로 정보시스템 부서와 사용자 부서가 운영적 가치는 높으나 전략적 가치는 상대적으로 낮다고 평가하는 정보시스템들이다.

2번에 속하는 애플리케이션으로는 미국의 Merrill Lynch사의 종합자산관리시스템(cash management account system), American Airline사의 SABRE(Semi-Automated Business Research Environment)시스템과 Dell.com사의 온라인 맞춤 주문시스템(customized order placing system) 등이 있다. 정보시스템 사용자들은 이들 애플리케이션들이 운영적·전략적

<그림 5-2> 정보시스템의 전략적/운영적 가치 분석

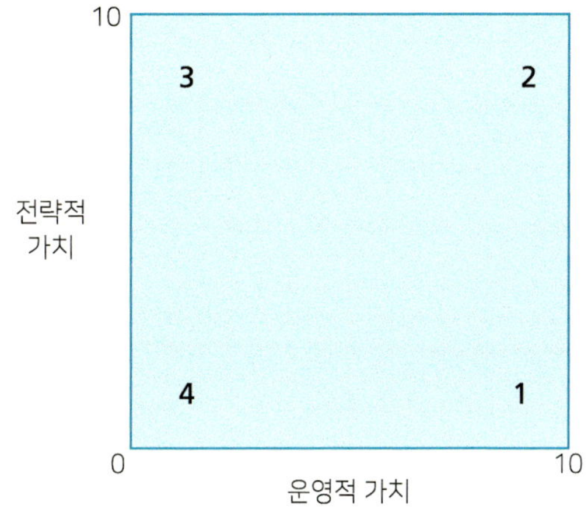

전략적/운영적 가치 분석 결과

으로 회사에 중요하고 필수적인 정보시스템으로 인식하고 있다. 즉 이들 정보시스템들은 회사에 운영적 중요성뿐만 아니라 전략적 경쟁 우위를 가져다주었다고 알려졌다.

3번에 속하는 애플리케이션으로는 초등학교에서 사용하는 computer-aided instruction시스템 또는 최고경영자 지원시스템 등이 될 수 있다. 이들 정보시스템들은 조직에 상대적으로 낮은 운영적 중요성을 가져다주는 반면에 장기적이고 전략적인 이익을 가져다 줄 수 있는 잠재력이 있다고 하겠다.

마지막으로 4번에 속하는 애플리케이션으로는 상대적으로 전략적·운영적으로 크게 중요하지 않다고 하겠다. 이 부류에 속하는 전형적인 애플리케이션으로 일회성 통계분석 프로그램, 이-메일 시스템, 문서작성 프로그램 등을 들 수 있다.

정보시스템의 전략적·운영적 가치 분석에 있어 애플리케이션의 사용자(소유주)는 조직의 전략적 목적과 목표를 고려하면서 정보시스템 부서의 도움을 받아 평가를 하여야 한다. 특히 신생 기술을 바탕으로 한 정보시스템을 평가할 때와 주요 개선 작업을 필요로 하는 정보시스템들을 평가할 때는 정보시스템 부서의 전문지식을 활용하는 것이 올바른 평가를 하는 데 있어 큰 도움이 될 수 있다.

3) 비용·효익 분석(Cost and Benefit Analysis)

비용·효익 분석은 각각의 정보시스템으로부터 야기되는 비용과 효익의 가치를 재무적으로 계량화하여 평가하는 방법이다. 이 분석 방법이 유효하기 위해서는 정보시스템이 작동하지 않았을 때 발생하는 비용과 정보시스템으로부터 발생하는 무형의 효익도 포함되어야 한다. 무형적인 효익의 예로서 사용자 만족도, 정보시스템 부서의 만족도, 전략적 중요도, 운영적 중요도 등이 포함될 수 있다.

비용·효익 분석 방법을 사용하는 데 있어 대부분의 경우에는 고도의 정교한 데이터가 필요한 것은 아니다. 달리 말하면, 약 20 퍼센트의 오차 범위 내에서 비용과 효익을 예측할 수 있다면 이들 데이터를 이용하여 비용·효익 분석을 실시할 수 있다. 비용·효익 분석을 실시함에 있어 재무적 완전성(financial integrity)을 보장하기 위하여 돈의 시간적 가치가 고려되어야 한다.

정보시스템의 비용·효익 분석을 하는 경우 일반적으로 정보시스템 사용자 부서에서 정보시스템의 효익에 대한 정보를 제공하고, 정보시스템 부서에서는 정보시스템 개발 및 구축에 대한 비용 정보를 제공한다. 정보시스템의 효익은 순수하게 재무적인 것 또는 대체로 무형적인 것일 수 있다. 하지만 정보시스템의 비용은 반드시 실제적이고 유형적인 것이어야 한다. 정보시스템들에 대한 비용·효익 분석이 끝나면 그 결과를 정리하여 정보시스템들의 현 상태를 도표를 사용하여 보여 줄 수 있다. 비용·효익 분석의 결과는 정보시스템들에 투자할 자원의 우선순위를 결정하는 데 활용될 수 있으며, 경우에 따라서는 서비스를 중단해야 할 정보시스템들을 확인하고 이들에 대한 퇴역 순위를 정하는 데 사용될 수도 있다.

6장

정보시스템과 기업의 경쟁 우위

오늘날 자유무역주의의 확산과 정보·통신기술의 발달로 인하여 점차 경쟁이 심화되는 환경 하에서 기업들은 경쟁 우위를 확보하기 위하여 여러 가지 전략을 추구하고 있다. 그리고 기업들은 경쟁 우위 확보를 위한 전략을 효과적으로 수행하기 위하여 다양한 종류의 정보기술과 정보시스템을 활용하고 한다.

최근의 글로벌 경쟁은 단지 제품의 가격이나 품질에 국한되지 않으며, 서비스와 시간도 경쟁 우위 확보에 있어 매우 중요한 요인으로 인식되고 있다. 또한 소비자, 공급업자, 시장의 신규 진입자, 대체재, 기존의 경쟁사 등이 기업의 경쟁 전략 수립에 커다란 영향을 미칠 뿐만 아니라, 이들 요소들이 특정 산업에 있어 한 기업의 전략적 위치(위상)를 결정하기도 한다. 따라서 기업은 경쟁사에 비하여 보다 나은 성과를 얻기 위하여 경쟁 우위 확보에 영향을 미치는 요인들을 명확히 이해하고 이런 요인들이 자신에게 유리하게 작용할 수 있도록 비즈니스 전략을 수립하고 실행하여야 한다.

1. 경쟁 우위의 유형

기업은 다양한 전략과 방법을 통하여 경쟁 우위를 확보하려고 한다. 기업이 일반적으로 추구하는 경쟁 우위의 유형은 ① 공급 제한을 통한 진입장벽 구축, ② 고객의 수요 통제, ③ 규모의 경제, 그리고 ④ 업무 프로세스의 효율성으로 분류될 수 있다.

1) 공급 제한

기업은 경쟁사가 특정의 제품이나 서비스를 시장에 쉽게 공급할 수 없도록 특허 또는 법률적인 제약 등의 방법을 통하여 진입장벽을 쌓음으로써 시장에서 경쟁 우위를 확보할 수 있다. 예를 들면, 미국의 금융회사인 Merrill Lynch는 종합자산관리서비스(CMA: cash management account)를 개발하고 이에 대한 특허를 획득하였다. 특허 획득의 결과로 Merrill Lynch사는 경쟁사들이 유사한 자산관리서비스를 시장에 제공할 수 없도록 높은 진입장벽을 쌓음으로써 자산관리서비스 시장에서 오랜 기간 동안 독점적 지위를 누리면서 경쟁 우위를 확보할 수 있었다.

2) 수요 통제

기업은 고객(소비자)의 수요를 통제하기 위하여 로얄티 프로그램(loyalty program) 또는 마일리지 프로그램을 사용하기도 한다. 기업은 로얄티 프로그램을 통하여 전환비용(switching cost)을 고객이 부담하도록 하여 고객이 경쟁사의 제품이나 서비스를 사용하는 것을 일정 부분 통제할 수 있다. 예들 들면, 항공기 탑승객들이 특정 항공사의 항공편을 이용하면 비행 거리에 따라 일정의 포인트를 적립하게 되며, 어느 정도의 포인트가 적립되면 무료 항공권을 신청할 수 있다. 따라서 항공회사의 고객들은 적립한 포인트로 무료 항공권을 발급 받을 때까지 동일한 항공사의 항공편을 이용하려는 경향이 있다. 이와 같이 기업은 로얄티 프로그램을 이용하여 고객의 수요를 통제할 수 있으며, 이런 로얄티 프로그램은 다양한 산업에서 활용되고 있다.

또 다른 예로서, 마이크로소프트는 자사의 운영체계인 Windows를 거의 무료에 가까운 가격으로 PC 제조회사에 공급한다. Windows가 운영체계로 설치된 PC를 구입한 소비자는 그 때부터 모든 응용프로그램은 Windows 환경에서 구동될 수 있는 것을 구입해야 하며, 이들 응용프로그램의 상당수는 마이크로소프트에서 만든 것이다. 결국 마이크로소프트는 Windows 운영체계를 PC 제조회사에 저렴한 가격으로 제공함으로써 소비자의 응용프로그램 구매에 대한 통제권을 효과적으로 행사할 수 있게 된다.

3) 규모의 경제

기업은 규모의 경제를 이용하여 시장에서 경쟁 우위를 확보할 수도 있다. 예를 들면, 서울을 근거지로 하는 은행이 다른 지역을 근거지로 하는 소규모의 은행 및 보험회사의 인수·합병을 통하여 사업 영역을 타 지역으로 확장할 수 있다. 또한 이 은행은 인수·합병을 통한 금융 상품의 다양화를 바탕으로 고객들에게 원스톱 서비스를 제공할 수 있다. 그리고 은행은 이러한 원스톱 서비스를 통하여 고객들의 수요를 보다 효과적으로 충족시켜 줄 수 있어 시장에서 경쟁 우위를 확보할 수 있을 것이다.

4) 프로세스 효율성

기업은 경쟁 우위를 확보하기 위하여 기존의 업무 프로세스를 개선하거나 새로운 형태의 업무 프로세스를 도입하려는 노력을 한다. 기업은 업무프로세의 개선 또는 혁신적인 업무 프로세스를 통하여 고객에게 보다 편리한 서비스를 제공할 수 있으며, 때로는 동일한 제품이나 서비스를 보다 낮은 가격에 제공할 수도 있다. 예를 들면, 미국의 21세기 보험사(21st Century Insurance Co.)는 혁신적인 보험 상품 판매프로세스를 개발하였다. 당사는 전통적으로 보험회사들이 보험 중개인(agents)을 통하여 고객에게 보험 상품을 판매하던 방식과는 다르게 인터넷을 통한 온라인 보험 상품 판매를 실시하였다.

일반적으로 보험회사들이 보험 중개인을 통한 전통적인 방식으로 보험 상품을 판매할 경우 중개인들에게 일정 금액의 수수료(commission)를 지불하여야 했다. 하지만 21세기 보험사는 중개인을 통하지 않고 인터넷을 통하여 보험 상품을 판매함으로써 중개인에게 주었던 수수료를 절약할 수 있었다. 따라서 21세기 보험사는 수수료 절약 금액의 상당 부분을 보험 상품의 가격에 반영함으로써 보험가입자의 월 보험 납입액을 낮출 수 있었다. 이러한 효과는 21세기 보험사가 동일한 보험 상품을 경쟁사보다 낮은 월 보험 납입액에 제공하는 것을 가능하게 함으로써 경쟁 우위를 확보할 수 있게 하였다.

2. 경쟁 우위의 원천

포터(Michael Porter)의 가치사슬모델(value chain model)은 기업의 활동을 통한 경쟁 우위의 원천을 이해하는 데 도움을 준다. 〈그림 6-1〉에서 보듯이 가치사슬은 기업의 제품이나 서비스에 가치를 부가시키는 활동들을 사슬 형태로 표현한 것으로서, 기업의 활동들을 주요활동과 지원활동으로 구분하고 있다.

가치사슬모델에 의하면 기업은 구매물류(inbound logistics), 생산 및 제조(manufacturing), 출하물류(outbound logistics), 마케팅 및 판매(marketing and sales) 그리고 고객서비스와 같은 본원적 활동을 한다. 구매물류는 부품 또는 완제품 생산에 필요한 부품의 관리, 수송 계획, 재고 관리 등 제품의 원재료와 부품을 외부에서 공급받고, 저장하고, 배분하는 활동을 말한다. 생산 및 제조는 제조 설비를 사용하여 원재료 또는 부품을 완제품의 형태로 전환하는 활동이다. 출하물류는 완제품의 보관, 운송, 출하 등을 통하여 도매업자 또는 소매업자에게 전달하는 활동이다. 마케팅 및 판매는 판매촉진, 광고 등을 통하여 제품을 홍보하고 실제로 제품을 고객이 구매하도록 하는 활동을 말한다. 그리고 고객서비

<그림 6-1> 가치사슬모델

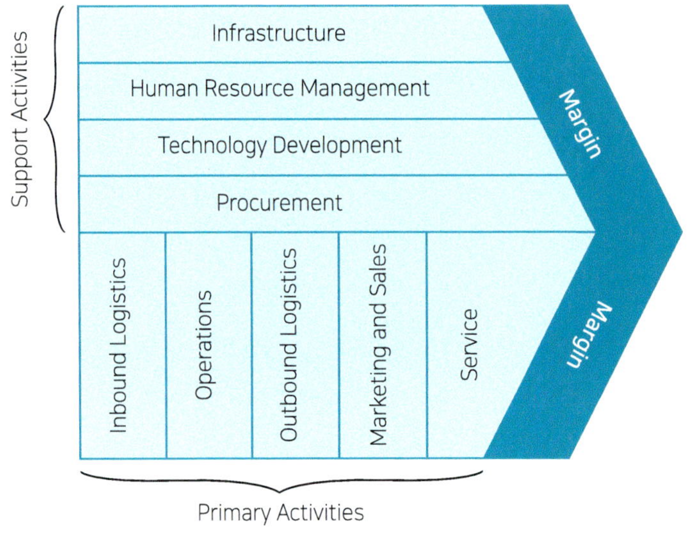

출처: Porter, 1985.

스는 제품의 가치를 높이고 유지하기 위한 제품 설치, 판매 후 수리 등의 서비스 활동을 포함한다.

그리고 기업은 이들 본원적 활동들을 지원하기 위한 기반활동(infrastructure), 인적자원관리(human resource management), 연구·개발(research & development), 조달(procurement)과 같은 지원적 활동을 한다. 기반활동은 기획, 재무, 회계, 법무, 품질관리 등의 활동을 말한다. 인적자원관리는 사원 모집 및 채용, 훈련 및 교육과 관련된 활동을 포함한다. 연구·개발은 신제품 개발, 기존 제품에 대한 품질 향상 노력, 그리고 생산 공정 향상과 관련된 활동으로 구성되어 있다. 조달은 원재료 및 부품, 노동력, 식품 및 숙박, 컨설팅 등 기업의 특정 부서에 국한되지 않는 전반적인 기업의 조달 활동을 포함한다.

가치사슬에 있는 본원적 또는 지원적 활동은 가치를 부가하며, 가치사슬의 각 활동에서 가치를 부가하는 데 있어 비용이 발생한다. 따라서 만약 가치를 부가하는 데 발생하는 총 비용이 고객이 회사의 제품 값으로 지불하는 금액보다 적으면, 이익이 발생하게 된다. 가치사슬은 기업이 어떤 활동에서 어떻게 자사의 제품 또는 서비스에 가치를 부가하고, 어떤 활동에서 비용을 낮출 수 있을지 분석하는 데 도움을 준다. 따라서 가치사슬 분석은 기업이 전략적 기회를 포착하는 데 도움을 줄 수 있다고 하겠다.

가치사슬 개념은 기업이 정보기술과 정보시스템 활용 기회를 찾는 데 유용한 도구로 사용될 수 있다. 즉 가치사슬은 기업이 어떻게 수익성을 향상시킬 수 있을지를 체계적으로 분석하는 데 유용한 도구라고 할 수 있으며, 정보시스템은 가치사슬의 다양한 활동에서 아래와 같이 여러 가지 목적으로 사용될 수 있다.

1) 제품 개발

기업은 제품의 생명주기를 단축시키는 데 정보시스템을 활용할 수 있다. 예를 들면, 항공기 또는 자동차 제조회사는 CAD(computer-aided design)시스템과 시뮬레이션 시스템을 활용하여 제품을 개발하는 데 소요되는 시간을 줄일 수 있다. 신형 항공기 또는 자동차를 개발하는 데 있어 디자이너와 엔지니어들은 여러 개발 단계에서 모형을 제작하고 시험하게 된다. 하지만 이들이 실제로 모형을 제작하고 이를 시험하는 데 상당한 시간이 소요되고 비용을 발생시킨다. 따라서 디자이너와 엔지니어는 실제 모형을 제작하고 시험하는 대신에 CAD시스템과 시뮬레이션 시스템을 사용하여 모형의 제작, 시험, 수정 등에 소요되는 시간과 비용, 위험을 줄일 수 있게 된다. 이렇게 함으로써 항공기 또는 자동차 제조회사는 신제품의 개발과 출시에 필요한 시간을 줄일 수 있게 되어 고객의 요구에 보다 신속하게 대응할 수 있다.

2) 제조 및 생산

기업은 제조 및 생산 공정에 정보시스템을 활용하여 제품의 품질 향상을 기대할 수 있으며, 향상된 제품 품질은 기업의 경쟁력 제고에 도움이 될 것이다. 예를 들면, 미국의 베들레헴 철강회사(Bethelehem Steel)는 정보시스템을 활용하여 불량률이 낮은 생산품 군과 불량률이 높은 생산품 군에 대하여 제조 공정에서의 가열 온도, 냉각 온도 및 시간 등에 대한 데이터를 수집·분석하여 상대적으로 불량률이 낮은 생산품 군에 적용된 수치들을 확인할 수 있었다. 이러한 결과를 바탕으로 베들레헴 철강회사는 상대적으로 낮은 불량률을 보여준 생산품 군에 적용된 가열 온도, 냉각 온도 및 시간들을 제조 공정에 적용함으로써, 철강 생산품의 불량률을 크게 줄일 수 있었으며 이는 결국 회사의 제품 품질 향상과 제조비용을 낮추는 효과를 가져다주었다. 이러한 결과는 베들레헴 철강회사가 절약된 제조비용의 상당 부분을 제품의 가격에 반영하여 제품의 가격 경쟁력을 향상시킬 수 있도록 하였다.

인터넷과 정보시스템의 발달은 출판업, 음반, 엔터테인먼트 산업에 커다란 변화를 초래하였다. 오랜 동안 백과사전의 대명사였던 Encyclopedia Britannica가 인터넷과 정보시스템의 발달로 인하여 더 이상 종이로 된 백과사전의 형태로 생산되지 않는다. 이렇듯 인터넷과 정보기술은 출판업에 커다란 지각변동을 일으켰으며, 최근에서 수많은 전자책(e-books)이 종이책을 대신하고 있는 추세이다.

전자책은 원본이 디지털 형태로 제작되기 때문에 종이책에 비하여 초기 제작에 상대적으로 많은 비용이 발생될 수 있으나 추가적인 부수를 제작하는 데 소요되는 한계비용이 아주 적으며, 맞춤화(customization)가 용이하기 때문에 많은 부수의 책을 제작·판매하는 경우에는 비용적인 측면에서 상당히 매력적이라 하겠다. 이러한 이유로 인하여, 미국의 많은 중등학교와 대학교가 종이에 인쇄된 교과서 대신에 전자책 형태의 교과서를 채택하고 있는 추세이며, 이러한 추세는 점차 확대될 것으로 예상된다.

3) 유통

기업들은 정보시스템을 활용하여 제품 대신에 정보를 이동시킴으로 인하여 유통 비용을 줄일 수 있다. 예를 들면, 조선일보사는 부산에 있는 신문구독자에게 서울에서 인쇄된 신문을 부산까지 운송한 후에 이를 배달하는 대신에 부산에 있는 인쇄소에 신문 파일을 전송하고 그 곳에 있는 시설을 이용하여 신문을 제작하고 배달함으로써 유통 비용을 줄일 수 있다. 더 나아가 신문사는 종이로 된 신문을 인쇄하여 전국에 있는 신문구독자에게 배달하지 않고 인터넷을 이용한 온라인 판 신문을 구독자들이 컴퓨터나 스마트폰 등의 모바일 기기를 사용하여 볼 수 있도록 함으로써 유통 비용을 많이 줄일 수 있을 것이다. 조간신문은 하루에 한 번 아침에 신문이 배달되는 반면에 신문사는 온라인 판 신문을 제작하여 하루에 수차례에 걸쳐 구독자들이 새로운 내용이 추가된 신문을 볼 수 있도록 함으로써 신문구독 서비스의 품질을 향상시키고 구독자의 만족도를 높일 수 있다.

음반 제품은 전통적으로 음반 가게 또는 서점을 통하여 유통되었다. 따라서 고객이 음반을 구입하고자 한다면 음반 가게 또는 서점을 방문하여 음반 제품을 구매하게 되는데, 하나의 음반에 내가 원하는 곡뿐만 아니라 다른 곡들도 수록되어 있는 경우가 일반적이다. 따라서 고객이 음반 제품을 구매할 때 원하는 곡뿐만 아니라 원하지 않는 곡들에 대한 비용도 지불하는 불합리한 일이 발생하게 된다. 하지만 iTunes.com과 같은 온라인 음원 판매회사는 인터넷을 기반으로 하는 정보시스템을 통하여 고객이 원하는 곡만을 구입할 수 있도록 하며, 고객이 전 세계 어디에 있던지 온라인으로 음원 구입이 가능하도록 서비스를 제공하고 있다. 또한 iTunes.com는 음원을 인터넷이라는 네트워크를 이용하여 배송하므로 물류 비용을 획기적으로 낮출 수 있어, 전통적인 음반 가게에서 곡을 구입하는 것보다 낮은 가격으로 곡을 판매할 수 있다.

4) 마케팅

마케팅은 기업이 고객을 위한 가치를 창출하고, 이를 고객에게 알리고, 전달하는 일련의 활동 또는 과정이다. 또한 마케팅은 기업과 기업의 이해당사자들에게 이익을 가져다 줄 수 있도록 고객과의 관계를 관리하는 것을 포함하고 있다.

마케팅 부서는 고객관계관리(CRM: customer relationship management)시스템을 활용하여 누가 고객이며, 누가 회사의 수익성에 기여하는 고객인지, 수익성이 높은 고객이 가지는 수요의 특성은 무엇인지 등을 효과적으로 분석할 수 있다. 고객관계관리 시스템을 사용하여 고객 데이터를 분석한 결과를 바탕으로 기업은 수익성에 상대적으로 많이 기여하는 고객에게 마케팅 노력을 집중함으로써 매출 증대를 기대할 수 있을 것이다.

또한 데이터 분석 결과는 마케팅부서가 고객의 수요 특성을 보다 효과적으로 파악할 수 있도록 해준다. 나아가 이 정보는 연구·개발 부서가 고객의 수요 특성을 반영한 신제품의 개발 또는 기존 제품의 품질 향상을 가능하도록 도와줄 수 있다. 결국 고객의 수요 특성을 반영한 제품은 기업이 시정 점유율을 높이는 데 기여할 수 있을 것이며, 이는 기업의 매출 증대로 이어질 수 있다.

5) 서비스

기업은 정보시스템 기반의 판매 후 서비스를 고객들에게 제공함으로써 자사 제품 또는 서비스의 가치를 향상시킬 있다. 예를 들면, 미국의 택배회사인 UPS(United Parcel Service)사는 물품의 운송을 의뢰한 고객들에게 물품추적코드(package tracking code)를 발급함으로써 고객들이 의뢰한 물품의 상태를 UPS의 홈페이지를 통하여 알 수 있도록 하는 서비스를 제공한다. 이러한 서비스는 UPS의 운송 서비스에 대한 고객의 만족도를 향상시키는 역할을 하며, 궁극적으로는 UPS의 운송 서비스의 가치를 높이는 데 기여한다고 볼 수 있다.

3. 전략적 위치 선정(Strategic Positioning) 및 기업 전략

기업의 경쟁력을 분석하는 수단으로서 가장 널리 알려진 것 가운데 하나가 포터(Michael Porter)의 경쟁세력모델(Competitive Forces Model)이다. 포터의 경쟁세력모델은 특정 산업에 있어 한 기업의 전략적 위치와 경쟁 우위를 위한 전략을 이해하는 데 널리 사용되고 있다. 〈그림 6-2〉에서 보듯이 경쟁세력모델은 특정 산업에 있어 경쟁 우위는 기업이 기존 경쟁사, 고객, 공급자, 대체재 또는 서비스의 존재, 그리고 신규 진입자 간의 관계에 의해 커다란 영향을 받음을 보여 주고 있다.

1) 기존 경쟁사

특정 산업에 있어 기존의 기업들은 한정된 시장 규모 하에서 기존의 제품 또는 서비스의 개선, 제품 생산 방식의 개선, 신제품 또는 새로운 서비스의 출시, 브랜드 인지도의 향상,

<그림 6-2> 포터의 경쟁세력모델

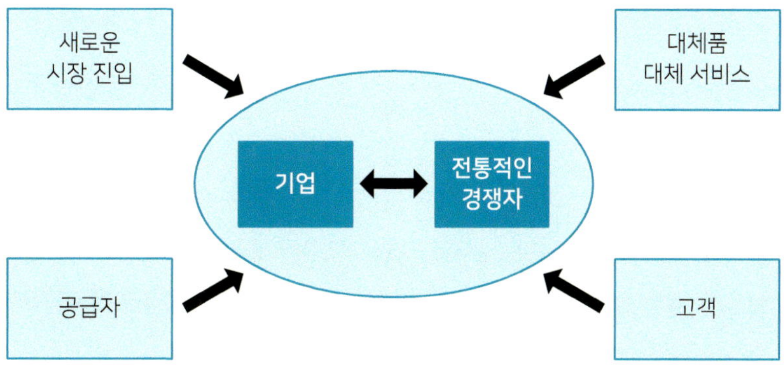

로얄티 프로그램을 통한 전환비용(switching cost)의 증대 등 여러 가지 방법을 사용하여 경쟁 우위를 확보하고자 노력한다.

고객이 전자제품 판매점에서 컴퓨터를 구입할 때 전통적으로 고객은 판매점에 진열되어 있는 이미 만들어진 컴퓨터를 구입할 수밖에 없었기 때문에 컴퓨터 사양에 대한 선택의 여지가 거의 없었다. 따라서 만약 고객이 특별히 원하는 사양들이 있다 할지라도 제조회사에서 제공하는 컴퓨터 제품의 사양에 만족하여야만 하는 것이 일반적이었다. 하지만 델컴퓨터(Dell.com)는 업계 최초로 인터넷 기반의 맞춤형 주문 서비스를 고객에게 제공함으로써 특별한 사양을 원하는 고객의 욕구를 보다 효과적으로 충족시켜줄 수 있었다. 또한 다른 컴퓨터 제조회사와는 달리 델컴퓨터는 고객으로부터 맞춤형 주문을 접수한 후에 컴퓨터를 조립하는 혁신적인 생산 방식을 택함으로써 컴퓨터 완제품에 대한 재고를 획기적으로 줄일 수 있음으로 인하여 재고와 관련된 비용을 절약할 수 있었다. 이와 같이 델컴퓨터는 맞춤형 주문 서비스와 혁신적인 생산 방식을 도입한 결과 컴퓨터 업계에서 경쟁 우위를 확보할 수 있었다.

2) 고객

일반적으로 기업은 고객들에게 교체비용(switching cost)을 증대시키거나, 제품 또는 서비스 차별화를 통하여 협상력을 높일 수 있다. 예를 들면, 미국의 American Airlines는 항공·호텔·렌트카 예약시스템(SABRE: Semi-Automated Business Research Environment)을 개발하여 여행사와 기업에 예약서비스를 제공하였다. SABRE시스템은 항공·호텔·렌트카에 대한 포괄적이고도 차별화된 정보서비스를 제공함으로써 여행사들을 묶어놓는 효과(lock-in effects)를 거둠으로써 여행사들에 대하여 커다란 협상력을 행사할 수 있었다.

반면에 시장이 투명하여 고객이 제품 또는 서비스에 대한 갖가지 정보를 용이하게 접할 수 있을 경우 고객에 대한 기업의 협상력은 상대적으로 약화될 수밖에 없다. 예를 들면, 인터넷이 대중에 의해 널리 사용된 이후로 제품 차별화가 상대적으로 어렵고 가격 경쟁이 심한 온라인 쇼핑몰들은 고객에 대한 협상력이 상대적으로 약화되었다. 따라서 전자상거래와 같은 환경 하에서는 고객들이 제품의 품질 및 가격에 대한 비교, 사용 후기의 검토 등이 용이하게 되어 상대적으로 유리한 위치에서 상거래를 할 수 있게 되었다.

3) 공급업자

공급업자의 협상력은 기업의 수익성에 커다란 영향을 미칠 수 있으며, 특히 기업이 제품의 가격을 공급업자가 제공하는 원재료 또는 부품의 가격 인상률만큼 인상할 수 없을 경우 이는 기업의 수익성에 부정적인 영향을 미치게 된다. 따라서 기업은 일반적으로 동일한 원재료 또는 부품에 대하여 복수의 공급업자를 두어 이들 공급업자 간에 경쟁을 유발시킴으로써 가격, 품질, 납기일 등에 있어 보다 많은 협상력을 발휘할 수 있다. 예를 들면, 현대자동차(주)는 자동차조립에 필요한 타이어에 대하여 복수의 공급업자를 둠으로써 타이어 공급업체들 간에 가격 경쟁을 유발시켜 보다 낮은 가격에 타이어를 공급받을 수 있을 것이다.

일반적으로 기업은 공급업자에게 대량의 주문을 함으로써 "구매 수량에 따른 가격 할인(volume discount)"을 요청할 수 있다. 예를 들면, 세계 최대 소매체인인 미국의 월마트(Walmart)는 많은 품목의 상품을 대량으로 구매하는 것으로 알려져 있다. 따라서 월마트는 공급업자에게 "구매 수량에 따른 가격 할인"을 요청할 수 있을 것이고, 월마트가 대량의 상품을 구매하기 때문에 공급업자 측에서도 월마트의 요청을 쉽게 거절할 수 없을 것이다. 이런 대량 구매에 따른 납품 가격 할인을 바탕으로 월마트는 다른 경쟁사보다 동일한 상품을 상대적으로 저렴한 가격에 판매할 수 있게 되었다.

월마트와 같은 소매체인들은 많은 수의 상품을 취급하기 때문에 재고관리의 효율성이 기업의 수익성에 커다란 영향을 미친다. 따라서 월마트는 재고관리를 효율적으로 하기 위한 지속적 보충시스템(Continuous Replenishment System)을 구축하는 데 있어, 대량 구매에 따른 협상력을 바탕으로 일부 상품의 공급업자들에게 상품의 갖가지 정보를 저장한 RFID(radio frequency identification)태그의 부착을 요구하였다. 월마트는 RFID를 기반으로 하는 지속적 보충시스템을 잘 활용함으로써 세계에서 재고관리를 가장 효율적으로 하는 대표적인 기업으로 알려져 있다.

4) 대체재 또는 대체 서비스

거의 모든 산업에서 우리가 사용하는 대부분의 제품이나 서비스는 대체품이나 대체 서비스가 있다. 예를 들면, 휘발유 가격의 인상과 각종 환경규제로 인하여 많은 사람들이 전통적인 연소엔진 자동차 대신에 하이브리드 자동차를 구입하고 있다. 한때 음악을 듣기 위해 고객들이 많이 구입했던 MP3 플레이어도 iPod 또는 스마트폰 등으로 대체되었다. 따라서 기업의 제품이나 서비스가 경쟁사의 제품이나 서비스에 의해 쉽게 대체가 가능하다면, 기업이 가지는 제품 가격에 대한 통제력이 상대적으로 줄어들게 되며 기업의 수익성 또한 부정적인 영향을 받게 될 것이다. 따라서 기업은 쉽게 대체될 수 없는 제품이나 서비스의 제공을 통하여 기업이 속한 산업에서 보다 많은 협상력을 가질 수 있게 된다.

5) 신규 진입자

대부분의 산업에서는 빈번하게 신규 진입자가 출현한다. 예를 들면, 편의점과 같이 소규모 자본금으로 사업을 시작할 수 있거나, 특별한 전문지식이 필요하지 않은 유통업은 상대적으로 진입 장벽이 낮기 때문에 신규 진입자의 출현이 빈번하다고 하겠다. 반면에 정유, 석유화학, 자동차, 반도체 등의 산업은 천문학적인 금액의 자본금과 전문지식 및 기술이 필수적인 산업이므로 신규 진입자의 출현이 빈번하지 않다.

일반적으로 기업은 법률적인 보호, 특허, 기술 표준 등의 다양한 수단을 통하여 신규 진입자의 출현을 억제함으로써 시장에서의 지배력을 극대화할 수 있다. 예를 들면, 미국의 Merrill Lynch사는 금융업계 최초로 종합자산관리(CMA: cash management account)서비스를 개발하고 이에 대한 특허를 획득하였다. 특허 획득의 결과로 Merrill Lynch사는 경쟁사들이 유사한 자산관리서비스를 시장에 제공할 수 없도록 법적 보호를 받음으로써 신규 진입자의 출현을 7년 동안 방지할 수 있었으며, 상당한 경쟁 우위를 확보할 수 있었다.

4. 기업의 경쟁 우위 전략과 정보시스템

기업은 경쟁 우위를 확보하기 위하여 여러 가지 전략을 추구한다. Porter와 Millar는 기업의 경쟁 우위 전략으로 비용우위(cost leadership), 차별화(differentiation), 그리고 틈새시장(niche market)을 제시하였으며, Wiseman과 MacMillan은 기업의 경쟁 우위 확보를 위한 방어 전략으로서 혁신(innovation), 성장(growth), 제휴(alliance), 시간(time)을 추가로 제시하였다. 기업은 이들 경쟁 우위 전략들을 실행하는 데 여러 가지 방법을 사용하며, 특히 정보기술과 정보시스템은 기업이 이들 경쟁 우위 전략을 효과적으로 실행할 수 있도록 도움을 주기도 한다.

1) 비용우위 전략

기업은 동일하거나 유사한 품질의 제품이나 서비스를 상대적으로 저가에 고객에게 제공함으로써 시장에서 경쟁 우위를 확보할 수 있다. 일반적으로 비용우위 전략은 기업이 자신이 속한 산업 전반에 있어 자사의 비용, 공급업자의 비용, 또는 고객의 비용을 낮춤으로써 경쟁 우위를 확보할 수 있으며, 경쟁사의 비용을 증가시킴으로써 경쟁 우위를 확보할 수 있도록 해준다. 비용우위 전략을 효과적으로 실행한 대표적인 사례로 미국의 월마트(Walmart)를 들 수 있다.

월마트는 비용우위 전략을 성공적으로 실행하기 위하여 지속적 보충시스템(Continuous Replenishment System)이라는 재고관리시스템을 구축하였다. 월마트는 이 시스템으로 개별 지점에서 발생하는 거래에 대한 데이터를 수집하고 이를 본사에 전송함으로써 본사가 각 지점의 판매실적을 효과적으로 파악할 수 있도록 하였다. 그리고 이렇게 파악된 판매 정보를 바탕으로 월마트는 판매된 물품을 보충하기 위한 주문서를 공급업자에게 전자적으로 발송함으로써 재고관리를 효율적으로 할 수 있게 되었다.

월마트와 같이 많은 수의 물품을 취급하는 소매체인은 효율적인 재고관리를 통한 비용 절감이 경쟁의 원천이 될 수 있다. 월마트는 RFID(radio frequency identification) 기반의 지속적 보충시스템에 바탕을 둔 재고관리를 통하여 절품을 피하면서 최소의 재고량으로 고객의 수요를 충족시켜 줄 수 있었다. 결과적으로 월마트는 지속적 보충시스템의 효과인 재고관리 비용 절감의 상당 부분을 상품의 가격에 반영함과 동시에 "Everyday Low Price"라는 슬로건을 내세워 오랜 동안 업계 선두 자리를 유지하고 있다.

2) 차별화 전략

기업은 차별화된 제품이나 서비스를 고객에게 제공함으로써 시장에서 경쟁 우위를 확보할 수 있다. 기업은 자신이 속한 산업 전반에 있어 자사의 제품 또는 서비스를 경쟁사의 제품 또는 서비스와 구별되게 함으로써 경쟁 우위를 확보할 수 있으며, 또한 경쟁사의 제품 또는 서비스가 가지고 있는 고유한 특성을 줄임으로써 경쟁 우위를 확보할 수 있다. 예를 들면, 미국의 Apple사는 혁신적인 제품인 iPhone을 업계 최초로 출시함으로써 스마트폰 시장에서 수년 간 절대적인 경쟁 우위를 확보함으로써 수익성을 크게 향상시켰다. 또한 델컴퓨터(Dell.com)는 인터넷 기반의 맞춤형 주문처리시스템을 통하여 업계 최초로 고객에게 맞춤형 주문 서비스를 제공함으로써 상품 주문 프로세스를 획기적으로 차별화할 수 있었다. 델컴퓨터는 이러한 혁신적인 상품 주문 프로세스를 기반으로 하여 PC와 랩탑 컴퓨터 시장에서 상당 기간 동안 경쟁 우위를 확보할 수 있었다.

iTunes.com은 인터넷과 정보시스템을 기반으로 하는 혁신적인 비즈니스 모델을 통하여 음원 서비스를 고객에게 제공함으로써 온라인 음원 시장에서 절대적인 경쟁 우위를 확보할 수 있었으며, 음반 산업에 커다란 지각변동을 일으켰다. 그리고 New York Times는 인터넷과 통신기술을 바탕으로 여러 가지 형태의 유·무선 유료 온라인 신문구독 서비스를 개발하여 신문구독에 대한 고객의 다양한 욕구를 효과적으로 충족시켜줌으로써 신문 업계에 있어 선두 자리를 굳건히 지키고 있다.

3) 틈새시장 전략

기업은 한 산업에 있어 특정 분야에서 제품 또는 서비스의 차별화, 또는 비용우위를 통하여 경쟁 우위를 확보할 수 있으며, 이를 틈새시장(niche market) 또는 집중화(focus) 전략이라고 한다. 기업은 거래처리시스템(TPS: transaction processing systems)을 통하여 수집된 고객과 관련된 데이터를 분석한 후 이를 바탕으로 틈새시장을 경쟁사보다 효과적으로 공략함으로써 경쟁 우위를 확보할 수 있다. 많은 기업의 마케팅·판매부서는 고객관계관리(CRM: customer relationship management))시스템을 활용하여 고객 세분화(customer segmentation) 분석을 하고 있으며, 이를 통하여 고객의 구매 특성, 선호도, life-time value 등을 파악하여 틈새시장을 효과적으로 공략하고자 노력한다. 예를 들면, Hilton Hotel은 OnQ시스템을 통하여 투숙객의 선호도와 수익성을 분석한 후 수익성이 높은 투숙객들에게 무료 객실 업그레이드 또는 late check-out 등의 특별 서비스를 제공함으로써 이들을 충성 고객으로 만들고 있다.

또한 미국 라스베가스(Las Vegas) 소재의 카지노들은 고객들의 거래 데이터를 분석하여 카지노의 수익성에 상대적으로 크게 기여하는 고객들에게 무료 숙박·음식 등 갖가지 서비스를 제공한다. 이렇게 함으로써 카지노들은 수익성이 높은(high value) 고객들이 더 오래 동안 카지노에 머물면서 갖가지 게임과 서비스를 이용하도록 하여 수익의 극대화를 꾀하고 있다.

4) 성장 전략

기업은 시장점유율 또는 고객 수의 증대, 다양한 제품 또는 서비스 제공, 시장의 확대, 또는 후방·전방 통합(backward, forward integration) 등의 방법으로 경쟁 우위를 확보할 수 있으며, 장기적으로는 수익성 향상을 기대할 수 있다. 예를 들면, 은행과 같은 금융기관은 인수·합병을 통하여 시장점유율 또는 고객 수를 증대시킬 수 있으며, 다양한 금융 상품을 고객에게 제공할 수 있다. 이러한 성장 전략은 금융기관이 시장을 확대할 수 있게끔 하여 주며, 보다 다양한 금융 상품과 서비스를 고객에게 제공할 수 있게 함으로써 경쟁 우위를 확보하는 데 도움을 줄 수 있다.

기업이 인수·합병을 통한 성장 전략을 성공적으로 실행하는 데 있어 정보시스템이 때때로 커다란 역할을 할 수 있다. 예를 들면, 금융기관이 인수·합병을 전략을 실행하는 데 있어, ATM시스템의 통합을 통하여 복수의 은행에서 복수의 ATM시스템을 운용할 때보다 적은 인력과 비용으로 동일한 서비스의 제공을 가능하게 함과 동시에 보다 넓은 지역에 있는 보다 많은 수의 고객에게 보다 다양한 금융 상품 및 서비스를 제공해 줄 수 있게 된다.

5) 제휴 전략

기업은 비즈니스 파트너와 전략적 제휴, 합자회사(joint ventures)의 설립, 기업 전략과 관련한 기업 인수 또는 기업 분할 등을 통하여 핵심 업무(core business)에 집중할 수 있으며, 보다 다양한 제품 또는 서비스를 고객에게 제공할 수 있거나 성장의 기회를 기대할 수도 있다.

대부분의 전자상거래 기업들은 상품의 배송과 관련된 업무 수행이 핵심 역량이 아니다. 따라서 이들 전자상거래 기업들은 택배회사들과의 전략적 제휴를 통하여 상품의 배송에 관한 업무를 택배회사에 위탁하고, 자신들의 핵심 역량인 판매 업무에 집중함으로써 보다 나은 성과를 기대할 수 있을 것이다.

대한한공(Korean Air)은 전략적 제휴 프로그램인 스카이팀(Skyteam)에 참여하는 항공사들과 코드 쉐어링(code-sharing)을 통하여 대한항공이 직접 취항하지 않는 지역도 파트너 항공사의 노선을 이용하여 고객들에게 항공편을 제공하여 준다. 대한항공과 파트너 항공사들은 전략적 제휴를 보다 효과적으로 실행하기 위하여 항공권 예약시스템을 공유하여 고객들이 항공서비스 관련 정보를 보다 용이하게 검색할 수 있도록 하여 편리하게 항공권 예약을 할 수 있도록 하고 있다.

6) 혁신 전략

기업은 신제품 또는 새로운 서비스의 개발, 기존의 제품이나 서비스의 개선, 새로운 방법을 통한 제품 생산 또는 서비스 제공, 업무 프로세스의 근본적인 변화 등의 방법에 바탕을 둔 혁신 전략으로 경쟁 우위를 확보할 수 있다. 때로 기업은 정보기술과 정보시스템을 활용하여 혁신 전략을 효과적으로 실행하기도 한다.

iTunes.com은 인터넷과 정보시스템을 바탕으로 음원을 온라인상에서 판매 및 배송하는 새로운 비즈니스 모델을 개발하였다. 이와 같이 iTunes.com는 정보기술을 바탕으로 혁신적인 방법으로 음원을 판매하고 유통시킴으로써 음반 산업에서 절대적인 경쟁 우위를 확보할 수 있었다. 또한 아메리칸 에어라인(American Airlines)은 예약시스템인 SABRE(Semi-Automated Business Research Environment)으로 통하여 항공 산업에 근본적인 변화를 가져왔으며, 시장에서 아메리칸 에어라인의 입지를 강화시킬 수 있었다.

정보기술의 발달은 출판 산업에 커다란 변화를 가져왔다. 최근에 인터넷과 정보기술을 바탕으로 한 전자책의 보급이 일반화되고 있으며, SafariX.com과 같은 전자책 전문의 전자상거래 회사가 출현하였다. 전자책은 편집과 배송이 전통적인 종이책에 비하여 상대적으로 용이할 뿐만 아니라 저렴한 가격에 판매되므로 앞으로 수요가 크게 증대될 것으로 예상된다. 따라서 전통적인 종이책을 제작하는 출판사 또는 서점은 전자책을 전문적으로 취급하는 온라인 서점에 효과적으로 대응할 수 있는 새로운 전략을 모색하여야 할 것이다.

7) 고객 지향 전략

기업은 고객과 보다 친밀한 관계를 맺고 이를 유지함으로써 고객의 충성도를 이끌어 낼 수 있음과 동시에 전환비용을 증대시킬 수 있다. 기업이 고객과 친밀한 관계를 맺기 위해서는 누가 기업의 고객이며, 이들 고객이 기업으로부터 기대하는 것이 무엇인지를 정확하게 파악하는 것이 필수적 전제 조건이라 하겠다.

기업은 정보시스템을 사용하여 다양한 고객 접점에서 고객과 관련된 데이터를 보다 효율적으로 수집할 수 있다. 예를 들면, 기업은 계산대에서 거래데이터를 수집할 수 있으며, 또한 고객서비스센터 등에서 고객과 관련된 데이터를 수집할 수 있다. 기업은 이렇게 수집된 데이터를 분석하여 누가 고객이며, 이들이 기업으로부터 기대하는 것이 무엇인지를 효과적으로 파악할 수 있다. 예를 들면, LG전자(주)는 자사의 가전제품을 구입한 고객들이 구매품에 대한 보증서비스(warranty service)를 받기 위해서는 제품 등록과 함께 일련의 질문에 응답할 것을 요구한다고 가정하자. LG전자(주)는 자사의 웹페이지를 이용하여 보증서비스를 원하는 구매자의 기본적인 인적사항을 수집할 수 있으며, 일련의 질문을 통하여 구매자가 구입한 상품에 대하여 생각하는 장·단점뿐만 아니라 구매자가 추가되었으면 하고 바라는 기능 등에 대한 정보를 파악할 수 있을 것이다. LG전자(주)는 이렇게 수집된 정보에 대한 분석을 통하여 고객의 수요 욕구를 보다 효과적으로 충족시켜줄 수 있는 제품을 개발하고 출시할 수 있을 것이다. 이렇게 함으로써 LG전자(주)는 자사 제품에 대한 고객의 만족도 및 충성도를 이끌어 낼 수 있으며, 이들이 궁극적으로 반복 구매 고객이 되어 회사의 수익 증대에 기여하게 될 것이다.

5. 인터넷과 기업의 경쟁 우위

인터넷의 출현은 기업의 비즈니스 전략 수립에 커다란 영향을 미치게 되었다. 인터넷은 시장에 신규 진입자의 진입을 용이하게 하여, 전자상거래의 경우 하룻밤 사이에 다수의 새로운 기업이 생겨나기도 하며, 극단적인 경우에는 일인 기업이 전 세계를 상대로 한 영업활동도 가능하게 하였다.

또한 인터넷은 시장에서 가격 투명성이 증대되는 효과뿐만 아니라 판매자와 구매자 사이의 정보 비대칭성을 획기적으로 감소시켜 주었다. 따라서 일반 고객은 과거에 비하여 보다 많은 정보를 가지고 상거래에 임할 수 있게 되었으며, 이는 일반 고객의 협상력을 높여주는 결과를 초래하였다.

그리고 인터넷은 일부 산업에 있어 새로운 비즈니스 모델, 대체재 및 대체 서비스의 출현이 가능하게 함으로써 기업 간 경쟁을 심화시켰다. 따라서 기업이 경재우위를 위한 비즈니스 전략을 수립할 때 인터넷과 정보기술의 잠재적인 영향을 고려하는 것이 효과적인 전략 수립을 위하여 필수적이라 하겠다.

참고문헌

백동현 외 4인 공동 번역, 경영정보시스템의 이해, 10판, 한티미디어, 2012.

이남경, 박현준, "4차 산업혁명 시대 무인 편의점의 성공요인에 대한 제언: 이마트24 셀프 스토어 사례 중심으로," Journal of the Korea Industrial Information Systems Research, Vol. 26, No. 2, Apr. 2021, pp. 73-94.

Altinkemer, K., Y. Ozcelik, and Z. D. Ozdemir, "Performance Effects of Business Process Reengineering: A Firm-Level Analysis," *Journal of Management Information Systems*, Vol. 27, No. 4, 2011.

Aron, R., E. K. Clemons, and S. Reddi, "Just Right Outsourcing: Understanding and Managing Risk," *Journal of Management Information Systems*, Vol. 22, No. 1., 2005.

Arthur, W. B., "The Second Economy," *McKinsey Quarterly*, October 2011.

Bhatt, G. D. and V. Grover, "Types of Information Technology Capabilities and Their Role in Competitive Advantage," *Journal of Information Systems*, Vol. 22, No. 2., 2005.

Callon, J. D. (1996). *Competitive Advantage Through Information Technology*, New York: McGraw-Hill.

Cash, J. J., "Interorganizational systems: An information society opportunity or threat?," *The Information Society*, Vol. 3, No. 3, 1988, p. 199-228.

Chen, D. Q., M. Mocker, D. S. Preston, and A. Teubner, "Information systems Strategy: Reconceptualization, Measurement, and Implications," *MIS Quarterly*, Vol. 34, No. 2., 2010.

Christensen, C., J. G. Harris, and A. K. Kohli, "How Do They Know Their Customers So Well?" *Sloan Management Review*, Vol. 42, No. 2., 2001.

Chatterjee, Debabroto and Watson, Rick, "Infosys Technologies Limited: Unleashing CIMBA," *the Journal of Cases on Information Technology*, 7(4), 2005, pp. 127-142.

Cranor, L. F., "Internet privacy," *Communications of the ACM*, Vol. 42, No. 2, 1999, p. 28-38.

Dennis, A., B. H. Wixom, and B. M. Roth, *Systems Analysis Design*, 3rd ed. Wiley, 2006.

Drucker, D. F., *Managing in a Time of Great Change*, New York: Truman Tally Books, 1995.

El Sawy, O., *Redesigning Enterprise Processes for E-Business*, New York: McGraw-Hill Press, 2001.

Feeny, D., M. Lacity, and L. P. Willcocks, "Taking the Measure of Outsourcing Providers," *Sloan Management Review*, Vol. 46, No. 3., 2005.

Gartner Inc., "Gartner Says the Internet of Things Installed Base Will Grow to 26 Billion Units By 2020," Gartner Inc. 2013.12.12.

Gefen, D. and E. Carnel, "Is the World really Flat? A Look at Offshoring in an Online Programming Marketplace." *MIS Quarterly*, Vol. 32, No. 2., 2008.

Goo, J., R. Kishore, H. R. Rao, and K. Nam, "The Role of Service Level Agreements in Rational management of Information Technology Outsourcing: An Empirical Study," *MIS Quarterly*, Vol. 33. No. 1., 2009.

Haag, S. and M. Cummings (2009). *Information Systems Essentials*, 3rd ed. International Edition, McGraw-Hill.

Hammer, M. and J. Champy (1993). *Reengineering the Corporation*, New York: Harper Business.

Hamel, G., "Strategy as revolution'," *Harvard Business Review*, July-August 1996, p. 69-82.

Handy, H., *The Empty Raincoat*, Hutchinson, London, 1994.

Höller, J., Tsiatsis, V., Mulligan, C., Karnouskos, S., Avesand, S., and Boyle, D., *From Machine-to-Machine to the Internet of Things: Introduction to a New Age of Intelligence*. Elsevier, 2014.

Jeffrey, M., and I. Leliveld, "Best Practices in IT Portfolio Management," *MIT Sloan Management Review*, Vol. 45, No. 3., 2004.

Kauffman, R. J. and Y. M. Wang, "the Network Externalities Hypothesis and Competitive Network Growth," *Journal of Organizational Computing and Electronic Commerce*, Vol. 12, No. 1., 2002.

Kendall, K E. and J. E. Kendall, *Systems Analysis and Design*, 8th ed. Upper Saddle River, NJ: Prentice Hall., 2011.

Kelly, K. *New Rules for the New Economy*, Viking Press, New York, 1998.

Kim, H. W. and A. Kankanhalli, "Investigating User Resistance to Information Systems Implementation: A Status Quo Bias Perspective," *MIS Quarterly*, Vol. 33, No. 3., 2009.

Koulopoulos, T. and J. Champy, "Building Digital Value Chain," Optimize, Sep. 2005.

Laudon, K. and J. Laudon, *Essentials of MIS*, Global Edition, 14th ed., 2021.

Laudon, K. and J. Laudon, *Essentials of MIS*, Global Edition, 13th ed., 2019..

Laudon, K. and J. Laudon, *Essentials of MIS*, Global Edition, 12th ed., 2015.

Laudon, K. C. and J. P. Laudon, *Essentials of Management Information Systems*, 10th ed. Pearson, 2013

Laudon, K. and J. Laudon, *Management Information Systems*, 12th ed., 2012.

Lee, P. M. "What's in a name.com?: The effects of ".com" name changes on stock prices and trading activity," *Strategic Management Journal*, Vol. 22, No. 8, 2001, p. 793-804.

Levina, N. and J. W. Ross, "From the Vendor's Perspective: Exploring the Value Proposition in Information Technology Outsourcing," *MIS Quarterly*, Vol. 27, No. 3., 2003.

McFarlan, F.W., and J.L. McKenney, *Corporate Information Systems Management*, Homewood, IL: Richard D. Irwin, 1983.

McFarlan, F. W., "Information technology changes the way you compete," *Harvard Business Review*, May-June 1984, p. 98-110.

McLaren, T. S., M. M. Head, Y. Yuan, and Y. E. Chan, "A Multilevel Model for Measuring Fit Between a Firm's Competitive Strategies and Information Systems Capabilities," *MIS Quarterly*, Vol. 35, No. 4., 2011.

Mintzberg, H. *The Rise and Fall of Strategic Planning*, Free Press, New York, 1994.

Mintzberg, H. and Waters, J.A., "Of strategies, deliberate and emergent," *Strategic Management Journal*, Vol. 6, 1985, p. 257-272.

Mustafa, Yousif and Maingi, Clara, "Implementing Information Technology to Effectively Utilize Enterprise Information Resources," *the Annals of Cases on Information Technology*, Vol. 4, 2002, pp. 84-102.

Parsons, G.L., "Information Technology: A New Competitive Weapon," *Sloan Management Review*, Vol. 25, Fall, 1983, pp. 3-14.

Piccoli, G. and B. Ives, "Review: IT-Dependent Strategic Initiatives and Sustained Competitive Advantage: A Review and Synthesis of Literature," *MIS Quarterly*, Vol. 29, No. 4., 2005.

Pine, J. G. II (1993). *Mass Customization*, Boston: Harvard Business School Press, 1993.

Poon, Simpson, and May, Daniel, "Leveraging IT and a Business Network by a Small Medical Practice," *the Annals of Cases on Information Technology Management*, Vol. 4, 2002, pp. 512-525.

Porter, M. E., *Competitive Strategy: Techniques for Analyzing Industries and Competitor*, Free Press, New York, 1980.

Porter, M. E. (1985). *Competitive Advantage*, New York: Free Press.

Porter, M. E. and V. E. Millar, "How Information Gives You Competitive Advantage," *Harvard Business Review*, July/August 1985.

Porter, M. E., "Strategy and the Internet," *Harvard Business Review*, march 2001, p. 64-78.

Porter, M, E. and Millar, V. E., "How information gives you competitive advantage," *Harvard Business Review*, July-August 1985, p. 149-160.

Porter, M. E., The Five Competitive Forces that Shape Strategy," *Harvard Business Review*, 2008.

Rainer, R. K. Jr. and H. Watson, *Management Information Systems: Moving Business Forward*, Wiley, 2012.

Scott-Morton, M. and T. J. Allen (eds.) (1994). *Information Technology and the Corporation of the 1990s*, New York: Oxford University Press, 1994.

Sharma, R. A. and P. Yetton, "The Contigent Effects of Training, Technical Complexity, and Task Interdependence on Successful Information Systems Implementation," *MIS Quarterly*, Vol. 31, No. 2., 2007.

Subramani, M. and E. Walden, "The impact of e-commerce announcements on the market value of firms," *Information Systems Research*, Vol. 12, No. 2, 2001, p. 135-154.

Venkatesh, W., M. G. Morris, G. B. Davis, and F. D. Davis, "User Acceptance of Information Technology: Toward a Unified View," *MIS Quarterly*, Vol. 27, No. 3., 2003.

Vitale, M.R., "The Growing Risks of Information Systems Success," *MIS Quarterly*, Vol. 10, No. 4, Dec. 1986, pp. 327-334.

Ward, J. and J. Peppard, *Strategic Planning for Information Systems*, 3rd ed. Wiley, 2002.

Whitten, J. L., L. D. Bentley, and K. Dittman, *Systems Analysis and Design Methods*, 6th ed. McGraw-Hill, N.Y.: Irwin, 2004.

Wiseman, C., *Strategy and Computers*, Homewood, IL: Dow Jones-Irwin, 1985.

Wulf, V. and M. Jarke, "The Economics of End-User Development," *Communications of the ACM*, Vol. 47, No. 9., 2004.

블로그뉴스, https://www.blognews.kr/news/articleView.html?idxno=44473, 2024.3.17.

이코노믹리뷰 한국 이동통신 30년, 그 격동의 역사를 넘어, https://www.econovill.com/news/ 2024.5.19.

한국경제, https://www.hankyung.com/article/2023010268341, 2024.4.6.

Adidas Global Sales, https://report.adidas-group.com/2023/en/group-management-report-our-company/global-sales.html, 2024.4.21.

Chemical Bank ATM, https://www.google.com/search?, 2024.3.18.

iTunes, Wikipedia, https://en.wikipedia.org/wiki/ITunes, 2024.3.18.

Merrill Lynch CMA, https://fortune.com/recommends/banking/what-is-cash-management-account/, 2024.3.18.

Progressive Corporation, https://www.progressive.com/, 2024.3.21.

Quora, "What is the average overhead cost(%) for each industry?", https://www.quora.com/What-is-the-average-overhead-cost-for-each-industry, 2024. 3.11

Trefis, "Walmart Expenses: How Does Walmart Spend Its Money?", https://www.trefis.com/no-login-required/qE18ZRTb/Walmart-Expenses-How-Does-Walmart-Spend-Its-Money-?fromforbesandarticle=wmt191217, 2024. 3.11